寒地黑土核心区农业经济发展及地方高校多学科交叉融合型农林人才培养

HANDI HEITU HEXINQU NONGYE JINGJI FAZHAN JI
DIFANG GAOXIAO DUOXUEKE JIAOCHA RONGHEXING NONGLIN RENCAI PEIYANG

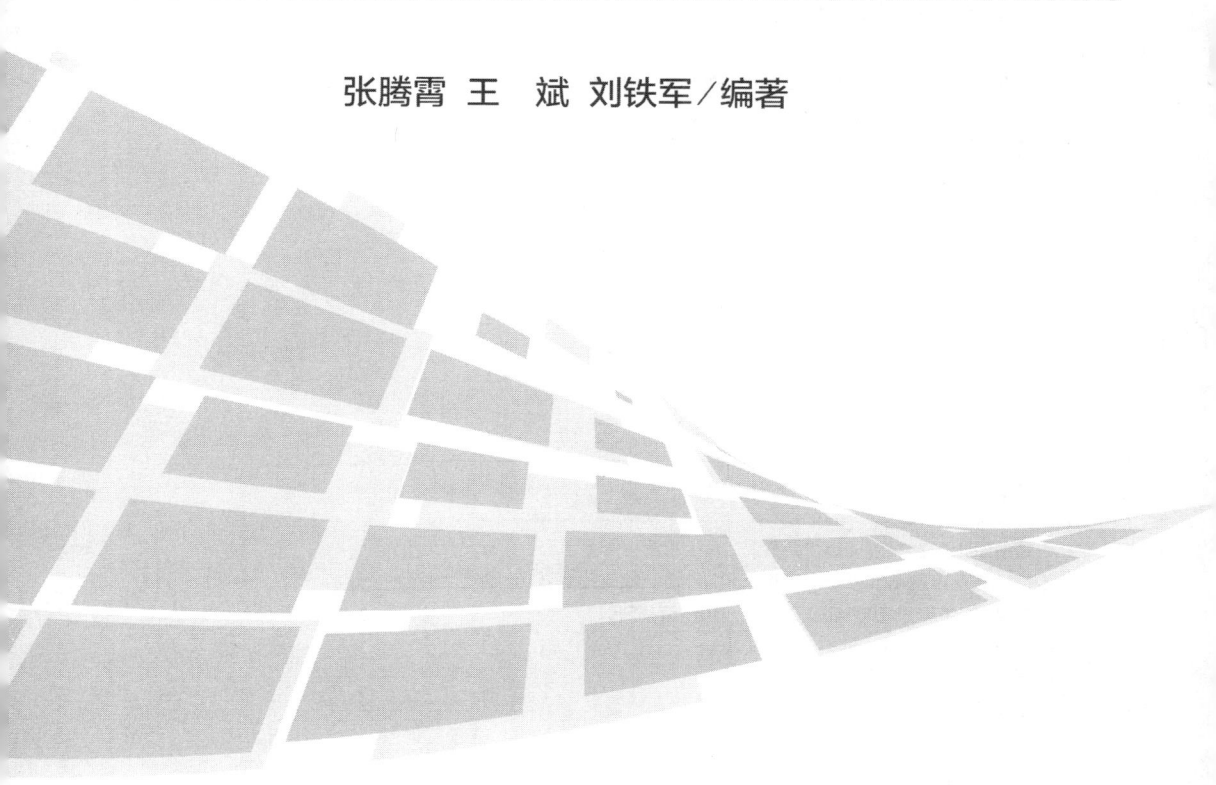

张腾霄 王 斌 刘铁军 / 编著

中国纺织出版社有限公司

图书在版编目（CIP）数据

寒地黑土核心区农业经济发展及地方高校多学科交叉融合型农林人才培养／张腾霄，王斌，刘铁军编著. —— 北京：中国纺织出版社有限公司，2023.11
ISBN 978-7-5229-1196-0

Ⅰ.①寒… Ⅱ.①张…②王…③刘… Ⅲ.①寒冷地区—农业经济发展—研究—中国②地方高校—农业院校—人才培养—培养模式—研究—中国 Ⅳ.①F323②S-40

中国国家版本馆 CIP 数据核字（2023）第 213919 号

责任编辑：毕仕林　国帅　　责任校对：王蕙莹　　责任印制：王艳丽

中国纺织出版社有限公司出版发行
地址：北京市朝阳区百子湾东里 A407 号楼　邮政编码：100124
销售电话：010—67004422　传真：010—87155801
http://www.c-textilep.com
中国纺织出版社天猫旗舰店
官方微博 http://weibo.com/2119887771
三河市宏盛印务有限公司印刷　各地新华书店经销
2023 年 11 月第 1 版第 1 次印刷
开本：710×1000　1/16　印张：16.25
字数：270 千字　定价：98.00 元

凡购本书，如有缺页、倒页、脱页，由本社图书营销中心调换

前 言

我们为什么要建设农业强国？习近平总书记在中央农村工作会议上指出，强国必先强农，农强方能国强。没有农业强国就没有整个现代化强国；没有农业农村现代化，社会主义现代化就是不全面的。这些态度鲜明的高远判断，发出了新征程上重农强农的时代强音，深刻阐释了大国三农与现代化强国的关系，着眼大局全局指明了加快建设农业强国的重大意义。

推进乡村振兴和社会主义新农村建设就是在践行"农业强国"战略，必然需要新型农业人才和科技创新做支撑，为此，我国启动新农科建设项目，新农科的核心任务是培育适应新时代农业变革所需的"知农爱农"新型人才，特别是多学科交叉融合型农林创新人才，显然需要涉农高校担此重任，高校的农林教育基本格局必将变革。

绥化学院身处寒地黑土核心区的粮食主产区，有针对性地立项"寒地黑土核心区地方高校多学科交叉融合型农林人才培养模式创新实践"，立足特色地域提出项目改革的思路，并进行了探索式创新实践，培养适应地方农业发展需求的懂技术、用得上、留得住的应用型农林人才，为推进粮食主产区农业向现代智慧、绿色、生态型农业转型提供人力资源。

项目组对"学科交叉融合"有着强烈的认同感，通过现实的教学和科研生涯中的亲身实践深刻感受到"学科交叉融合"对增强业务能力的强大推动力，多年来一直以"学科交叉融合"为理念开展教研工作。绥化学院的张腾霄老师在求学经历上，本科所学专业为制药工程（药学和工程学交叉而成），研究生所学专业为微生物学，曾到哈尔滨工业大学生物化工专业做过访问学者，因此，多学科的学习经历促成了多学科交叉的思维方式，出身于农村家庭使之对农业有着深厚的感情，工作过程中始终关注"三农"，虽然目前从事药学专业研究，但一直致力于农业领域的探索，取得了丰硕的科研成果，申请发明专利13项、实用新型专利10项，出版著作3部，制定绥化市A级绿色食品食用菌生产技术地方标准3项，获得省高校科学技术奖和绥化市科技进步奖8项，这些成绩的取得离不开学科交叉。电气工程学院的付兴烨老师热衷于农业，发起"智慧农业"项目，开设跨学科创业课，创办了"寒地黑土智慧农业教育实践基地"，带领多支学生团队获得多项省级和国家级创新创业大赛的奖项。

  项目组成员聚拢在一起，基于学科交叉融合理念开展合作，深入调研，实施教研，汇聚智慧，共同编写本书。全书由张腾霄统稿，拟定书名，确定指导思想和目录提纲，具体撰写分工如下：张腾霄老师负责编写第三章、第四章第一节、第六章第一节、第八章；刘铁军老师负责编写第一章、第二章及第五章第二、第三节；王斌老师负责编写第六章第二、第三节、第七章；魏雅冬老师负责编写第四章第三、第四节；郭海滨老师负责编写第五章第一节；付兴烨老师负责编写第四章第二节。

  本书是黑龙江省教育厅新农科研究与改革实践项目"寒地黑土核心区地方高校多学科交叉融合型农林人才培养模式创新实践"（项目编号：SJGZ20200194）的1项研究成果，是药食同源特色产品开发与应用创新团队（项目编号：SIT05005）的阶段性研究成果。

编者
2023年7月于绥化学院

目 录

第一章　新农科发展的时代背景及发展趋向 ┈┈┈┈┈┈┈┈┈┈┈┈ 1
　　第一节　农业在人类文明、经济发展中的地位 ┈┈┈┈┈┈┈┈┈ 1
　　第二节　新农科的提出及时代背景 ┈┈┈┈┈┈┈┈┈┈┈┈┈┈ 9
　　第三节　新农科对促进新型农林人才培养的价值引领 ┈┈┈┈┈ 17
　　第四节　新时代农业产业结构变革及新农科发展趋向 ┈┈┈┈┈ 20

第二章　寒地气候和黑土资源对发展龙江农业、工业和商业的价值 ┈┈ 27
　　第一节　寒地气候对农业和工业发展及布局的影响 ┈┈┈┈┈┈ 27
　　第二节　寒地黑土的文化历史积淀及地理标志性农林物产 ┈┈┈ 34
　　第三节　寒地黑土资源的优势和发展瓶颈分析 ┈┈┈┈┈┈┈┈ 47

第三章　多学科交叉融合带来的产业变革及对农业发展、人才培养的启示 ┈┈┈┈┈┈┈┈┈┈┈┈┈┈┈┈┈┈┈┈┈┈┈┈┈┈┈ 58
　　第一节　多学科交叉融合的内涵分析 ┈┈┈┈┈┈┈┈┈┈┈┈ 58
　　第二节　美国发达农业带来的人才培养启示 ┈┈┈┈┈┈┈┈┈ 61
　　第三节　欧洲发达国家农业现代化带来的人才培养启示 ┈┈┈┈ 65

第四章　电气工程、信息技术、文化艺术与农业的学科交叉融合 ┈┈ 80
　　第一节　大田作物的发展新战略、新问题 ┈┈┈┈┈┈┈┈┈┈ 80
　　第二节　设施农业的崛起及对新型人才知识层面的要求 ┈┈┈┈ 84
　　第三节　多学科交叉催化新型生态农业 ┈┈┈┈┈┈┈┈┈┈┈ 93
　　第四节　中国农耕文化价值挖掘及农旅产业 ┈┈┈┈┈┈┈┈┈ 118

第五章　以多学科交叉融合视角剖析龙江玉米产业 ┈┈┈┈┈┈┈┈ 131
　　第一节　寒地黑土核心区的玉米产业 ┈┈┈┈┈┈┈┈┈┈┈┈ 131
　　第二节　多学科交叉融合助推龙江玉米产品开发 ┈┈┈┈┈┈┈ 143
　　第三节　壮大龙江玉米产业所需的人才 ┈┈┈┈┈┈┈┈┈┈┈ 151

1

第六章　以多学科交叉融合视角剖析龙江食用菌产业 ········· 160
第一节　寒地黑土核心区的食用菌产业 ················· 160
第二节　多学科交叉融合助推龙江食用菌产业发展 ········ 172
第三节　壮大龙江食用菌产业所需的人才 ··············· 175

第七章　以多学科交叉融合视角剖析龙江中医药产业 ········· 179
第一节　寒地黑土核心区的中医药产业 ················· 179
第二节　多学科交叉融合助推龙江中医药产业发展 ········ 186
第三节　壮大龙江中药产业所需的人才 ················· 190

第八章　寒地黑土核心区地方高校多学科交叉融合型农林人才培养 ········ 218
第一节　新时代农业革命及农业转型发展的人才问题 ······ 218
第二节　寒地黑土核心区地方应用型高校涉农本科专业的人才培养 ·········· 222

参考文献 ············· 231

附　图 ············· 240

第一章　新农科发展的时代背景及发展趋向

第一节　农业在人类文明、经济发展中的地位

一、农业在人类文明中的地位

（一）农业是人类生存和发展的基础

农业作为人类生存和发展的基石，其重要性不言而喻。从远古时期开始，农业就一直是人类文明的支柱，为人类的生存和发展提供了源源不断的能量。通过农业生产，人类获得食物、衣物等基本生活物资，满足了生存的基本需求，从而能够在这个世界上繁衍生息、延续种族。同时，农业不仅是人类获取物质生活所需的重要途径，更是塑造人类文明的重要因素。农业的发展与演变，见证了人类从原始社会走向文明社会的历程，也为人类的文化、艺术、科技等领域提供了源源不断的创新动力。

在古代，农业生产是人类社会的基础产业，它为整个社会的繁荣和稳定发挥着至关重要的作用。人们通过耕种土地、饲养家畜等方式，不断地开垦荒地、改良土壤，努力提高农作物的产量。这些辛勤劳作不仅满足了人们的温饱需求，还为贸易提供了主要的商品来源，促进了各地之间的经济交流和文化传播。

随着农业技术的不断发展，人类逐渐实现了对土地的合理利用，提高了农作物的产量。在这个过程中，人们发明了许多农具和灌溉设备，如犁、耙、锄头、桔槔、翻车、水车、戽斗等，使农业生产变得更加高效和便捷。同时，人们还开始研究肥料的施用和病虫害的防治方法，进一步提高了农作物的产量和质量。这些技术的发展不仅极大地缓解了人类的生存压力，还为社会的发展创造了良好的条件。

农业生产的发展为人类提供了丰富的食物来源，使人们可以品尝到各种各

样的美食，满足了人们对美好生活的向往。在这个过程中，人类逐渐形成对自然界的认知和尊重，发展出一系列与农业生产相关的技术和知识。例如，人们开始观察季节变化对农作物生长的影响，从而制订更加科学的种植计划；同时，人们还学会了如何将不同地区的气候、土壤等特点运用到农业生产中，以适应各种环境条件。

综上所述，在古代农业的发展过程中，人类不断地探索和创新，逐渐实现了对土地的合理利用，从而提高了农作物的产量。这不仅极大地改善了人们的生活质量，还为社会的发展奠定了坚实的基础。

农业的发展不仅为人类提供了丰富的物质生活，还为人类创造了丰富多彩的文化和精神生活。农耕文化作为农业发展的一个重要产物，是人类在长期的生产实践中形成的一种独特的文化现象。农耕文化涵盖了许多方面的内容，如农事活动、民间信仰、民间艺术等，这些文化元素既为人类的精神世界增色添彩，也为后世留下了宝贵的历史遗产。

农耕文化中的农事活动是人类农业生产的重要组成部分。从古代的耕作方式到现代的新型农业技术，农事活动不断发展演变，为人类提供了丰富的生活资料。同时，农事活动也成为民间信仰的重要内容。许多地区的农民将农业生产与神灵信仰相结合，通过祭祀、祈求等方式表达对自然和神灵的敬畏之情。

民间信仰和民间艺术是农耕文化的重要组成部分。在中国，农耕文化与诗词歌赋、民间故事等紧密相连。例如，中国古代的诗词歌赋中常常描绘田园风光、农民劳动等场景，展现了农耕文化的韵味。同时，民间艺术也以农业生产为题材，创作出了许多优秀的作品。如描绘田园风光的绘画、表现农民劳动的雕塑等，都成为农耕文化的瑰宝。

农业的发展还为人类提供了丰富的艺术创作素材。许多艺术家都以农业生产为题材，创作出了许多优秀的艺术作品。这些作品既展示了农业生产的独特魅力，又传达了对农民劳动和农村生活的热爱之情。通过这些艺术作品，可以更深入地了解农耕文化的精神内涵和历史价值。

此外，农业的发展不仅为人类提供了丰富的食物资源，还推动了科技的进步。为了提高农业生产效率和质量，人类不断地进行技术创新。从古代的铁器农具、水利工程，到现代的化肥、农药、生物技术等，这些科技成果都为农业生产带来了巨大的变革。

在古代，人们利用铁器农具提高了耕作效率，使土地得到了更充分的利用。同时，修建水利工程如灌溉系统、水坝等，也解决了干旱地区的水资源问题，促进了农业生产的发展。这些技术的应用不仅提高了农作物的产量，还改善了农民的生活条件。

随着科学技术的不断进步，现代农业技术得到了极大的发展。化肥、农药的使用使农作物的生长更加稳定和高效。生物技术的应用如转基因技术、微生物发酵等，也为农业生产带来了新的突破。这些科技成果不仅提高了农作物的产量和品质，还减少了对环境的污染。

除了对农业生产的推动作用外，科技的进步还为人类解决了许多生存问题。例如，在疾病的预防和治疗方面，医学技术的进步使许多曾经无法治愈的疾病得以控制甚至治愈。在环境保护方面，科技的发展也为治理环境污染提供了有效的手段。

总之，农业的发展推动了科技的进步。通过技术创新，人类不断提高农业生产效率和质量，解决了许多生存问题。这些科技成果不仅提高了人类的生活质量，还为人类社会的持续发展奠定了基础。

（二）农业是人类文明的重要标志

农业是指以土地为基础，通过人工培育和管理动植物资源，实现食物生产和人口增长的一种社会经济活动。自古以来，人类就开始了对土地的利用和开发，逐渐形成了原始农业。原始农业的出现，标志着人类开始从狩猎采集的游牧生活向定居生活转变，为人类文明的发展奠定了基础。随着时间的推移，农业经历了从原始农业到现代农业的演变过程。在这个过程中，农业始终扮演着举足轻重的角色。

原始农业是人类社会发展的最初阶段，也是农业发展的起点。在这个阶段，人类开始学会利用土地、阳光和水等自然资源，种植农作物和饲养家畜。同时，原始农业也为人类提供了丰富的食物来源，使人类社会得以扩大规模，逐渐形成了部落和城市。

随着社会的发展，农业逐渐演变成了农耕文明。在这个阶段，人类开始使用农具进行农业生产，农作物的种植和收获变得更加高效。农耕文明的出现使人类社会进一步发展壮大，国家和政权逐渐形成。同时，农耕文明也促进了人类的文化交流和技术进步，如铁器、青铜器的发明和使用，都为人类文明的发展作出了巨大贡献。

在工业革命之前，农业始终是人类社会经济发展的基础。然而，随着科技的进步和社会的发展，农业发生了翻天覆地的变化。现代农业技术的应用，如化肥、农药、机械化等，大大提高了农业生产效率。此外，现代农业还注重可持续发展和生态平衡，使农业与环境的关系得到了改善。现代农业的发展，不仅满足了人们对粮食的需求，还为其他产业提供了原材料和市场。

现代农业是农业发展的最新阶段，它以现代科技为支撑，实现了农业生产的高度机械化、自动化和智能化。进入工业时代，农业生产方式发生了巨大的变革。现代农业的出现，使农业生产效率得到了极大的提高，为全球粮食安全提供了有力保障。同时，现代农业也推动了生物科技、信息技术等产业的发展，为人类文明的进步提供了强大的动力。现代农业的发展，不仅改变了人们的生活方式，还对环境、资源等方面产生了深远的影响。因此，现代农业也是人类文明的重要标志之一。

总之，农业的发展与人类文明的形成和发展密切相关。从史前时期的原始农业到现在的现代农业，农业始终是人类文明的重要标志。农业的发展不仅推动了人类社会的进步，也为人类文明的发展提供了源源不断的动力。未来，随着科技的不断进步，农业将继续为人类文明的发展作出更大的贡献。

二、农业在经济发展中的地位

21世纪，工业化和城市化的进程正在全球范围内加速推进。在这个过程中，工业和服务业在国民经济中的比重逐渐增大，然而，农业仍然是经济增长的主要支柱。这不仅因为农业能够持续满足人类对粮食和其他农产品的需求，而且因为农业为国家创造了大量的就业机会，促进了农村地区的经济发展和社会稳定。

首先，农业是经济增长的重要支柱。自古以来，农业生产一直是人类社会的基础产业。随着科技的进步和农业生产方式的改革，农业生产效率得到了极大的提高。尽管农业产值占国内生产总值（GDP）的比例逐年下降，但其仍然占据着相当大的比重。农业的发展对于保障国家粮食安全、维护农民收入水平、促进农村经济发展具有重要意义。只有自己国家的农业强了，保障了农产品的稳定供应，物价才能稳定，人心才能安定，经济大局才能稳住，国家才能不受制于人。

其次，农业是创造就业机会的重要领域。农业产业链条长，涉及种植、养殖、加工、物流等多个环节，为大量劳动力提供了就业机会。此外，农业还与工业、服务业等产业相互关联，形成了复杂的产业链和价值链。农业的发展有助于吸纳农村劳动力，减少城乡差距，促进社会和谐稳定。

再次，农业是推动农村地区经济发展的关键因素。农业产业的发展可以带动农村基础设施建设、公共服务水平的提升，进而促进农村经济的全面发展。此外，农业产业的发展还可以带动农村创业创新，培育新的经济增长点，为农村地区提供持续的内生发展动力。

最后，农业是实现可持续发展的重要途径。随着全球人口的增长和资源环境压力的加大，农业生产方式的转变和优化已成为当务之急。通过推广绿色生产方式、发展循环农业、保护生态环境等措施，农业可以实现高质量发展，为全球可持续发展作出贡献。

综上所述，尽管工业和服务业在国民经济中所占比重逐渐增大，但农业仍然是经济增长的主要来源。应该充分认识到农业在国家经济发展中的重要地位，加大对农业的支持力度，推动农业现代化和可持续发展，为实现全面建设社会主义现代化国家的目标奠定坚实基础。只有这样，才能在全球范围内实现经济持续、健康和稳定发展。

三、农业的科学性、逻辑性和专业性分析

（一）农业是国民经济的基础

农业，这个看似平凡却又举足轻重的行业，一直以来都是国民经济的基石。它不仅是国民经济的基础产业，更是国家经济发展的重要支柱。农业生产与国家的粮食安全、就业和社会稳定息息相关，它们之间的关系紧密而微妙。农业的发展水平和效率，直接反映了国家经济的整体实力和竞争力，因此，对农业的研究和发展具有重大的战略意义。

首先，农业生产是国家粮食安全的重要保障。随着人口的增长和生活水平的提高，粮食需求不断扩大，而农业生产的稳定发展则是满足这一需求的关键。只有保证粮食产量稳定增长，才能确保国家粮食供应充足，从而维护国家的粮食安全。这不仅需要不断提高农业生产的技术水平和管理水平，还需要不断创新农业生产方式，提高农业生产效率。

其次，农业对于解决就业问题具有重要作用。农业是一个劳动密集型产业，为国家提供了大量的就业岗位。通过发展农业，可以吸纳大量农村劳动力，为其提供稳定的收入来源，改善生活条件。同时，农业的发展还可以带动相关产业链的发展，如农产品加工、物流等，进一步创造就业机会。因此，应该大力发展农业，让更多的人从农业中找到工作，实现自我价值。

再次，农业的发展对于社会稳定具有重要意义。农业是农村地区的主要经济来源，农民的生活水平和收入状况直接影响着农村社会的稳定。通过发展农

业，增加农民的收入，可以有效缓解农村的社会矛盾，维护农村社会的和谐稳定。因此，应该关注农民的生活状况，提高农民的收入水平，让农民过上更好的生活。

最后，农业的发展水平和效率直接影响着国家经济的整体实力和竞争力。一个国家的农业发展水平越高，农业生产效率越高，其经济实力和竞争力就越强。因此，加强农业的研究和发展，提高农业生产效率，对于提升国家整体经济实力和竞争力具有重要意义。应该加大对农业科技的投入，引进先进的农业技术和管理经验，推动农业现代化发展进程。

综上所述，农业作为国民经济的基础产业，对国家经济的发展具有重要意义。应该高度重视农业的发展，加大投入力度，推动农业科技创新，提高农业生产效率，以确保国家经济的持续健康发展。

(二) 农业的科学性

农业科学，作为一门研究农业生产规律、提高农业生产效率和保障粮食安全的学科体系，其研究内容涉及作物遗传育种、农业生产技术、农业生态环境等方面。农业的科学性主要表现在以下几个方面。

首先，科学研究为农业生产提供科学的指导。通过对农业生产过程中的各种因素进行深入研究，揭示其内在规律，为农业生产提供科学的理论和方法，从而提高农业生产的科学性和现代化水平。这种科学性不仅体现在理论上，更体现在实践中。通过科学研究，可以了解到不同农作物的生长周期、适宜的种植环境、最佳的施肥方法等，这些既是农业生产的基础，也是科学性的体现。

其次，农业科技创新推动农业发展。农业科技创新是农业科学发展的重要动力，通过引进、消化、吸收和创新国外先进的农业科技成果，不断提高我国农业生产的技术水平和管理水平。例如，通过引入抗病虫害的新品种，可以有效减少农药的使用，保护环境；通过推广精准农业技术，可以提高农作物的产量和质量，满足人们对食品的需求。这些都是农业科技创新的具体体现，也是科学性的重要表现。

最后，农业科学研究成果的应用推广。将农业科学研究成果转化为实际生产力，为农业生产提供技术支持，推动农业生产的持续发展。这种转化不仅包括科研成果的直接应用，也包括科研成果的间接应用。例如，通过科研人员的研究，可以了解到如何通过改良土壤、调节气候等方式来提高农作物的产量和质量；通过科研人员的教育和培训，可以培养出一批懂农业、爱农村、爱农民的新型农民，他们将成为农业生产的主要力量。

总的来说，农业的发展离不开科学的指导、科技的推动和成果的应用。只有这样，才能真正实现农业的科学化、现代化，保障我国的粮食安全，推动社会的可持续发展。

(三) 农业的逻辑性

农业的进步是一个充满逻辑性的过程。它的发展并非一蹴而就，需要遵循一定的规律和节奏，才能实现可持续发展。这种逻辑性主要体现在农业生产与市场需求之间的协调关系上。

首先，农业生产需要根据市场需求进行调整。如果农业生产不能满足市场需求，那么农产品就无法销售出去，农民的收入也就会受到影响，甚至可能导致农业生产的停滞。因此，农业生产必须紧跟市场需求的变化，及时调整生产结构和品种结构，生产出符合市场需求的优质农产品。

其次，市场需求的变化会影响农业生产的发展方向。例如，随着人们生活水平的提高，对食品的需求不仅仅是数量上的满足，更注重质量和安全。因此，农业生产需要从单纯追求产量转向追求质量和安全。这就是市场对农业生产方向的影响。

因此，农业发展需要遵循市场规律，实现农业生产与市场需求的有机结合。具体表现在以下几个方面。

一是市场导向的农业生产。这意味着必须以市场需求为导向，调整生产结构和品种结构，生产出符合市场需求的优质农产品。这种方式不仅可以满足人民群众日益增长的物质文化需求，也可以提高农业生产的整体效益。例如，通过市场调研，可以了解到消费者对绿色、有机、无公害农产品的需求增加，因此，可以通过调整农业生产结构，增加这些类型的农产品的生产，以满足市场需求。

二是充分发挥市场机制的作用。市场机制是资源配置的决定性因素，其可以引导农业生产要素向高效益领域流动，提高农业生产的整体效益。例如，可以通过价格机制，激励农民提高生产效率，通过竞争机制，促使农民不断创新农业生产技术和管理方式。

三是防范市场风险。如何防范市场风险，是农业发展的重要任务。这包括加强对农业市场的风险预警和监测，建立健全农业市场信息服务体系，提高农业生产应对市场风险的能力。例如，可以通过建立农业保险制度，为农民提供一定的风险保障，减少市场风险对农业生产的影响。

总的来说，农业发展的逻辑性主要体现在农业生产与市场需求之间的协调关系上。只有充分理解和把握这种逻辑性，才能推动农业的健康发展。因此，需要在实践中不断探索和总结经验，以实现农业生产与市场需求有机结合，推动农业持续、健康、稳定发展。

(四) 农业的专业性

农业，作为人类生存和发展的基础，其专业性不容忽视。它涉及农业生产、农村经济、农村社会等多个方面，每一个环节都需要专业知识和技能的支持。因此，实现农业的可持续发展，需要有专业的人才队伍进行研究和管理。同时，政府和社会各界也需要关注农业发展的实际问题，提供专业的支持和服务。

首先，专业人才培养是农业可持续发展的有力保障。需要加强农业科技人才培养，培养一批具有国际视野、创新精神和实践能力的农业科技人才。这些人才不仅要有深厚的农业科学知识，还要有丰富的实践经验和创新能力。他们能够运用最新的科技成果，推动农业生产实现现代化，提高农产品的质量和产量，为农业发展提供有力的人才支持。

为了实现这一目标，可以从以下几个方面着手：一是加强农业科技教育，培养更多具备农业专业知识和技能的人才；二是鼓励农业科技创新，为农业科技人才提供更多的研究平台和机会；三是加强农业科技人才的培训和交流，提高他们的综合素质和能力。

其次，建立健全专业管理体制是农业可持续发展的关键。需要明确各级政府部门在农业发展中的职责和任务，形成政府主导、部门协同、社会参与的农业发展格局。这样可以有效地整合各种资源，优化农业生产结构，提高农业生产效率，促进农村经济的发展。

为了实现这一目标，可以从以下几个方面着手：一是明确各级政府部门的职责和任务，建立健全农业发展管理体制；二是加强农业政策的制定和实施，引导农业发展走向专业化、市场化、国际化；三是加强农业信息化建设，提高农业生产和管理的智能化水平。

最后，完善专业服务体系是实现农业可持续发展的重要手段。需要提供农业生产、农村经济、农村社会等方面的专业化服务，提高农业发展的专业化水平。这样可以更好地满足农民的需求，解决他们在生产过程中遇到的问题，提高他们的生产效率和生活质量。

为了实现这一目标，可以从以下几个方面着手：一是加强农业技术推广和服务体系建设，提供全方位、多层次的农业服务；二是加强农村基础设施建设，改善农民的生产生活条件；三是加强农村金融服务体系建设，为农业发展提供资金支持。

总的来说，农业的科学性、逻辑性和专业性是实现农业可持续发展的重要保障。要充分发挥农业科学的优势，加强农业发展的逻辑性建设，提高农业的专业化水平，为实现全面建设社会主义现代化国家的目标作出积极贡献。只有这样，才能确保农业的持续、健康、稳定发展，为人类的生存和发展提供坚实的基础。

第二节 新农科的提出及时代背景

新农科是以习近平新时代中国特色社会主义思想为指导，以培养德智体美劳全面发展的农业人才为目标，以服务农业现代化、乡村振兴战略和全面建设社会主义现代化国家为使命，以推进农业科技创新为核心，以深化教育教学改革为保障的新型农业科学教育体系。本节从新农科的提出背景、时代特征、发展目标、核心任务和实施路径等方面进行分析。

新时代是我国社会发展新的历史方位，也是全面建设社会主义现代化国家、实现中华民族伟大复兴的关键时期。习近平总书记指出，农业、农村、农民问题是关系国计民生的根本性问题，必须始终把解决好"三农"问题作为全党工作的重中之重。为了适应新时代农业农村发展的要求，培养高素质的农业人才，我国提出了新农科，这是我国农业教育改革的重要举措。

一、新农科提出的时代背景

21世纪初，世界农业科技正经历着前所未有的变革。生物技术、信息技术、新材料等前沿技术在农业领域的应用日益广泛，为农业生产带来了前所未有的机遇和挑战。面对这一形势，我国农业发展面临着资源约束趋紧、生态环境恶化、农业生产方式落后等问题，迫切需要提高农业生产效率和质量，实现农业可持续发展。因此，新农科应运而生，旨在推动我国农业科技创新，为实现农业农村现代化提供有力支撑。

新农科的提出，是对传统农业教育的深刻改革。它强调以科学为导向，培养具有创新精神和实践能力的农业科技人才。新农科的课程设置更加注重理论与实践相结合，培养学生掌握现代农业科技知识，具备农业生产和管理的基本技能。同时，新农科还强调跨学科整合，让学生在学习过程中能够接触到生物技术、信息技术、新材料等多个领域的知识，为今后的农业科技创新奠定坚实的基础。

在新农科的教育体系中，教师队伍的建设显得尤为重要。教师不仅要具备扎实的专业知识和丰富的实践经验，还要具备教育教学的能力。为此，我国各级政府部门加大了对农业教育的投入，支持教师参加各类培训和学术交流活动，提高教师的整体素质。此外，鼓励企业和科研机构与高校合作，共同培养农业科技人才，为我国农业科技创新提供源源不断的人才支持。

新农科的实施，对我国的农业生产方式产生了积极的影响。一方面，新技术的应用提高了农业生产效率，降低了生产成本。例如，通过生物技术的运用，可以提高农作物的抗病虫害能力，减少农药的使用；通过信息技术的管理，可以实现精准施肥、灌溉和病虫害防治，提高土地利用率。另一方面，新技术的应用改善了农业生产环境。例如，新型材料的应用可以减少化肥和农药对环境的污染；节水灌溉技术的应用有助于保护水资源。

然而，新农科的推广和实施还面临一些挑战。一是，农业生产主体对新技术的认识和接受程度不一，需要加强宣传和培训，提高农民的科技素养。二是，新技术的研发和应用需要大量的资金投入，政府和社会应加大对农业科技创新的支持力度。三是，新农科的实施还需要完善相关政策和法规，为农业科技创新提供良好的制度环境。

（一）世界农业科技发展趋势

21世纪，全球农业科技的发展已经进入一个新的阶段。这个阶段的主要特征是生物技术、信息技术和新材料的研究与应用深入发展，它们正在为农业生产带来革命性的变化。

生物技术的发展在农业领域的应用日益广泛。基因编辑技术、转基因技术等新型生物技术的出现，极大地提高了农作物的抗病虫害能力，提高了产量和品质，为农业生产带来了福音。然而，生物技术的发展也带来了一定的安全隐患和伦理问题。例如，转基因食品的安全性和环境影响等问题，已经成为社会关注的焦点。因此，如何合理利用生物技术，确保其安全、可持续地应用于农业生产，是当前世界农业科技发展的重要课题。需要在尊重科学的基础上，充分考虑到生物技术的潜在风险，制定出合理的政策和法规，以保障农业生产的安全和可持续发展。

信息技术的应用在农业领域的发展迅速。智能农业、精准农业等新型农业信息化模式的出现，可以实现农业生产的精细化管理，提高农业生产效率。此外，信息技术还可以帮助农民获取市场信息、技术支持等，促进农业产业结构调整和优化。信息技术在农业领域的应用仍面临诸多挑战，如农村互联网普及率低、农业信息化水平不高等。因此，需要进一步加大资源投入和政策支持力度，推动信息技术在农业领域的广泛应用。

新材料的研究与应用在农业领域的发展非常重要。新型农药、肥料、种子等材料的出现，可以提高农业生产效率和质量。此外，新材料还可以解决传统农业面临的资源约束、环境污染等问题。然而，新材料的研究和应用仍处于初级阶段，需要加强基础研究和技术创新，推动新材料在农业领域的广泛应用。

总的来说，世界农业科技发展的趋势是生物技术、信息技术和新材料的研究与应用深入发展。这些新的科技成果将为农业生产带来更多的机遇和挑战，需要抓住这些机遇，应对这些挑战，以实现农业生产的高效、安全和可持续发展。

（二）我国农业发展面临的问题

我国作为世界上人口最多的国家，农业的发展对于整个社会的稳定和发展具有重要的意义。然而，随着社会经济的发展和人口的增长，我国农业发展面临一系列问题，这些问题不仅制约了农业生产效率的提高，而且对环境造成了严重的破坏，甚至威胁到了我国的粮食安全。

1. 资源约束趋紧

随着人口的增长和经济的发展，我国农业生产对土地、水等资源的需求不断增加。然而，由于资源的有限性，这种需求的增长往往超过了资源的供给，导致资源约束趋紧。这使我国农业生产面临严重的资源短缺问题，制约了农业生产的可持续发展。为了解决这个问题，需要转变农业生产方式，提高资源利用效率，同时也需要通过科技创新，开发新的资源。

2. 生态环境恶化

长期以来，我国农业生产过度依赖化肥、农药等化学物质，这些化学物质的使用不仅增加了农业生产的成本，而且对土壤肥力造成了严重破坏。此外，农业生产过程中产生的废弃物、污水等污染物对环境造成了严重破坏。这些问题严重影响了农业生产的可持续发展。为了解决这个问题，需要推广绿色农业，减少化学物质的使用，同时需要加强废弃物处理和污水处理，保护环境。

3. 农业生产方式落后

我国农业生产方式仍然以传统的人力劳动为主，生产效率低下。此外，农业生产过程中存在缺乏科学管理、技术创新等问题，制约了农业生产的发展。为了解决这个问题，需要推广现代化的农业生产方式，提高生产效率，同时需要加强科技研发，引入新的技术和管理模式。

总的来说，我国农业发展面临的问题是多方面的，需要从多个角度予以解决。只有这样，才能实现农业生产的可持续发展，保障我国的粮食安全，同时保护我们的环境。

二、新时代农业农村发展的要求

如今，我们要加强农业农村基础设施建设，推进农村产业融合发展，加快培育新型农业经营主体，发展多种形式的适度规模经营，加快推进农业现代化。

（一）加强农业农村基础设施建设

新时代农业农村发展的要求，首先是加强农业农村基础设施建设。这包括提高农村道路、水利、电力、通信等基础设施建设水平，为农业农村发展提供良好的物质条件。同时，要加大农村人居环境整治力度，提升农村居民生活质量，为农业农村发展创造良好的生态环境。此外，还要加强农村公共服务体系建设，提高农村教育、医疗、文化等公共服务水平，满足农民多样化需求。

（二）推进农村产业融合发展

推进农村产业融合发展是新时代农业农村发展的重要任务。这需要深入实施农业供给侧结构性改革，优化农业产业结构，提高农业综合生产能力。具体来说，要推动农业与第二、第三产业深度融合，发展现代农业产业链，培育新型农业经营主体，发展多种形式的适度规模经营。同时，要加强农业科技创新，推广绿色生产方式，提高农业生产效率和农产品质量，增强农业竞争力。

（三）加快培育新型农业经营主体

新型农业经营主体是农业农村发展的生力军。新时代农业农村发展要求加快培育新型农业经营主体，发挥其在农业农村发展中的主体作用。具体措施包括：加大对农民合作社、家庭农场、龙头企业等新型农业经营主体的支持力度，引导其扩大生产经营规模；加强新型农业经营主体人才培养，提高其经营管理水平；完善新型农业经营主体政策体系，为其发展提供良好的环境。

（四）发展多种形式的适度规模经营

适度规模经营是现代农业发展的重要途径。新时代农业农村发展要求发展多种形式的适度规模经营，推动农业生产向集约化、规模化方向发展。具体措施包括：鼓励农民流转土地经营权，发展土地流转市场；支持农民发展专业合作社、联合体等新型合作组织，实现资源共享、风险共担；推动农业产业化经营，促进农业产业链延伸，提高农业生产效益。

（五）加快推进农业现代化

农业现代化是新时代农业农村发展的总目标。要加快推进农业现代化，实现农业农村全面进步。具体措施包括：深入推进农业科技创新，提高农业生产科技含量；加强农业技术推广和培训，提高农民科技素质；完善农业支持保护制度，保障农民合法权益；推动农业绿色发展，实现可持续发展。

总之，新时代农业农村发展的要求是全面推进农业农村现代化，构建现代化农业体系，实现乡村振兴。要紧紧围绕这一目标，加强农业农村基础设施建设，推进农村产业融合发展，加快培育新型农业经营主体，发展多种形式的适度规模经营，加快推进农业现代化，为实现全面建设社会主义现代化国家的目标作出积极贡献。

三、新农科的时代特征、发展目标、核心任务与实施路径

（一）新农科的时代特征

新农科的建设要紧密围绕习近平新时代中国特色社会主义思想，坚持和发展中国特色社会主义，全面推进社会主义现代化进程。

在新时代背景下，新农科建设指导思想的提出，旨在引导我国农业科技创新发展，推动农业现代化进程，实现乡村振兴战略。新农科建设指导思想的核心是以人为本、绿色发展、创新驱动、协同共享，具体表现在以下几个方面。

首先，以人为本。新农科建设要坚持以人民为中心的发展思想，关注农民群众的需求，提高农业生产效率和农产品质量，保障国家粮食安全。同时，要关注农村人力资源的开发和利用，培养一支懂农业、爱农村、爱农民的新型农村人才队伍，为农业现代化提供人才支持。这意味着要在农业科技教育中注重实践性和应用性，培养出能够将理论知识运用到实际生产中的人才，满足农业发展的多元化需求。

其次，绿色发展。新农科建设要坚持生态优先、绿色发展的理念，推动农业生产方式实现绿色转型，减少化肥、农药的使用，保护农业生态环境。通过推广绿色生产技术、发展循环农业、实施有机农业等措施，实现农业生产与生态环境和谐共生。这就要求在农业生产过程中，充分考虑生态环境因素，采用更加环保、可持续的生产方式，确保农业健康发展。

再次，创新驱动。新农科建设要紧紧抓住科技创新这个核心驱动力，加大农业科技研发投入，推动农业科技创新成果转化。通过加强基础研究、应用研究和技术创新，研发具有自主知识产权的核心技术，提升我国农业科技水平。这意味着要在农业科技创新上不断加大投入力度，鼓励企业和科研机构进行技术研发，形成一批具有国际竞争力的农业科技成果。

最后，协同共享。新农科建设要加强农业产业链各环节协同创新，推动农业生产、加工、销售等环节深度融合，形成产业链协同发展的格局。同时，要推动农业科技成果共享，让更多的农户受益于科技创新成果，实现农业生产的高效、优质、可持续发展。这就要求在农业产业链上实现各个环节有效对接和协同合作，确保科技成果能够惠及更多的农民和农业企业。

总之，新时代新农科建设指导思想为我国农业科技创新发展提供了科学指导和行动指南。要深入学习贯彻这一指导思想，紧密结合我国农业实际，推动新农科建设取得更加丰硕的成果，为实现乡村振兴战略和全面建设社会主义现代化国家作出积极贡献。

（二）新农科的发展目标

新农科以培养德智体美劳全面发展的农业人才为目标，要培养具有高度政治觉悟、专业素养和创新精神的农业人才，为农业农村发展提供有力的人才支撑。

在新农科建设中，不仅要关注学生的学业成绩，还要注重他们的品德、身体素质、审美情趣和劳动技能的培养。只有这样，才能为农业农村发展提供有力的人才支撑，为实现农业农村现代化、乡村振兴战略和全面建设社会主义现代化国家提供有力支撑。

首先，需要培养学生的高度政治觉悟。作为新时代的农业人才，他们应该具备坚定的理想信念和强烈的社会责任感，始终把人民群众的利益放在首位。在教学过程中，要引导学生深入学习习近平新时代中国特色社会主义思想，增强"四个意识"，坚定"四个自信"，做到"两个维护"。

其次，要注重培养学生的专业素养。新农科要紧密结合国家战略需求，培养具有现代农业科技知识、农业生产技能和管理能力的复合型人才。在教学内容上，要加强基础理论教育与实践教育相结合，培养学生掌握现代农业科技前沿动态和发展趋势的能力；在实践教学环节，要鼓励学生参与农业生产、农村建设和农民服务，提高他们的实际操作能力和解决问题的能力。

再次，要激发学生的创新精神。创新是一个国家、一个民族进步的灵魂，也是农业现代化发展的重要动力。要培养学生敢于创新、勇于实践的精神，鼓励他们在农业生产、农村发展和农民服务中大胆探索、勇于创新。同时，要加强创新创业教育，为学生提供创新创业的平台和机会，培养他们的创新思维和创业能力。

最后，要关注学生的全面发展。德智体美劳是衡量一个人全面发展的重要标准，在培养农业人才时要注重培养学生的审美情趣、身体素质和劳动技能。通过开展丰富多彩的文化、体育和劳动教育活动，使学生在学习、生活和工作中全面成长。

总之，新农科要以培养德智体美劳全面发展的农业人才为目标，紧密结合国家战略需求，为实现农业农村现代化、乡村振兴战略和全面建设社会主义现代化国家提供有力支撑。相信，在全社会的共同努力下，新农科一定能够培养出一大批优秀的农业人才，为农业农村发展作出更大的贡献。

(三) 新农科的核心任务

在新时代背景下，我国正致力于实现全面建设社会主义现代化国家的目标。为了实现这一使命，新农科需要紧密结合国家战略需求，为农业农村现代化、乡村振兴战略和全面建设社会主义现代化国家提供有力支撑。

首先，新农科要紧密结合国家战略需求，深入推进农业科技创新。农业科技创新是推动农业农村现代化的重要动力。新农科应该以国家战略需求为导向，加大农业科技研发投入，培育一支具有国际竞争力的农业科技创新团队，推动农业科技成果转化，提高农业生产效率和农产品质量。同时，新农科还要加强国内外农业科技合作，引进国外先进的农业技术，为我国农业现代化提供技术支持。

其次，新农科要紧密结合国家战略需求，培养一批高素质的农业人才。农业人才是农业农村现代化的重要支撑。新农科应该深化教育教学改革，优化课程设置，加强实践教学，培养一批具有创新精神、实践能力和社会责任感的农业人才。同时，新农科还要加强与农村基层组织的合作，引导优秀的农业人才到农村一线工作，为农业农村现代化提供人才支持。

再次，新农科要紧密结合国家战略需求，推动农业产业结构调整。农业产业结构调整是实现农业农村现代化的重要途径。新农科应该根据国家战略需求，引导农民发展特色优势产业，推动农业产业链延伸，提高农业附加值。同时，新农科还要加强农业品牌建设，提升农产品市场竞争力，为乡村振兴战略提供产业支撑。

最后，新农科要紧密结合国家战略需求，推动农村基础设施建设。农村基础设施建设是实现乡村振兴战略的重要保障。新农科应该加大农村基础设施投入力度，改善农村生产生活条件，提高农村公共服务水平。同时，新农科还要加强农村环境保护，推进农村绿色发展，为全面建设社会主义现代化国家提供生态保障。

总之，新农科要紧密结合国家战略需求，为实现农业农村现代化、乡村振兴战略和全面建设社会主义现代化国家提供有力支撑。只有这样，才能在新时代的历史征程中，书写出推动农业农村现代化、实施乡村振兴战略和全面建设社会主义现代化国家的辉煌篇章。

(四) 新农科的实施路径

新农科作为新时代农业发展的重要方向，其实施路径需要从加强顶层设计、完善政策体系和加强组织领导三个方面具体阐述。

首先，加强顶层设计是新农科实施的关键。新农科要加强顶层设计，明确发展方向和重点任务，确保各项工作有序推进。这意味着需要在国家层面上对新农科的发展进行战略规划，明确新农科的目标、任务和措施，以便各级政府部门有针对性地开展工作。同时，还需要加强对新农科的研究和探索，不断丰富和完善新农科的理论体系，为新农科的实践提供科学指导。

其次，完善政策体系是新农科实施的重要保障。新农科要完善政策体系，加大政策支持力度，为新农科建设提供有力保障。这意味着需要在政策层面给予新农科足够的关注和支持，制定一系列有利于新农科发展的政策措施，如加大财政投入、优化税收政策、简化行政审批等，以激发新农科发展的活力。同时，还需要加强对新农科政策的宣传和解读，让广大农民和相关人员充分了解和掌握新农科政策，确保政策有效贯彻落实。

最后，加强组织领导是新农科实施的基础。新农科要加强组织领导，建立健全工作机制，确保各项工作落实到位。这意味着需要在组织层面加强对新农科工作的领导和管理，建立健全新农科工作领导小组、专家委员会等专门机构，明确各部门和单位在新农科工作中的职责和任务，形成工作合力。同时，还需要加强对新农科工作的监督和考核，确保各项政策措施有效执行，新农科工作取得实效。

总之，新农科需要从加强顶层设计、完善政策体系和加强组织领导三个方面来具体实施。只有这样，才能推动新农科健康、有序地发展，为实现农业现代化、乡村振兴战略和全面建设社会主义现代化国家作出积极贡献。

第三节　新农科对促进新型农林人才培养的价值引领

一、新农科教育的内涵

新农科教育是以服务国家农业发展战略为导向，以培养具有创新精神、实践能力和国际视野的新型农林人才为目标的教育改革。新型农林人才是农业现代化建设的重要力量，对于提高农业生产效率、保障国家粮食安全、促进农村经济发展具有重要意义。因此，新农科教育在新型农林人才培养中的价值引领作用显得尤为突出。

首先，新农科教育强调以人为本。这意味着在教育过程中，要关注学生的成长和发展，尊重学生的个性差异，激发学生的学习兴趣和潜能。为此，需要改革教育教学方法，采用多元化的教育手段，培养学生的自主学习能力和团队协作精神。同时，还要关注学生的心理健康，为他们提供良好的学习环境和心理支持，帮助他们树立正确的人生观和价值观。

其次，新农科教育注重培养学生的创新精神和实践能力。在新时代农业发展的背景下，创新已经成为推动农业科技进步和社会经济发展的关键因素。因此，要培养学生具备敢于创新、勇于实践的精神品质，使他们在未来的农业领域能够发挥更大的作用。为此，需要加强创新教育，引导学生关注农业科技前沿动态，开展实践活动，培养学生的创新能力和实践能力。

再次，新农科教育强调理论与实践相结合。理论是指导实践的灯塔，实践是检验理论真伪的试金石。因此，在新农科教育中，要注重将理论知识与实际操作相结合，使学生在掌握基本理论知识的同时，能够熟练运用所学知识解决实际问题。为此，需要加强课程设置，优化教学内容，提高教学质量；同时，还要加大实践教学力度，鼓励学生参加实验、实习、实训等活动，增强学生的实践能力。

最后，新农科教育注重学生的个性化发展。每个人都有自己的兴趣爱好和特长，因此在教育过程中，要尊重学生的个性差异，充分发挥他们的特长和优势。因此，需要因材施教，提供个性化的教育方案，帮助学生找到适合自己的发展道路。同时，还要关注学生的情感需求，关心他们的生活和成长，帮助他们建立自信，培养他们的责任感和使命感。

总之，新农科教育作为新时代农业发展人才培养的重要方式，其价值引领作用不容忽视。新农科教育理念以人为本，注重培养学生的创新精神和实践能力，强调理论与实践相结合，注重学生的个性化发展。新农科教育通过培养学生的创新精神和实践能力，提高学生的综合素质，为农业现代化建设输送高素质的新型农林人才；通过注重理论与实践相结合，提高学生的创新能力和实践能力，为农业科技创新提供人才支持；通过注重学生的个性化发展，培养具有国际视野的新型农林人才，为我国农业走向世界提供人才保障。

二、新农科教育的特点

（一）注重实践性

新农科教育强调理论与实践相结合，培养学生的实际操作能力和创新能力。在教学过程中，教师的角色发生了较大的变化。他们不仅是知识的传授者，更是学生实践操作的引导者和助手。他们需要通过各种形式，如实验、实习等，让学生亲身参与到实际生产中，从而使学生能够真正理解和掌握现代农业科学知识。这种教学方式不仅能够提高学生的实践能力，还能够激发学生的学习兴趣，使他们在实践中发现问题、解决问题，从而提高他们的创新能力。

新农科教育还鼓励学生参与农业科技创新项目。这些项目通常涉及现代农业科学的前沿领域，如生物技术、信息技术等。通过参与这些项目，学生可以了解最新的农业科技发展趋势，提高创新思维和实践能力。同时，这些项目也为学生提供了一个将所学知识应用于实际生产的平台，使他们能够在实践中检验和完善自己的理论知识。

（二）强调综合性

新农科教育涵盖了农业、生物科学、环境科学等多个学科领域，培养学生的综合素养。在新农科教育体系下，学生需要掌握农业生产、农产品加工、农业生态环境保护等多方面知识，以适应现代农业发展的需求。同时，新农科教育还注重培养学生的跨学科思维能力，使他们能够站在全局的高度，分析和解决农业发展中的问题。

在农业生产中，学生需要学习如何利用科技手段提高农业生产效率，如何合理配置土地资源，如何通过科学的种植方式提高农作物的产量和质量等。这些知识和技能对于提高农业生产效率、保障国家粮食安全具有重要的意义。

在农产品加工中，学生需要学习如何通过科学的加工方法提高农产品的附加值，如何通过创新的产品设计满足消费者的需求等。这些知识和技能对于推动农业产业结构优化升级、促进农民增收具有重要的意义。

在农业生态环境保护中,学生需要学习如何通过科学的管理方式保护农业生态环境,如何通过绿色的生产方式实现农业的可持续发展等。这些知识和技能对于保护农业生态环境、实现农业的绿色发展具有重要的意义。

在现代社会,农业问题已经不再是单一学科可以解决的问题,而是需要多学科知识和技术共同协作才能解决的问题。因此,新农科教育要求学生能够站在全局的高度,运用生物学、化学、物理学、地理学等多学科知识,分析和解决农业发展中的问题。

(三) 注重个性化

在新农科教育的框架下,坚信每个学生都是独一无二的,他们有着各自的兴趣和特长。因此,教学方法不仅注重知识的传授,更强调个性化的教学方案和课程设置。只有当每个学生的潜能都得到充分挖掘和发展时,他们才能真正实现自我价值,为社会作出贡献。

在教学过程中,教师应深入了解每一个学生的兴趣爱好和专业特长。通过各种方式收集信息,包括观察、访谈、测试等,以便为每个学生量身定制合适的学习计划。这种个性化的教学方式,不仅能够激发学生的学习兴趣,提高他们的学习效率,还能够帮助他们发现自己的潜能,找到发展的方向。

此外,新农科教育鼓励学生参加各类竞赛和实践活动。这些活动不仅能够让学生有机会展示自己的才华和特长,还能够提供一个实践和锻炼的平台。通过这些活动,学生可以更好地理解和掌握所学知识,提高自己的实践能力,为未来的职业生涯做好准备。

因此,新农科教育要根据学生的兴趣和特长,提供个性化的教学方案和课程设置。在教学过程中,教师要充分了解学生的兴趣爱好和专业特长,为他们制订合适的学习计划,激发其学习兴趣和积极性。此外,新农科教育还鼓励学生参加各类竞赛和实践活动,展示自己的才华和特长,实现个性化发展。

三、新农科教育在新型农林人才培养中的作用

农业强国是社会主义现代化强国的根基,农业强国建设是我国经济发展重要的发力点和突破口,而优质的农林人才为建设农业强国提供基础性、战略性支撑。一些农村发展乏力,关键在于缺少人才,缺少发展引路人、产业带头人、政策明白人。因此,新农科的核心要务在于持续培育大量扎根于乡村建设和产业发展的优质农林人才。

(一)提高农业科技水平

新农科教育通过引入现代农业科学知识,培养学生掌握现代农业技术的能力,从而提高农业生产效率和农产品质量。在这个过程中,学生不仅能够掌握先进的农业生产技术,还能够运用现代信息技术手段,如大数据、物联网等,提高农业生产管理水平。此外,新农科教育还培养了一批具有现代农业科研能力的人才,为农业科技创新提供了有力支持。

(二)促进农业可持续发展

新农科教育关注农业生态环境保护和资源利用问题,培养学生的可持续发展意识和能力,为实现绿色发展、循环发展、低碳发展提供人才支持。在这个过程中,学生学会了如何合理利用农业资源,减少农业生产过程中的环境污染,提高农业生产的可持续性。同时,新农科教育还培养学生应对气候变化等全球性问题的能力,为全球农业可持续发展作出贡献。

(三)培养农业创新创业人才

新农科教育注重培养学生的创新精神和创业能力,为农业创新创业提供人才保障。在这个过程中,学生学会了如何将理论知识与实践相结合,发掘农业产业的发展潜力和机遇,创造出具有市场竞争力的产品和服务。此外,新农科教育还鼓励学生参与农业产业链的延伸和拓展,培育新的农业经济增长点,为农业经济发展注入新的活力。

总之,新农科教育以其注重实践性、强调综合性和注重个性化的特点,为新型农林人才培养提供了有力支持。在未来的农业发展中,新农科教育将继续发挥重要作用,为我国农业现代化的实现和乡村振兴战略的实施提供强大的人才支持。

第四节 新时代农业产业结构变革及新农科发展趋向

随着我国农业产业结构的不断调整和新农科教育的深入推进,农业产业结构变革和新农科发展趋向成为当前农业领域关注的热点问题。新时代是我国农业发展的重要阶段,农业产业结构变革和新农科发展是实现农业现代化的关键。本节主要分析新时代农业产业结构变革的内涵、动因、路径等,探讨新农科发展的现状、特点及发展趋势,为我国农业产业结构优化和新农科建设提供理论支持。

一、新时代农业产业结构变革的内涵、动因、路径

(一) 农业产业结构变革的内涵

在新时代背景下,农业产业结构变革被赋予了新的含义和深度。这不仅仅是对农业产值结构调整、农业产业链延伸、农业劳动力转移、农业资源环境约束等方面的变化的解读,更是对农业产业内部各要素之间关系的变化,以及农业产业与第二、第三产业之间的融合与互动的深度解读。

首先,农业产值结构调整是农业产业结构变革的重要内容。在新时代背景下,不能再单纯地以产量来衡量农业产业的发展,应该更加注重提高农业产值的质量和效益。这就需要在农业生产中,更加注重农产品的品质和品牌建设,提高农产品的附加值,从而实现农业产值的结构调整。这种结构调整不仅仅是对农业生产方式的改变,更是对农业生产观念的转变,是对农业发展的新理解和新追求。

其次,农业产业链延伸是农业产业结构变革的关键一步。在新时代背景下,应该积极推动农业产业链的延伸,通过发展农产品加工业、农产品物流业等,将农业与第二、第三产业更好地融合起来,从而实现农业产业结构的优化升级。这种产业链延伸不仅仅是对农业生产的深化,更是对农业产业链的拓展,是农业产业发展的新方向和新机遇。

再次,农业劳动力转移是农业产业结构变革的重要途径。在新时代背景下,应该积极引导农业劳动力向非农产业转移,通过提供更多的就业机会和发展空间,吸引更多的农村劳动力进入城市,从而实现农业劳动力资源的合理配置。这种劳动力转移不仅仅是对农业生产力的提升,更是对农业生产力的优化,是农业发展的新动力和新希望。

最后,农业资源环境约束是农业产业结构变革的重要挑战。在新时代背景下,应该积极应对农业资源环境的约束,通过推广绿色生产方式和循环经济模式,实现农业生产与环境保护和谐共生。这种资源环境约束的应对不仅仅是对农业生产的保护,更是对农业生产的创新,是对农业发展的新要求和新期待。

总的来说,农业产业结构变革是一个系统工程,需要从多个方面综合施策。只有这样,才能在新时代背景下,推动农业产业持续健康发展,实现农业现代化的目标。这是一个充满挑战和机遇的时代,需要以全新的视角和全新的思维,去面对这个时代的挑战,去把握这个时代的机遇,去创造这个时代的辉煌。

（二）新时代农业产业结构变革的动因

随着科技的飞速发展，全球经济一体化进程的推进，以及国内外市场需求的变化，我国农业产业结构正面临深刻的变革。这种变革不仅源于科技进步的驱动，还受到市场需求、政策引导和国际竞争压力的推动。本书将从这四个方面对新时代农业产业结构变革的动因进行详细阐述。

首先，科技创新为农业产业结构变革提供了技术支撑，如生物技术、信息技术、新材料等的应用，推动了农业生产方式的转变。例如，通过生物技术的应用，可以提高农作物的抗病虫害能力，降低农业生产成本；信息技术的应用可以实现农业生产的精细化管理，提高农业生产效率；新材料的应用可以改善农产品的质量，满足消费者对优质农产品的需求。这些科技创新为农业产业结构的优化升级提供了强大的动力。

其次，随着人民生活水平的提高，对农产品质量、品种、安全等方面的需求不断增加，促使农业产业结构向优质高效方向调整。为了满足这一需求，农业生产需要不断进行技术创新和管理创新，提高农产品的质量和产量。同时，农业产业链也需要不断延伸和拓展，实现从种植、养殖到加工、销售的全产业链整合，以满足消费者的多样化需求。

再次，政府出台一系列政策措施，引导农业产业结构调整，如农业产业化经营、农村土地制度改革等。这些政策措施旨在优化农业资源配置，提高农业生产效率，促进农民增收致富。例如，通过政策引导，鼓励农民发展特色农业、休闲农业等新型农业业态，拓宽农民增收渠道；通过土地制度改革，保障农民的土地承包经营权，激发农民的生产积极性。政策引导为农业产业结构变革提供了有力的支持。

最后，在全球经济一体化进程中，我国农业发展面临来自国际市场的竞争压力，促使农业产业结构加快调整。为了应对这一挑战，我国农业需要不断提高自身的竞争力，实现由传统农业向现代农业转型升级。这包括提高农业生产效率、培育新的农业增长点、加强农业科技创新等方面。在国际竞争压力的推动下，我国农业产业结构将更加优化、高效和绿色。

总之，新时代农业产业结构变革的动因主要包括科技进步驱动、市场需求拉动、政策引导推动和国际竞争压力促进。面对这些动因，我国农业需要不断进行技术创新和管理创新，实现农业产业结构优化升级，以满足人民群众对美好生活的新期待。

（三）新时代农业产业结构变革的路径

新时代，农业产业结构变革的路径逐渐清晰。这一变革不仅需要优化农业产业布局，调整农业产业结构，拓展农业产业链，更需要培育新型农业经营主体，以适应新时代的发展需求。

首先，需要根据资源禀赋、市场需求等因素，合理安排农业产业布局，实现区域协调发展。这意味着需要在地理空间上进行科学的规划，使各地区的农业产业能够得到均衡的发展，避免资源的过度开发和环境的破坏。同时，需要考虑市场需求的变化，通过调整农业产业布局，使农产品能够更好地满足市场需求。例如，可以通过建立农产品直销点，将农产品直接送到消费者手中，减少中间环节，提高农产品的市场竞争力。

其次，需要通过政策引导、市场机制调整等手段，推动农业产业由传统型向现代型转变，提高农业产值和附加值。这意味着需要引入现代农业技术和管理模式，提高农业生产效率；同时，需要发展现代农业服务，如农产品物流、农业信息服务等，提高农业产值和附加值。例如，可以通过建立农业大数据平台，收集和分析各种农业数据，为农民提供精准的农业咨询服务。

再次，需要加强农产品加工、储运、销售等环节的建设，延长农业产业链，提高农产品的市场竞争力。这意味着需要发展农产品深加工产业，提高农产品的附加值；同时，需要加强农产品储运和销售环节的建设，提高农产品的市场流通率。例如，可以通过建立冷链物流系统，保证农产品在运输过程中的质量。

最后，需要鼓励农民合作社、家庭农场等多种形式的新型农业经营主体发展，提高农业生产组织化程度。这意味着需要通过政策扶持等方式，引导农民发展合作社、家庭农场等新型农业经营主体科学发展；同时，需要通过培训等方式，提高农民的农业生产技能和管理能力。例如，可以通过举办培训班、讲座等活动，提高农民的科学种植技术和管理知识。

总的来说，新时代农业产业结构变革的路径是多元化的，需要在优化农业产业布局、调整农业产业结构、拓展农业产业链、培育新型农业经营主体等方面综合施策，以适应新时代的发展需求。

二、新农科发展的现状、特点及趋势

（一）新农科发展的现状

近年来，我国新农科教育的发展呈现出一片繁荣的景象。在这个领域中，看到了学科体系的逐步完善，课程设置更加贴近实际需求，以及培养出的一批具有创新精神和实践能力的农业科技人才。这些都是新农科发展的显著成果，也是我国农业现代化进程的重要推动力。

首先，新农科教育的学科体系正在逐步完善。过去，农业科学教育的学科体系相对单一，主要集中在农业科学本身。随着社会的发展和科技的进步，农业科学的研究领域已经不再局限于传统的农业生产和农村经济，而是扩展到了生物科学、环境科学、信息科学等多个领域。因此，新农科教育的学科体系也在不断地调整和优化，以适应这种多元化的需求。学科体系的完善不仅丰富了学生的专业知识结构，而且为他们提供了更广阔的发展空间。

其次，新农科课程设置更加贴近实际需求。过去，农业科学教育的课程设置往往过于理论化，与实际农业生产的距离较远。随着农业现代化的推进，新农科需要培养能够解决实际问题的科技人才。因此，新农科课程设置开始注重实践性和应用性，通过实验、实习等方式，让学生在实践中学习和掌握农业科技知识。这种课程设置的改变，使学生在学习过程中能够更好地理解和掌握知识，也更有利于他们在未来的工作中将所学知识运用到实际问题中。

最后，新农科教育培养出了一大批具有创新精神和实践能力的农业科技人才。这些人才不仅具备扎实的农业科技知识，还具有良好的创新思维和实践能力。他们在农业生产、农村经济、农业科技研究等多个领域发挥了重要作用，为我国农业现代化进程作出了重要贡献。这些人才的存在，无疑为我国农业的发展注入了新的活力。

总的来说，新农科教育的发展是我国农业现代化进程的重要推动力。未来，我们期待新农科教育能够在学科体系、课程设置等方面取得更大的突破，培养出更多优秀的农业科技人才，为我国农业发展作出更大的贡献。相信，在新农科教育的引领下，我国的农业一定会迎来更加美好的未来。

（二）新农科发展的特点

新农科发展的特点是农业科技创新与发展的重要标志，其核心特点是理论与实践相结合、产学研一体化和国际化视野，旨在推动我国农业科技的现代化进程。

首先，理论与实践相结合是新农科发展的第一个重要特点。这种教育模式强调将理论知识与实践技能相结合，培养学生解决实际问题的能力。在教学过程中，教师不仅要传授专业知识，还要引导学生通过实践活动，如实验、实习等，将理论知识转化为实践技能。这样，学生在毕业后能够迅速适应工作环境，解决实际问题。同时，新农科教育鼓励学生进行创新实践，培养他们的创新能力和实践能力。这种理论与实践相结合的教育模式，使学生在学习过程中能够更好地理解和掌握知识，提高他们的实际操作能力。

其次，产学研一体化是新农科发展的第二个重要特点。新农科教育强调产学研一体化，加强校企合作，提高人才培养质量。学校、企业和社会是人才培养的三大主体，新农科教育要求三者紧密合作，形成一个有机的整体。学校提供理论知识和科研平台，企业提供实践场所和技术支持，社会提供就业机会和需求信息。通过产学研一体化，新农科教育能够更好地满足社会对农业人才的需求，提高人才培养质量。这种产学研一体化的教育模式，使学生在学习过程中能够更好地了解和掌握行业动态，提高实践能力和创新能力。

最后，国际化视野是新农科发展的第三个重要特点。新农科教育应拓宽国际视野，借鉴国外先进经验，提升我国农业科技水平。在全球化的今天，农业科技的发展也需要国际化的视野。新农科教育鼓励学生学习国际先进的农业科技知识，了解国际农业科技的发展趋势，引进国外先进的农业科技成果，提升我国农业科技的创新能力和竞争力。这种国际化的教育模式使学生在学习过程中能够更好地了解和掌握国际先进的农业科技知识，提高国际竞争力。

总的来说，新农科发展的特点是理论与实践相结合、产学研一体化和国际化视野。这三大特点使新农科教育能够更好地适应社会发展的需要，推动我国农业科技的现代化进程。

（三）新农科发展的趋势

新农科发展的趋势是一个广阔且深远的话题，它涉及农业科技、教育模式、人才培养等多个方面。首先，在未来的发展中，新农科将更加注重学科间的交叉融合，形成新的学科体系。这种学科交叉融合不仅能够促进各学科间交流与合作，而且能够推动农业科技的发展。例如，生物学、化学、物理学等自然科学的知识可以为农业生产提供理论支持，而工程技术、管理学等社会科学的知识可以为农业生产提供实践指导。通过学科交叉融合，新农科将形成一个更加完整、更加科学的学科体系。

其次，新农科发展的另一个重要趋势是人才培养模式创新。随着社会经济的发展和科技的进步，农业生产的需求不断变化。因此，新农科教育需要进一步探索人才培养模式的创新，以培养更符合产业发展需求的人才。这种人才培养模式的创新包括课程设置的改革、教学方法的改进、实习实训的加强等。通过这些改革和创新，新农科教育将能够培养出更多具有创新精神和实践能力的农业科技人才。

最后，科技创新驱动是新农科发展的重要动力。在当前的社会环境下，科技创新已经成为推动各行各业发展的关键因素，新农科也不例外。未来，新农科发展将更加注重科技创新驱动，以提高我国农业科技水平。这种科技创新驱动包括科研投入的增加、科研设施的完善、科研团队的建设等。通过这些措施，新农科将能够推动农业科技的快速发展，为我国农业的可持续发展提供强大的科技支撑。

总的来说，新农科发展的趋势是学科交叉融合、人才培养模式创新和科技创新驱动。这三大趋势将共同推动新农科的发展，使其成为一个更加科学、更加完善的学科体系。同时，这也将为我国农业的发展提供强大的科技支撑，助力我国农业实现现代化、智能化的目标。

在新农科发展的道路上，还需要关注以下几个方面：首先，要加强对农民的教育和培训，提高他们的科技素养和创新能力。这是因为，农民是农业生产的主体，他们的科技素养和创新能力直接影响农业生产的效率和质量。因此，需要通过各种方式，如开设农业技术培训班、组织农业知识竞赛等，提高农民的科技素养。同时，还需要通过实践教学、农村实践基地等方式，提高农民的创新能力。

其次，要加大对农业科技研发的投入，鼓励企业和科研机构进行技术创新。这是因为，农业科技研发需要大量的资金投入，而政府的财政支持往往有限。因此，需要引导企业和社会资本参与农业科技研发，形成多元化的投资主体。同时，还需要鼓励科研机构进行技术创新，通过产学研合作，推动农业科技成果转化。

再次，要加强农业科技成果转化，将科研成果转化为实际生产力。这是因为，科技创新的价值在于应用，只有将科技成果转化为实际生产力，才能真正发挥科技创新的作用。因此，需要建立健全农业科技成果的评价和转化机制，通过政策扶持、资金激励等方式，推动科技成果的转化。

最后，要建立健全农业科技推广体系，确保科技成果惠及广大农民。这是因为，农业科技推广是将科技成果传递给农民的重要途径，只有将科技成果真正传递到农民手中，才能真正发挥科技成果的作用。因此，需要建立一套完善的农业科技推广体系，包括技术推广机构、技术支持人员、技术推广网络等，确保科技成果能够惠及广大农民。

在未来的新农科发展中，通过学科交叉融合、人才培养模式创新和科技创新驱动等多方面努力，我国农业将会迎来更加繁荣和美好的未来，那时的农业将不再是传统意义上的农业，而是科技含量高、效率高、环保的现代农业。

第二章 寒地气候和黑土资源对发展龙江农业、工业和商业的价值

第一节 寒地气候对农业和工业发展及布局的影响

一、寒地气候的特点

世界三大黑土区均分布在北纬47°线周围的第聂伯河、密西西比河、黑龙江流域。这些地区正位于北半球的寒温带，夏季气候温和湿润，冬季严寒干燥，地面排水不畅，形成了上层滞水，这样的自然环境为黑土的形成提供了得天独厚的条件。此外，温带地区的四季分明特征也为黑土的形成提供了良好的生态环境。春季，气温回升，植物开始生长，落叶和枯枝败叶进入土壤；夏季，植物茂盛，产生大量的有机质；秋季，植物凋零，落叶和枯枝败叶继续分解；冬季，地面冻结，有机质得以积累和矿化。这样的四季更替为黑土的形成提供了持续不断的物质来源，在这里，黑土孕育了无数世代的人类文明，为人类的发展提供了丰富的资源和土地支持。

在这片被称为"寒地黑土"的土地上，气候特点独特而鲜明。冬季漫长，严寒而干燥，仿佛是大自然的一首冬日挽歌，诉说着生命的顽强与坚韧。冬季严寒干燥的气候为黑土的形成提供了必要的压实作用。在这个时候，地面上的水分大量蒸发，使土壤表面变得干燥。这种干燥的环境有利于土壤颗粒间紧密排列，减少了水分渗透，从而提高了土壤的抗侵蚀能力。同时，干燥的气候也有利于微生物的活动，加速有机质的分解和矿化过程。

夏季短促，炎热而多雨，如同一首热烈的夏日赞歌，展示着生命的活力与繁荣。夏季的温和湿润气候为黑土的形成提供了充足的水分。在这个时候，植物生长旺盛，大量的落叶和枯枝败叶进入土壤，经过微生物的分解作用，产生了大量的有机质。这些有机质在土壤中积累，形成了丰富的养分。同时，湿润

的气候也有利于水分向深层渗透，使表层的土壤含水量适中，避免了过度浸润导致的土壤流失。这里的黑土地昼夜温差大，全年日照时数为2300~2800小时，这是一个充满阳光的世界。农作物生长期为1200~1500小时，这是一段充满希望的旅程。夏季日照长达16小时，太阳辐射产生的能量是农作物产品形成的基本能源。在这里，农作物生物能的形成本质是靠太阳能的转化。日照时间长、强度大，光合作用好，农作物发育快、长势壮，营养积累自然就多。由于黑土区域增温快、温差大，农作物营养成分积累多、消耗少，有利于提高产品品质。

总的来说，寒地黑土地处高纬度地区，冬季严寒且漫长，导致黑土层中的水分大量冻结。到了夏季，气温升高，冻结的水分又会逐渐融化，使黑土层中的养分得以补充和更新。这种季节性冻融现象使黑土层具有较高的肥力和生命力。寒地黑土气候类型独特且多样，为各种生物提供了适宜的生存环境。黑土层肥沃、水分充足、空气湿度适宜，有利于植物生长。同时，气候条件也为动物提供了丰富的食物来源和栖息地。正是这种气候条件和独特的地理环境，使寒地黑土成为生物多样性的宝库。

二、寒地气候对农业发展的影响

寒地气候条件对农业发展产生了深远的影响，既赋予了农业独特的优势，也带来了一定的挑战。现在从气候优势和挑战两个方面，探讨寒地黑土气候对农业发展的影响。

寒地黑土气候对农业发展具有以下优势。

土壤肥沃：黑土是一种富含有机质的土壤，具有良好的保水保肥能力。在寒冷的气候条件下，黑土中的微生物活动较为缓慢，有利于有机物质的积累和分解，从而使土壤更加肥沃。这为农作物的生长提供了充足的养分来源。

抗寒性强：黑龙江寒地黑土气候对农作物的抗寒性有很强的培养作用。由于冬季漫长严寒，农作物在生长过程中需要不断适应低温环境，从而形成了较强的抗寒性。这使黑龙江地区的农作物能够在较差的气候条件下正常生长，提高了农业生产的稳定性。

病虫害少：寒冷的气候条件有利于减少病虫害的发生。在低温条件下，病虫害的繁殖速度较慢，而且低温能够降低病虫害的存活率，从而降低了农业生产中农药的使用量，有利于保护环境和人类健康。

寒地黑土气候也给农业发展带来了一定的挑战。

热量不足：虽然夏季气温较高，但相对于其庞大的体量而言，夏季所吸收的热量有限。因此，夏季需要通过灌溉等方式补充热量，以保证农作物正常生长。

水分蒸发快：由于降水量较少且气温较高，寒地气候地区的水分蒸发速度较快，使土壤湿度容易出现波动，对农作物生长造成一定影响。因此，农业生产需要加强水资源管理，合理利用灌溉设施。

耕作制度受限：由于寒地黑土气候的特殊性，农业生产需要遵循一定的耕作制度。例如，春季需要进行浅耕翻晒，以促进土壤通气和养分转化；秋季需要进行深耕，以补充土壤养分。这些耕作制度对于提高农业生产效率具有重要意义。

总之，寒地黑土气候对农业发展具有重要的影响。在充分利用这一优势的同时，还需要应对气候带来的挑战，不断提高农业生产水平，为国家的粮食安全和经济发展作出贡献。

三、寒地气候对工业布局的影响

(一) 寒地工业发展的现状与特点

在寒地地区，工业发展的特点和现状是其经济生活的重要组成部分。这些地区的气候条件严酷，环境恶劣，但这并没有阻止它们在工业生产中的发展。相反，这些地区的自然资源丰富，劳动力成本低，政府的扶持政策也使寒地工业得以快速发展。

寒地工业的主要产业包括能源、林业、冶金和化工等。在能源方面，寒地地区拥有丰富的矿产资源，如煤炭、石油、天然气等，这些资源为当地的能源工业提供了充足的原料。在林业方面，寒地地区的森林资源丰富，木材产量大，为家具制造业、建筑业等提供了重要的原材料。在冶金和化工方面，寒地地区的矿产资源丰富，如铁矿石、铜矿石、铝土矿等，这些资源为冶金和化工行业提供了充足的原料。

寒地工业的发展得益于其独特的地域优势和资源优势。其一，寒地地区的气候条件严酷，但这也使这里的人们更加坚毅和勤劳。其二，寒地地区的自然资源丰富，这为工业生产提供了充足的原料。其三，政府的扶持政策也为寒地工业的发展提供了有力的支持。

然而，寒地工业的发展也面临着一些挑战。其一，资源枯竭是一个严重的问题。随着工业生产的不断发展，一些重要的资源可能会逐渐被耗尽。其二，环境污染也是一个不容忽视的问题。寒地工业的生产过程中会产生大量的废水、废气和废渣，如果处理不当，会对环境造成严重的影响。最后，人口外流也是一个严峻的问题。由于寒地地区的气候条件恶劣，一些人可能会选择离开这里去寻找更好的生活条件。

总的来说，寒地工业发展的现状和特点既有积极的一面，也有消极的一面。应该充分利用其地域优势和资源优势，同时也要面对和解决其面临的挑战，以实现寒地工业的可持续发展。

（二）寒地气候对工业发展的影响

寒地气候对工业发展的影响是多方面的。首先，由于寒地气候的限制，工业生产的规模和效率都受到了很大的影响。在寒冷的环境下，许多工业企业无法正常运行，这不仅会影响生产效率，还会增加运营成本。例如，低温可能导致设备冻结或损坏，需要额外的维护和修复工作，从而增加了生产成本。此外，大风等自然条件也会对工业生产造成不利影响，如阻碍物料运输、影响产品质量等。

其次，需要考虑寒地气候条件下的工业布局。为了减少因自然条件影响而导致的生产中断，工业企业通常会选择在冬季可以正常运行的地方建设。这意味着他们需要考虑当地的气候特点、能源供应、交通运输等因素，以确保工业生产的连续性和稳定性。例如，一些工业企业可能会选择在靠近热电厂或火电站的地区建设，以便利用其提供的热能来维持生产正常运行。

最后，寒地气候条件下的工业生产还需要采用特殊的技术和设备。为了防止低温导致的设备冻结，工业企业需要采用特殊的防冻技术。这些技术可能包括使用特殊材料制成的设备、设置保温层、加装加热系统等。此外，对于一些对温度敏感的产品生产，如食品加工、医药制造等，还需要采取额外的措施来保证产品的品质和安全。

总之，寒地气候为工业发展带来了一系列挑战和限制。然而，通过合理的工业布局和技术选择，工业企业可以在寒地气候条件下实现高效稳定生产，并满足市场需求。因此，了解和应对寒地气候对工业发展的影响对于制定有效的产业政策和发展策略具有重要意义。

（三）能源供应与利用效率

在寒地气候下，工业能源供应与利用效率的提高显得尤为重要。寒地气候的主要特征是严寒、干燥、风大和降水少，这种气候条件给工业生产和能源供应带来了很大的挑战。因此，如何在寒地气候条件下提高工业能源供应与利用效率，成为寒地地区工业发展的重要课题。

首先，需要关注寒地气候对能源供应的影响。在寒地气候条件下，能源资源的开发和利用面临诸多困难。例如，煤炭、石油等化石能源在低温环境下容易冰结，导致输送和储存困难；天然气在低温环境下容易凝固，需要特殊的设备和技术进行开采和处理。此外，寒地气候还可能导致能源供应中断，如冬季降雪量大，道路封闭，输电线路受损等。这些因素都对寒地地区的工业能源供应造成了很大的压力。

为了应对这些挑战，寒地地区需要采取一系列措施来提高工业能源供应与利用效率。首先，优化能源结构，发展清洁能源。清洁能源如太阳能、风能、地热能等具有取之不尽、用之不竭的特点，且排放较少，有利于改善环境质量。此外，清洁能源的开发和利用可以降低对化石能源的依赖，减少因能源供应问题带来的生产中断风险。

其次，加强能源基础设施建设。寒地地区需要建设适应低温环境的输电线路、储气设施等基础设施，以保证能源供应稳定。同时，还需要加强对现有基础设施的维护和更新，确保其在恶劣的气候条件下正常运行。

再次，提高能源利用效率。在工业生产过程中，通过采用先进的节能技术和设备，降低能源消耗，实现高效利用。此外，还可以通过改进生产工艺，减少能源浪费，提高能源利用率。

最后，加强国际合作。由于地理环境的特殊性，寒地地区在能源供应和利用上面临着很多共同的问题。因此，加强与其他国家和地区的交流与合作，共享先进经验和技术，有助于提高寒地地区工业能源供应与利用效率。

总之，寒地气候条件下的工业能源供应与利用效率是一个复杂的系统工程，需要从多个方面进行综合考虑和改进。通过优化能源结构、加强基础设施建设、提高能源利用效率和加强国际合作等措施，有望在寒地地区实现工业能源供应与利用效率的显著提升，为寒地地区的经济发展和社会进步提供有力支持。

（四）原材料供应与质量保障

在寒地黑土的广袤土地上，气候的独特性赋予了这片土地无尽的生命力。这里的冬季漫长而寒冷，春季短暂而温暖，夏季短暂而炎热，秋季则漫长而凉爽。这种独特的气候条件，为寒地黑土的农业生产提供了丰富的原材料供应，同时对质量保障提出了更高的要求。

首先，寒地黑土的气候条件为其提供了丰富的农作物种子资源。由于冬季寒冷，春季温暖，夏季炎热，秋季凉爽，这种复杂的气候条件使寒地黑土中的植物生长周期长，营养丰富，品质优良。这些优质的农作物种子为农业生产提供了强大的物质基础。

其次，寒地黑土的气候条件为其提供了丰富的动物资源。由于冬季寒冷，许多动物会选择在寒地黑土中冬眠或者寻找避寒的地方，这为当地的畜牧业提供了丰富的动物资源。同时，寒地黑土中的昆虫、鱼类等生物资源也十分丰富，为当地的渔业和养殖业提供了重要的支持。

然而，寒地黑土的气候条件也对其原材料的质量保障提出了挑战。由于冬季寒冷、春季温暖、夏季炎热、秋季凉爽的复杂气候条件，寒地黑土中的微生物、病虫害等生物因素的活动十分活跃。这不仅对农作物的生长造成了影响，也对原材料的质量构成了威胁。

因此，为了保证寒地黑土原材料的质量，需要从以下几个方面进行努力：一是加强农作物的种植管理，通过科学的种植方式和合理的施肥方法，提高农作物的抗病虫害能力，减少病虫害对农作物的影响；二是加强对动物的管理，通过科学的饲养方式和管理方法，提高动物的生产性能，保证动物产品的质量优良；三是加强对微生物、病虫害的研究，通过科学的防治方法，减少微生物、病虫害对农作物和动物产品的影响。

总的来说，寒地黑土的气候条件为其提供了丰富的原材料供应，同时也对质量保障提出了挑战。需要通过科学的管理方法和技术手段，确保寒地黑土原材料的质量，满足人们对食品的需求。

（五）工业布局与区域协调发展

首先，需要明确的是，寒地黑土气候下的工业布局应该以满足当地经济发展需求为主线，以提高经济效益和社会效益为目标。这就要求在布局工业项目时，要充分考虑当地的资源禀赋、产业基础、市场需求等因素，做到科学规划、合理布局。

其次，寒地黑土气候下的工业布局应该注重区域协调发展。这是因为，在寒地黑土气候条件下，各地区的经济发展水平、产业结构、资源禀赋等都存在一定的差异，如果工业布局过于集中，可能会加剧地区间的经济发展差距，甚至引发一系列的社会问题。因此，应该通过优化产业结构，引导资金和人才向优势产业和优势区域流动，促进区域间的协调发展。

再次，寒地黑土气候下的工业布局应该注重环境保护和可持续发展。由于寒地黑土气候条件的限制，工业生产过程中可能产生一些环境污染问题，如空气污染、水污染、土壤污染等。因此，在布局工业项目时，必须严格遵守环保法规，采取有效的环保措施，确保在进行工业生产的同时，也保护好生态环境。

最后，寒地黑土气候下的工业布局需要注重科技创新和人才培养。在当前的全球经济一体化背景下，科技创新和人才培养已经成为推动产业发展的重要动力。因此，在布局工业项目时，应该充分利用当地的科研资源，鼓励企业进行技术创新，同时要加强对人才的培养和引进，为工业发展提供强大的人力支持。

总的来说，寒地黑土气候下的工业布局与区域协调发展是一项系统工程，需要从多个角度进行综合考虑和规划。只有这样，才能在充分利用寒地黑土气候条件的同时，实现经济的持续健康发展。

四、寒地气候对农业和工业发展的策略和建议

在寒地气候条件下，农业和工业的发展面临着诸多挑战。为了适应这种环境并实现经济可持续增长，需要采取一系列措施。以下是一些可行的策略和建议。

首先，优化农作物种植结构是至关重要的。在寒地气候条件下，选择适应当地气候条件的农作物种类是提高农业生产效率的关键。这可能包括选择耐寒、抗旱、抗病虫害的作物品种，以及通过合理的种植结构调整来最大程度地利用土地资源。例如，可以选择在春季或秋季播种，以避免冬季严寒对农作物的影响。

其次，提高农业科技水平也是必不可少的。通过提高农业科技水平，可以提高农作物的抗寒能力，减少因低温导致的农作物病虫害的发生。这可能包括通过基因工程或育种技术培育出更耐寒的农作物品种，或者通过使用生物农药来控制病虫害。此外，还可以通过农业信息化技术，如遥感和地理信息系统（GIS）技术，精确监测和管理农田状况，从而提高农业生产效率。

再次，改善工业生产条件也是必要的。在寒地气候条件下，自然条件可能会对工业生产造成影响，如设备冻结等。为了防止这种情况的发生，可以通过建设保温设施来改善工业生产条件。此外，还可以通过改进工艺流程，使用更适合寒地气候的原材料和能源，以及采用节能技术等方法来降低生产成本，减少对环境产生的影响。

最后，加强工业技术研发是推动寒地经济发展的关键。通过加强工业技术

研发，可以开发出适应寒地气候条件的工业生产设备和技术。例如，研发更耐寒、更高效的机械设备，以及开发新的生产工艺和材料。此外，还可以通过与农业和其他产业的深度融合，实现产业链的升级和优化。

总的来说，面对寒地气候条件带来的挑战，需要采取综合性的策略和建议，包括优化农作物种植结构、提高农业科技水平、改善工业生产条件和加强工业技术研发。只有这样，才能在寒地气候条件下实现农业和工业的可持续发展。

第二节 寒地黑土的文化历史积淀及地理标志性农林物产

一、寒地黑土的形成机制及分布

（一）寒地黑土的形成机制

寒地黑土要经历11000年的沧桑变迁，才能从裸露的岩石中孕育而出。最初裸露的岩石经历了风吹雨打、日晒风化，逐渐变成了类似于沙尘的母质。这些母质在微生物和低等植物的作用下，慢慢地变成了原始土壤。然后，经过草本植物和木本植物的滋养，原始土壤逐渐成熟，成为今天所称的黑土地。据研究，每形成1厘米厚的黑土层需要200~400年。在东北黑土区，黑土层厚度可以达到30~100厘米。这样来看，黑土地的形成时间长达数万年。因此，它也被誉为"土地中的大熊猫"。在这漫长的过程中，土壤中的腐殖质和有机质会逐渐积累，使黑土地具有极高的肥力。

寒地黑土是一种独特而珍贵的土壤类型，它在寒冷的气候条件下形成，地表植被死亡后，经过长时间腐蚀形成腐殖质，然后演化而成。这种土壤以其有机质含量高、土壤肥沃、土质疏松、最适宜耕作而闻名于世，被誉为"谷物仓库"。

黑土地的形成对气候与地理环境有着严格的要求。全球仅有三块黑土区，分布在纬度相近的乌克兰平原、北美密西西比河流域以及我国的东北平原。这些地区四季分明，秋冬季温度骤降，有机物所蕴含的营养与能量还来不及被微生物分解，就被冰雪掩盖。正是这样的自然条件，使黑土得以在冰雪的掩护下，不断积累营养与能量。

黑土地的重要性不仅在于其肥沃的土壤和丰富的有机质，还在于其独特的生态环境。黑土地上的植物生长旺盛，动物种类繁多，构成了一个复杂而稳定的生态系统。这种生态系统为农业生产提供了良好的生物环境，使农作物能够健康生长，提高产量。

总之，寒地黑土对于农业的发展，尤其是粮食生产，具有极其重要的意义。然而，随着人类活动的增加，寒地黑土正面临着严重的威胁，其保护问题日益突出。应该采取有效的措施，保护这片宝贵的土地资源，让它能够继续为人类的生存和发展作出贡献。

（二）寒地黑土的地理分布

在地球的广袤土地上，有三大片寒地黑土集中分布的区域，它们分别是乌克兰平原、美国密西西比河流域以及我国东北地区，这里主要介绍我国东北地区的黑土地。

我国东北地区是寒地黑土主要分布区，黑土地面积广阔，肥力极高，是农业生产的重要基地。依托富饶的黑土，东北地区已经成为我国保障粮食安全的重要"粮仓"。

东北黑土区主要位于我国黑龙江和吉林两省境内，北起黑龙江省的嫩江、克东县，经海伦、绥化、哈尔滨等县市，向南沿京哈铁路断续延伸至吉林省四平市的南部边界，辽宁北部也有一部分区域。这里的土地肥沃，被誉为"北大仓"，是我国重要的商品粮基地。

这片土地主要分布于松辽流域和三江草原，面积约100万平方公里。这里是我国重要的粮食产区，玉米、水稻和黄豆的产量在全国居于领先地位。这些农作物不仅是关乎民生的商品粮，而且是重要的战略储备粮。黑土适种性广，尤其适合黄豆、玉米、水稻、谷子、小麦等生长。寒地黑土的地下水埋藏深度多为10~20米，并不影响土壤形成过程。

东北黑土区属于温带季风气候，7—9月的降水量占年降水量的70%左右。这里的耕地面积约2130万公顷，也是我国石油、化工、钢铁、汽车、木材加工和生产等产业基地。黑土资源垦殖指数高，耕地比重大，自然肥力高，在吉林和黑龙江两省的农业生产中占有极其重要的地位。东北黑土区的开垦历史已有100~300年之久。

然而，随着时间的推移，黑土的肥力性状发生了变化。有部分土壤向着不断培肥熟化的方向发展，但大量的、比较普遍的是土壤的自然肥力呈不断下降趋势。黑土退化主要表现在土壤侵蚀严重，有机质含量下降，农作物养分减少并失去平衡，土壤理化性状恶化，动植物区系减少等。

为了保护这片宝贵的土地资源，我国政府和相关部门采取了一系列措施。其一，加强土壤保护意识，提高农民对黑土保护的认识。其二，实施水土保持工程，防止水土流失。其三，加强农业科技研发，推广节水灌溉、有机肥料等绿色生产方式，减轻对黑土的压力。其四，加大对黑土地的监测力度，及时发现问题并采取有效措施进行治理。

　　总的来说，世界上的三大寒地黑土集中分布区，无论是乌克兰平原、美国密西西比河流域还是我国东北地区，都是大自然赐予的宝贵资源。它们的存在，不仅保障了所在国乃至全球的粮食供应，而且对全球粮食市场的价格产生了重要影响。然而，世界上黑土地分布的区域并不多，这些珍贵的土地需要人们共同珍惜和保护。

二、寒地黑土的物理化学特性

　　寒地黑土是一种富含有机质、有机氮、磷、钾等营养元素的独特类型土壤，它发育在北纬 $40°\sim50°$ 的寒温带湿润、半湿润地区。这种土壤以其深厚的腐殖层和高寒黑色的外貌而闻名于世。然而，寒地黑土的真正魅力并不仅仅在于其颜色，更在于其丰富的有机质含量和复杂的化学成分。

　　寒地黑土是由矿物质、有机质、水分和空气组成的复杂混合物。这些元素在土壤中的分布比例各不相同，因此，根据其组成成分的不同，寒地黑土可以被划分为多种类型，包括黑土、黑钙土、草甸土、白浆土和暗棕壤等。每一种类型都有其独具的特性和优点，但它们都具备寒地黑土的一些基本特征。

　　寒地黑土的主要特点是其深厚的腐殖层。这一层由死亡的植物和动物残骸经过长时间的微生物分解形成，为土壤提供了丰富的有机质。这种有机质不仅能提高土壤的肥力，还能改善土壤的结构，增强土壤的保水性和抗侵蚀性。

　　寒地黑土的颜色形成主要是由于其含有大量的有机质。这些有机质在阳光的照射下会产生一种特殊的光泽，使土壤呈现出深黑色。这种颜色不仅美观，而且富有象征意义，代表了寒地黑土的独特性和生命力。

　　寒地黑土的多样性也是其独特之处。尽管它们都是寒地黑土，但由于地理环境、气候条件和生物种类的不同，每一种类型的寒地黑土都有其独特性。这种多样性使寒地黑土在农业、园艺和生态环境保护等领域都有着广泛的应用价值。

　　寒地黑土的化学性质主要由 pH 值来衡量，pH 值越低说明土壤越呈酸性，越高说明越呈碱性。然而，这种看似简单的 pH 值并不能完全反映黑土的全部特性。在不同的地理分布区域和生态环境下，黑土的 pH 值是不同的。例如，位于我国东北地区的哈尔滨市黑土区，其 pH 值为 6.0~7.5，属于微酸性，而位于我国中南部地区的湘西黑土区，其 pH 值为 7.5~8.0，属于中性或偏碱性土壤。这种微酸性或中性偏碱性状态对黑土的生态功能有着重要的影响。

首先，pH 值的变化直接影响了黑土中微生物的生长和活性。微酸性的土壤更适合某些微生物的生存，而中性或偏碱性的土壤更有利于其他微生物的生长。这种微生物多样性对于维持黑土生态系统的健康至关重要。

其次，pH 值的变化也会影响黑土中植物的生长。不同种类的植物对土壤 pH 值的需求是不同的。有些植物更喜欢微酸性的环境，而有些植物更适应中性或偏碱性的环境。因此，了解黑土的 pH 值对于选择合适的农作物种植至关重要。

最后，pH 值的变化还会对黑土的水文循环产生影响。微酸性的土壤可以提高水的吸收能力，而中性或偏碱性的土壤可以提高水的释放能力。这种水文循环的变化对于维持黑土的水分平衡和防止干旱具有重要意义。

总的来说，黑土并不是绝对的酸性土壤或碱性土壤，而是处于微酸性或中性偏碱性的状态。这种微酸性或中性偏碱性状态对黑土的生态功能有着重要的影响。因此，在研究和保护黑土时，不能只关注其 pH 值，还需要考虑其地理分布区域、生态环境以及微生物、植物和水文循环等多方面因素。

三、寒地黑土的文化历史积淀

(一) 寒地黑土在古代农业文明中的地位与作用

首先，寒地黑土提供丰富的养分。这种土壤经过长时间的微生物分解和有机质积累，含有丰富的氮、磷、钾等营养元素。这些养分为农作物提供了充足的营养，使农作物产量高、品质好。在古代农业文明中，人们发现并利用了寒地黑土的这一特性，使其成为农业生产的重要基础。

其次，寒地黑土具有良好的保水保肥能力。它能够有效保持土壤中的水分和养分，防止水分蒸发和养分流失。这使农作物在生长过程中能够获得充足的水分和养分，有利于提高农作物的产量和品质。这种特性使寒地黑土在古代农业生产中发挥了重要的作用。

再次，寒地黑土适宜耕作。这种土壤质地疏松，透气性好，适宜耕作。在古代农业文明中，人们利用这种土壤进行耕种，使土地得到合理利用，提高了农业生产效率。

从次，寒地黑土推动了农业技术的进步。由于特殊的地理环境和气候条件，古代农民不得不寻找更有效的农业生产方法。这促使他们不断探索和创新，逐渐形成了一套完整的农业生产技术体系。这些技术体系在很大程度上得益于寒地黑土的特点，为古代农业文明的繁荣发展作出了重要贡献。

最后，寒地黑土具有丰富的文化象征意义。它是古代农业文明的象征之一，代表着人们对自然的敬畏和对生命的尊重。同时，寒地黑土也是古代文人墨客描绘乡村田园风光的重要题材，为古代文学艺术创作提供了源源不断的灵感。

（二）寒地黑土在现代社会中的文化意义与传承

在漫长的历史长河中，寒地黑土孕育了丰富的文化底蕴，这种独特的土壤和气候条件为人类提供了宝贵的生活资源，也塑造了一种坚韧、勤劳、智慧的民族精神。然而，随着现代社会的发展，寒地黑土的文化意义与传承面临着严峻的挑战。主要从文化意义和传承两个方面，探讨寒地黑土在现代社会的价值。

首先，从文化意义上看，寒地黑土是中华民族的瑰宝，它承载着丰富的历史信息和民族记忆。寒地黑土地区的历史文化源远流长，这里有古老的原始部落、神秘的祭祀遗址、独特的民间艺术等，这些都是寒地黑土文化的生动体现。同时，寒地黑土还是中华民族多民族共同生活、交流融合的重要舞台，这里的各民族在长期的生产生活中形成了独特的民俗风情、语言文字、宗教信仰等，共同构成了寒地黑土地区的多元文化景观。

其次，从传承意义上看，寒地黑土的文化传承面临着诸多困境。一方面，随着现代化进程的加快，寒地黑土地区的传统文化逐渐被边缘化，许多传统技艺、民间艺术、民俗风情面临失传的危险。另一方面，现代社会的价值观和生活方式对寒地黑土地区的传统文化产生了冲击，一些不良现象如过度开发、环境污染、文化入侵等也在侵蚀着寒地黑土的文化根基。因此，如何在现代社会中传承和弘扬寒地黑土的优秀文化，成为一个亟待解决的问题。

为了有效保护和传承寒地黑土文化，需要采取以下措施。

加强文化保护立法。制定和完善相关法律法规，对寒地黑土地区的文化遗产、非物质文化遗产等进行有效保护，确保其不受侵犯和破坏。

开展文化传承工程。通过设立专门的文化传承机构，对寒地黑土地区的传统文化、民间技艺、民俗风情等进行系统的研究、整理和传播，使之得以传承和发扬光大。

推动文化交流与融合。鼓励寒地黑土地区的各民族、各地区进行文化交流与合作，促进民族团结和地方文化繁荣发展。

加强文化教育普及。在寒地黑土地区的学校开设相关课程，培养青少年对本地区优秀传统文化的认识和热爱，提高文化自觉和自信。

利用现代科技手段进行文化传播。运用网络、影视、新媒体等多种形式，将寒地黑土的文化价值传播给更多的人，提高其在现代社会的影响力和认同感。

（三）寒地黑土的地域文化特色与旅游价值

在我国东北地区，有一片广袤的土地，这里气候严寒，土壤肥沃，生活着勤劳朴实的人民。这片土地就是被誉为"黑土地"的寒地黑土带。寒地黑土带的地域文化特色鲜明，旅游价值极高，吸引了无数游客前来探寻。

1. 地域文化特色

（1）民俗风情。寒地黑土带的民俗风情独具特色，这里的人们热情好客，乐于助人。他们善于歌唱、跳舞，尤其是二人转、大秧歌等民间艺术形式，展现了浓厚的地方特色。此外，这里的饮食文化非常丰富，如锅包肉、炖白菜、炖鱼等美食，都是游客们流连忘返的美味佳肴。

（2）传统手工艺。寒地黑土带的传统手工艺品丰富多彩，如剪纸、泥塑、刺绣等，都具有很高的艺术价值和观赏性。这些手工艺品既体现了当地人民的生活智慧，也展示了他们的审美情趣。游客们在这里可以亲身体验到传统手工艺的魅力，感受到浓厚的文化氛围。

（3）历史文化遗迹。寒地黑土带拥有丰富的历史文化遗迹，如古代遗址、古战场、古建筑等。这些遗迹见证了这片土地的历史变迁，承载着深厚的文化底蕴。游客们在这里可以领略到历史的沧桑，感受到古人的智慧和才情。

2. 旅游价值

（1）自然景观。寒地黑土带的自然景观美不胜收，如冰雪世界、原始森林、湖泊草原等。这些景观吸引了众多游客前来观光游览，尤其是冬季的雪景，更是吸引了无数摄影爱好者。在这里，游客们可以尽情地欣赏大自然的鬼斧神工，感受四季变换的美丽画卷。

（2）人文景观。寒地黑土带的人文景观同样令人叹为观止，如民俗村落、历史遗迹、传统手工艺品等。这些景观不仅展示了当地人民的生活习俗和传统文化，而且为游客们提供了丰富的旅游资源。在这里，游客们可以深入了解当地的历史文化，体验当地的民俗风情。

(3) 休闲度假胜地。寒地黑土带还是重要的休闲度假胜地。这里的气候适宜，空气质量优良，是一个理想的避暑胜地。游客们可以在这里尽情地享受大自然的恩赐，放松身心，度过一个愉快的假期。

总之，寒地黑土带的地域文化特色鲜明，旅游价值极高。这里有美丽的自然景观、深厚的历史文化底蕴和独特的民俗风情。对于热爱旅游的人们来说，这里无疑是一个值得一游的好去处。

(四) 寒地黑土在生态保护中的价值

在寒地黑土的肥沃中，孕育着多种生物，它们在这里繁衍生息，共同构建了一个生态平衡的微妙世界。然而，随着人类活动的增多，这片寒地黑土的生态环境正面临着严峻的威胁。因此，必须认识到寒地黑土在生态保护中的重要价值，采取有效的措施，保护这片神奇的土地。

首先，寒地黑土具有极高的生物生产力。这里的土壤肥沃，富含有机质和矿物质，为植物提供了充足的养分。在这片土地上，生长着各种各样的植物，如红松、樟子松、云杉等，它们构成了一道美丽的生态屏障。同时，这些植物还能吸收大量的二氧化碳，有助于减缓全球气候变暖的趋势。因此，保护寒地黑土的生态环境就是保护这些珍贵的植物资源，维护地球生态系统的平衡。

其次，寒地黑土是许多动物的重要栖息地。这里生活着各种野生动物，如鹿、狼、熊等。它们依赖于这片土地提供的丰富的食物和安全的栖息环境。如果寒地黑土的生态环境受到破坏，这些动物将失去家园，甚至面临灭绝的危险。因此，保护寒地黑土的生态环境，就是保护这些动物的生存权利，维护生物多样性。

最后，寒地黑土还具有重要的水源涵养功能。这里的土壤能够有效地储存水分，防止水土流失。同时，这些植物还能通过蒸腾作用，增加大气中的湿度，减少降雨对地面的冲刷。因此，保护寒地黑土的生态环境，就是保护这些重要的水资源，维护人类的生存和发展。

为了保护寒地黑土的生态环境，需要采取一系列措施。其一，加大立法和执法力度，严格限制过度开发和污染行为。其二，加大生态补偿力度，鼓励当地居民参与生态保护。其三，加强科研和技术创新，发展绿色生产方式，减小对寒地黑土生态环境的压力。

四、地理标志性农林物产

农产品地理标志是指标示农产品来源于特定地域，产品品质和相关特征主要取决于自然生态环境和历史人文因素，并以地域名称冠名的特有农产品标志。根据《农产品地理标志管理办法》，农业部负责全国农产品地理标志的登记工作，农业部农产品质量安全中心负责农产品地理标志登记的审查和专家评审工作。

黑龙江省政府部署了加快发展"科技农业、绿色农业、质量农业、品牌农业"的决策，统筹推进农业生产和农产品"三品一标"工作，实施地理标志农产品登记保护工程，以推动地标农产品生产标准化、产品特色化、身份标识化、全程数字化为发展重点，打造了一批"特而优""特而美""特而强"的地理标志农产品，例如，五常大米、庆安大米、九三大豆、绥化鲜食玉米、绥棱大豆、兰西民猪、兰西亚麻、兰西玉米、呼兰韭菜、阿城大蒜、林口白鲜皮、宁安西红柿、宾县大豆、集贤大米、东宁黑木耳、海林猴头菇、勃利梅花鹿、克山马铃薯等。目前，黑龙江省地理标志性农产品达168个，数量位居全国前列。

这些地方特色农林产物逐渐成为全国知名品牌，并形成品牌价值，例如，五常大米品牌价值为713.10亿元，庆安大米品牌价值为280.99亿元，绥化鲜食玉米品牌价值为39.31亿元，兰西民猪品牌价值为28.98亿元，九三大豆品牌价值为60.44亿元，海林猴头菇品牌价值为8.62亿元，伊春蓝莓品牌价值为16.50亿元。2023年5月25日，2023黑龙江省品牌价值评价信息发布暨龙江品牌颁奖大会在省会哈尔滨成功举办，现场发布了2023黑龙江省品牌价值评价企业（产品）品牌、自主创新品牌、老字号品牌、旅游目的地（区域）品牌、地理标志（区域）品牌的品牌价值，以及2023年黑龙江省参加国家品牌价值评价单位的品牌价值。

（一）寒地黑土种植的粮食作物品种及其特点

在寒地黑土上主要种植的粮食作物有水稻、小麦、玉米。这三种作物各有特点，均适应了寒地黑土的环境条件。

水稻的特点是对土壤的要求不严苛，在水田中生长结实，原产于中国和印度，人工选育出适宜寒地黑土生长的水稻。所结的籽粒为稻谷，稻谷脱壳后叫作糙米，糙米碾去米糠层后得到大米。

小麦的特点是耐寒、耐旱。在寒地黑土上，小麦能够生长得更加茂盛，产量也更高。此外，小麦的种子营养丰富，含有大量的蛋白质和膳食纤维。

玉米的特点是耐寒、耐旱、抗病虫害能力强。在寒地黑土上，玉米能够生长得更加茂盛，产量也更高。玉米的种子营养丰富，含有大量的蛋白质和膳食纤维，是人们日常饮食中不可或缺的一部分。

总的来说，寒地黑土种植的粮食作物品种虽然有限，但是它们都具有很强的生命力和适应性，能够在这片土地上茁壮成长，为人们提供丰富的食物资源。同时，这些作物也为保护和改良土壤提供了可能，对于维护生态平衡和保障粮食安全具有重要价值。

（二）寒地黑土养殖的畜禽品种及其特点

在寒地黑土养殖的畜禽品种中，最具代表性的无疑是猪、羊和牛。羊是以草食为主的家畜，对寒地黑土的生态环境适应性较强。它们的消化系统发达，能够充分利用黑土中的养分，因此羊的肉质鲜美，营养丰富。而牛则以粗饲料为主，对黑土的需求量较大，同时也能够通过自身的排泄物改善土壤结构，促进土壤肥力的提高。猪是一种适应性强、繁殖力强的动物，它们能在寒地黑土中找到丰富的食物资源。猪的肉质鲜美，营养丰富，是人们餐桌上的美味佳肴。

除了猪、羊和牛，寒地黑土还适宜养殖马、驴、鹿等家畜。这些家畜虽然不如羊、牛那样对黑土有强烈的依赖性，但它们同样能够在寒冷的环境中生存下来，而且肉质鲜美，营养价值高。

此外，寒地黑土还适宜养殖鹅、鸭、鸡等禽类。这些禽类对环境的适应性强，能够在寒冷的气候条件下繁殖生息。而且它们的粪便能够给黑土提供丰富的养分，有助于提高土壤的肥力。

总的来说，寒地黑土养殖的畜禽品种选择应以适应性强、肉质优良、营养价值高为原则。同时，还需要根据当地的气候条件、土壤特性、市场需求等因素进行综合考虑，以实现最佳的经济效益和社会效益。

（三）寒地黑土加工的特色农产品及其特点

寒地黑土加工的特色农产品主要包括以下几类。

大豆：大豆是一种高产、高蛋白的经济作物，是寒地黑土的重要农作物之一。大豆具有较强的抗寒性和抗旱性，能够在贫瘠的土地上生长。种植大豆对改善黑土的肥力和结构具有积极作用。此外，大豆还能够固氮，为土壤提供养分。

马铃薯：马铃薯是一种耐寒、耐旱的地下茎作物，是粮食作物之一。马铃薯具有较高的产量和营养价值，能够为当地居民提供丰富的食物来源。

杂粮：如谷子、燕麦、荞麦、大麦等。这些杂粮具有较高的营养价值和药用价值。

黑米：黑米是一种营养丰富的粮食作物，外观呈黑色，粒形小而饱满。黑米的营养价值极高，含有丰富的蛋白质、脂肪、碳水化合物、维生素和矿物质等营养成分。黑米具有滋阴补肾、健脾养胃、延缓衰老等功效，是一种理想的健康食品。

黑豆：黑豆是一种优质的蛋白质来源，其蛋白质含量比普通大豆高出3%左右。黑豆还含有丰富的不饱和脂肪酸、钙、磷、铁等多种矿物质和维生素，具有降低胆固醇、抗衰老、抗氧化等作用。黑豆可以炒食、煮汤、制作豆腐等多种美食。

黑木耳：黑木耳是一种常见的食用菌，色泽乌黑，质地柔软，味道鲜美。黑木耳含有丰富的多糖、微量元素和维生素，具有滋养肝肾、调节血糖、抗衰老等功效。黑木耳可以炒食、炖汤、凉拌等多种方式食用。

黑枸杞：黑枸杞是一种珍贵的中药材，果实呈黑色，颗粒饱满。黑枸杞含有丰富的天然植物多糖、氨基酸、矿物质和维生素，具有滋补肝肾、明目益智、抗衰老等作用。黑枸杞可以直接食用或泡茶饮用。

寒地黑土加工的特色农产品之所以具有独特的特点，主要在于其生长环境的独特性和土壤的优良品质。此外，这些农产品在生产过程中严格遵循绿色、有机的生产理念，确保了产品的安全和健康。

总之，寒地黑土加工的特色农产品以其独特的口感和营养价值，成为市场上一道亮丽的风景线。随着人们对健康饮食的重视，相信这些特色农产品将越来越受人们的喜爱和青睐。

(四) 代表性林业资源及其特点

在寒地黑土的广袤森林中，林业资源丰富，树木生机勃勃。这里的森林覆盖率高，树木繁茂，生态环境优美。在这片寒地黑土上，松树、黄檗桦树等树种品质优良，具有较高的经济价值。

首先，松树是寒地黑土森林的主要树种之一，主要品种有樟子松、油松和鱼鳞松（云杉）。它们生长迅速，木质坚硬，耐寒性强，是建筑和家具制造的重要材料。松树的树脂具有抗菌和防腐的作用，可用于医药和化妆品行业。此外，松针还可以提取松脂，用于制作香料和润滑油。

其次，桦树也是寒地黑土森林的重要树种，主要品种有白桦、红桦和黑桦。它们的木材质地坚硬，纹理美观，用途广泛。桦木可以用于制作家具、地板、门窗等，也可以作为造纸原料。桦树的树皮富含纤维素，是一种优质的原材料。此外，桦树的花粉和树液也具有药用价值，可用于治疗咳嗽、感冒等疾病。

黄檗是寒地黑土森林中的阔叶树种。它们的树形美观，叶片宽大，观赏价值高。黄檗的质地轻软，易于加工，是制作家具和乐器的理想材料。黄檗的叶子可以用来喂养家畜，提供丰富的营养。同时，黄檗的果实富含油脂和蛋白质，是一种美味的野果。

除了上述几种主要树种外，寒地黑土森林还有其他一些珍贵的树种，如红松、落叶松等针叶树种。这些针叶树种的木材质地坚硬，用途广泛。红松和落叶松的木材可用于建筑、桥梁、船舶等工程领域；而云杉、白桦等树种则可作为观赏植物种植在公园、景区等地。

总之，寒地黑土上的林业资源丰富多样，为人们提供了巨大的经济价值和生态价值。保护好这片寒地黑土森林，合理开发利用林业资源，有助于促进当地经济的发展和生态环境的保护。

五、寒地黑土的开发利用现状与问题

(一) 寒地黑土的开发利用现状

随着人口的增长和经济的发展，寒地黑土的开发利用面临着越来越大的压力。

在农业方面，寒地黑土一直是粮食生产的重要基地。然而，过去几十年来，由于过度开垦和不合理的农业生产方式，寒地黑土的生产力逐渐下降。为了恢复和提高寒地黑土的农业生产能力，需要采取一系列措施，如推广科学的种植技术、改善农田水利设施、实施轮作制度等。同时，还可以通过发展特色农产品、挖掘农业旅游等多元化经营模式，实现寒地黑土农业的可持续发展。

在林业方面，寒地黑土具有丰富的森林资源和良好的生态功能。然而，在过去的一段时间里，由于过度采伐和非法采伐等原因，寒地黑土的森林覆盖率逐年下降，生态环境遭到严重破坏。为了保护寒地黑土的森林资源和生态环境，需要加强森林资源的合理管理和保护，严格执行森林采伐限额制度，加大对非法采伐行为的打击力度。同时，还可以通过发展林下经济、推广绿色林业等措施，实现寒地黑土林业的可持续发展。

在矿产资源开发方面，寒地黑土富含丰富的矿产资源，如煤炭、石油、天然气等。然而，过去几十年来，由于过度开采和环境污染等问题，寒地黑土的矿产资源开发受到了严重影响。为了实现寒地黑土矿产资源的可持续开发利用，需要加强矿产资源的勘查评价工作，严格控制矿产资源的开发强度和规模,加大环境保护力度,推广清洁生产和循环经济模式。

除了以上几个方面,寒地黑土的开发利用还可以在能源、交通、旅游等多个领域发挥重要作用。例如,通过发展新能源产业、建设便捷的交通网络、开发特色旅游资源等途径,进一步挖掘和释放寒地黑土的经济潜力,实现区域经济的全面发展。

总之,寒地黑土作为我国宝贵的自然资源和战略资源,其开发利用现状亟待改善。应该充分认识寒地黑土的重要性,采取科学、合理的开发利用策略,努力实现寒地黑土的可持续发展。

(二) 寒地黑土开发利用存在的问题及原因分析

在寒地黑土的开发利用过程中,不可避免地会遇到一些问题。这些问题的存在,既与自然环境的特性有关,也与人类的开发利用方式有关。下面将对寒地黑土开发利用存在的问题及原因进行详细的分析和探讨。

1. 寒地黑土开发利用的主要问题

土壤肥力下降:寒地黑土由于气候寒冷,降水稀少,土壤中的有机质分解速度较慢,导致土壤肥力下降。此外,过度开发利用也会破坏土壤结构,使得土壤中的营养物质无法有效地保持和提高。

土壤侵蚀:寒地黑土的抗侵蚀能力较弱,容易受到风蚀和水蚀的影响。这主要是由于寒地黑土的物理性质决定了其抗侵蚀能力较弱,而且在开发利用过程中往往会破坏土壤表面的植被覆盖,加剧了土壤侵蚀。

生态环境破坏:寒地黑土的开发利用往往会破坏当地的生态环境,包括生物多样性、生态系统稳定性等。这主要是由于开发利用过程中的不合理行为,如过度开垦、过度放牧等,导致了生态环境的破坏。

2. 寒地黑土开发利用存在问题的原因

自然因素:寒地黑土的特殊地理环境是其开发利用存在问题的主要原因。寒冷的气候和稀少的降水使得土壤中的有机质分解速度较慢,土壤肥力下降。此外,寒地黑土的物理性质决定了其抗侵蚀能力较弱。

人为因素:过度开发利用是寒地黑土开发利用存在问题的重要原因。在追求经济利益的过程中,人们往往忽视对土地资源的合理利用和管理,导致了土壤肥力下降、土壤侵蚀加剧、生态环境被破坏等问题。

技术因素:在寒地黑土的开发利用过程中,缺乏有效的技术和方法也是其开发利用存在问题的一个重要原因。例如,目前,在保护土壤肥力和提高土壤抗侵蚀能力方面,还没有形成一套完善的理论和技术体系。

综上所述，寒地黑土开发利用存在的问题主要包括土壤肥力下降、土壤侵蚀、生态环境破坏等。这些问题的存在，既是自然因素的结果，也是人为因素和技术因素的作用。因此，在进行寒地黑土的开发利用时，必须充分考虑这些因素，采取科学的管理措施和技术手段，以实现寒地黑土的可持续开发利用。

（三）寒地黑土可持续发展策略探讨

寒地黑土，这片孕育了无数生命的土地，以其独特的生态价值和丰富的资源潜力，吸引着人们的目光。然而，随着人类活动的增加，寒地黑土的生态环境面临严峻的挑战。如何实现寒地黑土的可持续发展，成了必须面对和解决的问题。

首先，需要认识到寒地黑土的保护和利用不仅仅是经济问题，更是生态问题。寒地黑土的生态环境是其生命之源，只有保护好生态环境，才能保证寒地黑土的持续发展。因此，在开发利用寒地黑土时，必须坚持生态优先，严格控制污染，减少对生态环境的破坏。

其次，需要采取科学的开发策略。寒地黑土的开发利用应该以可持续发展为原则，注重资源的高效利用和环境的友好性。可以通过科技手段，提高资源利用效率，减少资源浪费；同时，也可以通过改善生产方式，减少对环境的影响。

再次，需要加强寒地黑土的保护和管理。应该建立完善的法律法规体系，对寒地黑土的开发利用进行规范管理；同时，也需要加强公众的环保意识，让每个人都成为寒地黑土保护的参与者。

最后，需要加强国际合作，共同应对寒地黑土的可持续发展挑战。寒地黑土的保护和利用是全球性的问题，需要全球的努力共同解决。应该加强与其他国家和地区的交流合作，共享经验和技术，共同推动寒地黑土的可持续发展。

总的来说，寒地黑土的可持续发展是一项系统性工程，需要从多个角度出发，采取综合措施，携手共进，为保护寒地黑土，实现其可持续发展而努力。

第三节　寒地黑土资源的优势和发展瓶颈分析

一、寒地黑土资源的优势

寒地黑土，是一种富含养分、生物学特性卓越的土壤类型，其高产优质农产品的生产潜力无疑是巨大的。这种土壤类型因其独特的优势，使得农作物如小麦、玉米、大豆等在种植过程中能够获得充足的养分，从而大大提高产量和品质。

1. 丰富的营养成分

寒地黑土经过长时间的风化、侵蚀和生物循环作用，形成了丰富的有机质和矿物质养分。其中，有机质含量一般在30%以上，矿物质养分含量丰富，包括钾、磷、氮等。这些营养成分为农作物提供了充足的生长能量，有利于提高农作物的产量和品质。

2. 良好的保水性能

寒地黑土具有较强的保水性能，其孔隙度较大，水分渗透能力强，这使得寒地黑土在降雨时能够迅速吸收水分，减少水分蒸发，从而保持土壤湿度。同时，由于黑土中的有机质含量较高，土壤中的水分不易蒸发，有利于作物根系的生长。

3. 较强的抗旱能力

寒地黑土具有较强的抗旱能力，这主要得益于其独特的结构和微生物群落。首先，黑土的颗粒较大，空隙较少，有利于储存大量的水分。其次，黑土中的微生物群落发达，能够分解有机质，释放出更多的养分供作物利用。最后，黑土中的黏粒物质较多，能够形成一层保护膜，防止水分蒸发。

4. 良好的抗病虫害能力

寒地黑土中的有机质含量高，微生物活动旺盛，有利于维持土壤生态系统的稳定，这使得寒地黑土具有较强的抗病虫害能力。一方面，有机质可以提供作物所需的养分，增强作物的抗逆性；另一方面，微生物活动可以抑制病原体的繁殖和传播。

5. 较高的土壤生产力

由于寒地黑土具有丰富的营养成分、良好的保水性能、较强的抗旱能力和良好的抗病虫害能力等特点，使得其土壤生产力较高。研究数据显示，寒地黑土的平均产量普遍高于其他类型的土壤。因此，合理利用和保护寒地黑土资源对于保障国家粮食安全具有重要意义。

二、寒地黑土资源的发展瓶颈

（一）寒地黑土的发展面临着前所未有的挑战

1. 气候变化对寒地黑土的影响不容忽视

极端天气事件增多，如干旱、洪涝、冰雹等，不仅影响农作物的生长，也对寒地黑土的生产潜力产生负面影响。这些极端天气事件使得土壤中的有机质分解速度加快，导致土壤肥力下降。此外，气候变化还可能加剧土壤侵蚀和盐碱化等问题，进一步破坏寒地黑土的生态环境。

2. 人为活动压力也对寒地黑土的发展构成了威胁

过度开垦、不合理施肥、农药滥用等人类活动导致土壤质量下降，影响寒地黑土资源的可持续利用。这些行为不仅破坏了土壤的生态平衡，也使得寒地黑土的生产力有所下降。此外，城市化进程加快也给寒地黑土资源带来了一定程度的压力。城市扩张和建设过程中的土地开发，使得大量的寒地黑土被转化为建筑用地，这无疑是对寒地黑土资源的一种浪费和破坏。

3. 技术研发不足也是制约寒地黑土发展的一个重要因素

虽然寒地黑土资源具有很高的开发利用价值，但目前关于其改良技术和管理方法的研究仍相对滞后，这限制了寒地黑土资源在实际生产中的应用。例如，对于如何通过科技手段改善寒地黑土的水分保持能力、提高其抗旱性等的研究还十分缺乏。

总的来说，寒地黑土的发展面临着气候变化、人为活动压力和技术研发不足等多重瓶颈。要解决这些问题，需要从多个角度出发，采取综合性的措施。首先，需要加强气候变化的研究，以便更好地应对极端天气事件；其次，需要严格控制人为活动，保护好这一宝贵的土壤资源；最后，还需要加大技术研发力度，提高寒地黑土的开发利用效率。只有这样，才能确保寒地黑土的可持续发展，为人类的生存和发展提供持久的保障。

（二）寒地黑土目前面临的问题

1. 土壤侵蚀与水土流失问题

在寒地黑土资源的丰富储备中，不能忽视其背后的发展瓶颈。这些瓶颈主要体现在土壤侵蚀与水土流失问题上，它们对寒地黑土资源的开发和保护构成了严重的威胁。

首先，需要认识土壤侵蚀与水土流失问题的严重性。这是一种自然现象，当风力、水力或其他力量作用于土壤时，会导致土壤的移动。在寒地黑土地区，这种现象尤为严重，因为这里的土壤质地厚重，抗侵蚀能力较弱。此外，由于寒地黑土地区的气候条件和地形地貌，土壤侵蚀与水土流失问题更为突出。

其次，土壤侵蚀与水土流失问题对寒地黑土资源的开发和保护形成了严重的阻碍。一方面，大量的土壤侵蚀与水土流失会导致土地贫瘠，影响农作物生长，从而影响农业的发展。另一方面，这也会影响寒地黑土资源的开发利用，如采矿、建筑等。同时，土壤侵蚀与水土流失还会导致水源减少，生态环境恶化，对人类的生存和发展构成威胁。

因此，解决寒地黑土地区的土壤侵蚀与水土流失问题，对于保护寒地黑土资源、促进农业和经济的发展具有重要的意义。需要采取有效的措施，如加强植被建设，提高土壤的抗侵蚀能力；实施水土保持工程，减少土壤侵蚀与水土流失；推广科学的农业生产方式，减少化肥和农药的使用，保护土壤环境等。

总的来说，寒地黑土资源的发展瓶颈主要体现在土壤侵蚀与水土流失问题上。需要深入研究这些问题，并采取有效的措施，以保护这一宝贵的自然资源，促进其可持续发展。

2. 土壤肥力下降与养分流失问题

随着全球气候变化和人类活动的影响，寒地黑土土壤肥力下降的问题日益严重，不仅影响了农作物的产量和质量，还对生态环境造成了不良影响。因此，研究寒地黑土土壤肥力下降与养分流失问题，对于保护土地资源、保障粮食安全具有重要意义。

首先，需要了解寒地黑土土壤的构成和特点。寒地黑土是一种发育良好的土壤类型，其主要特点是有机质含量高、结构良好、保水保肥能力强。然而，随着农业生产的不断发展，大量施用化肥、不合理的耕作方式以及农业结构单一化等原因，导致寒地黑土土壤中的有机质逐渐减少，土壤肥力下降。

其次，要关注养分流失问题。养分流失是指土壤中有益于植物生长的养分通过各种途径从土壤中流失到环境中的现象。养分流失会导致土壤中有效养分减少，从而影响农作物的生长和产量。寒地黑土养分流失的主要途径有：雨水冲刷，地下水流动，田间径流，微生物活动等。

为了解决寒地黑土土壤肥力下降与养分流失问题，需要采取如下一系列措施。

合理施肥。根据农作物的生长发育阶段和土壤肥力状况，科学制订施肥方案，避免过量施用化肥。同时，提倡使用有机肥料，以增加土壤中的有机质含量，提高土壤肥力。

改善耕作方式。采用深翻、浅耕、旱作等耕作方式，减少土壤水分蒸发，降低养分流失。此外，还可以通过秸秆还田、绿肥种植等方式，增加土壤有机质含量，提高土壤保水保肥能力。

调整农业结构。推广间作、混种、轮作等种植方式，提高土地利用率，减少养分流失。同时，注重发展绿色农业、生态农业，保护生态环境，减少化肥、农药的使用。

加强监测与管理。建立完善的土壤监测体系，定期对土壤肥力进行检测，为科学施肥提供依据。同时，加强对农业生产的管理，规范农户的生产行为，减少养分流失。

总之，改善寒地黑土土壤肥力下降与养分流失问题是一项复杂的系统性工程，需要从多个方面入手，采取综合措施加以解决。只有这样，才能保护好这一宝贵的土地资源，为人类提供持续、稳定的粮食来源。

3. 土壤结构破坏与耕作障碍问题

近年来，寒地黑土土壤结构破坏与耕作障碍问题日益严重，主要表现在以下几个方面。

首先，土壤结构破坏。寒地黑土由于气候寒冷、降水较少，使得土壤中的微生物活动受到限制，导致土壤中的有机质分解速度减慢，土壤结构逐渐变得疏松。此外，过度耕作、不合理施肥等人类活动也加剧了土壤结构的破坏。

其次，耕作障碍。寒地黑土土壤结构破坏后，土壤中的空气和水分容易释放出来，导致土壤透气性变差、水分含量不稳定。不仅影响作物的生长，还可能导致土壤侵蚀、滑坡等自然灾害的发生。

针对寒地黑土土壤结构破坏与耕作障碍问题，可以从以下几个方面采取措施进行治理。

加强土壤保护。通过实施严格的耕地保护制度，限制过度耕作，减少对土壤的损伤。同时，加强对农田周边生态环境的保护，防止土壤侵蚀和污染。

合理施肥。根据不同作物的营养需求，科学制订施肥方案，避免过量施肥导致土壤酸化、盐碱化等问题。

推广节水灌溉技术。利用现代科技手段，研发节水型灌溉设备，提高灌溉效率，减少水资源浪费。

改良土壤结构。通过施加有机肥、微生物菌剂等物质，促进土壤中有机质的积累，改善土壤结构；同时，采用深翻、覆盖等措施，增加土壤中的空气和水分含量，提高土壤的保水保肥能力。

发展适应寒地黑土特点的作物种植。通过选育适应寒地黑土环境的优质高产品种，提高作物的产量和品质，减轻对土壤的压力。

总之，寒地黑土土壤结构破坏与耕作障碍问题是一个复杂的生态系统问题，需要从多个层面进行综合治理。

4. 土壤污染与环境风险问题

在寒地黑土的广袤土地上，一种无形的污染正在悄然蔓延。这种污染并非源自天空，也并非来自海洋，而是深深地扎根于这片黑土地之中，它就是土壤污染。随着工业化进程的加速，寒地黑土的环境风险问题日益凸显，不仅威胁土地的生命力，更关乎人类的生存环境。

寒地黑土，是一种富含有机质、肥力较高的土壤类型，被誉为"地球的肺脏"。然而，近年来，由于农业生产过程中不合理使用化肥和农药，以及工业生产过程中排放废弃物，导致寒地黑土的生态环境遭受严重破坏，土壤质量下降，生态环境风险增加。

首先，土壤污染严重影响了寒地黑土的生态环境稳定性。过量的化肥和农药导致土壤中有益微生物数量减少，破坏了土壤生态系统的平衡，使得土壤中的有害物质无法被有效地分解和利用，从而加剧了土壤污染。同时，工业废弃物的排放也使得寒地黑土中含有大量的重金属和有毒有害物质，这些物质会通过食物链进入人体，对人体健康构成威胁。

其次，土壤污染也对寒地黑土的生产力造成了严重影响。由于土壤质量下降，农作物生长受到限制，农业生产效率降低。此外，土壤污染还会引发一系列的环境问题，如酸雨、温室效应等，进一步影响寒地黑土的生态环境。

面对寒地黑土的环境风险问题，必须采取有效的措施进行治理。第一，需要加强农业环境保护，推广绿色农业生产方式，减少化肥和农药的使用，提高土壤有机质含量。第二，需要加强对工业废弃物的管理，严格执行环保法规，防止有害物质进入土壤。第三，需要加强公众环保意识教育，让每个人都认识到保护环境的重要性。

总的来说，寒地黑土的土壤污染问题是一个复杂而又紧迫的问题，需要各方共同努力，采取有效的措施进行治理。只有这样，才能保护好这片宝贵的土地资源。

5. 气候变化问题

在寒地黑土的广袤土地上，气候变化的影响无处不在。气候变化不仅影响着寒地黑土的生态环境，也对其资源价值产生了负面影响。本文将从气候变暖、降水变化、冻土退化等方面探讨寒地黑土气候变化对寒地黑土资源的影响。

首先，气候变暖是寒地黑土面临的最大挑战之一。随着全球温度的升高，寒地黑土地区的热量条件得到了改善，使得一些喜热作物得以在该地区种植。然而，这种气候变暖趋势也导致了寒地黑土生态系统的不稳定，如土壤中有益微生物的数量减少，以及植物生长季节的变化。这些变化对寒地黑土的肥力和生产力均产生了负面影响。

其次，降水变化也是寒地黑土面临的重要问题。在过去几十年里，寒地黑土地区经历了显著的降水减少现象。这不仅导致了农作物产量的下降，还使得寒地黑土地区的水资源紧张。此外，降水减少还加剧了土壤侵蚀问题，进一步降低了寒地黑土的肥力。

最后，冻土退化也是寒地黑土受气候变化影响的一个重要方面。随着全球气温上升，冻土层逐渐融化，导致冻土退化。冻土退化不仅破坏了寒地黑土生态系统的结构，还释放了大量的温室气体，加剧了全球气候变化。同时，冻土退化还导致了寒地黑土地区的水文循环发生改变，影响了水资源的分配和利用。

面对气候变化带来的种种挑战，寒地黑土地区的人们正在采取一系列措施加以应对。例如，通过改良耕作方式、发展节水农业、推广抗旱作物等方法，提高寒地黑土地区的农业生产能力。此外，政府和科研机构也在积极开展冻土退化治理、生态修复等工作，以保护寒地黑土生态系统的健康和可持续发展。

总之，寒地黑土气候变化对其资源价值产生了负面影响。为了保护这一宝贵的土地资源，需要加强气候变化研究，制订科学合理的应对策略，并积极参与国际合作，共同应对气候变化带来的挑战。

（三）寒地黑土资源的保护与发展策略

1. 加强寒地黑土资源监测与管理

寒地黑土资源是全球范围内一种重要的自然资源，不仅为农业生产提供丰富的养分，而且在生态环境保护和生物多样性维护方面也发挥着重要作用。然而，由于气候变化、不合理开发利用等因素，寒地黑土资源的生态环境正面临严重的威胁。因此，加强寒地黑土资源的监测与管理尤为重要。

首先，需要建立完善的寒地黑土资源监测体系。这个体系应该包括土壤质量、土壤肥力、土壤微生物群落、土壤结构等多个方面的监测指标。通过对这些指标的长期动态监测，可以及时了解寒地黑土资源的变化情况，为决策提供科学依据。同时，还需要建立一套有效的数据收集和处理系统，确保监测数据的准确性和实时性。

其次，需要制定合理的寒地黑土资源管理政策。这些政策应该以保护和恢复寒地黑土资源生态环境为目标，限制过度开发和不合理利用，促进绿色发展。例如，可以通过实施严格的土地管理制度，限制化肥和农药的使用，减少对土壤的污染；通过推广有机农业和生态农业，提高土壤的自我修复能力；通过建立寒地黑土资源保护区，保护生态系统和生物多样性。

再次，需要加强寒地黑土资源管理人员的培训，促进管理人员素质提升。不仅包括专业知识的培训，还包括环保意识、科学态度和人文素养的培养。只有这样，管理人员才能更好地理解和落实寒地黑土资源的管理政策，真正实现资源的可持续利用。

最后，需要加强国际合作，共同应对寒地黑土资源管理的挑战。在全球化背景下，任何一个国家都无法独自解决这个问题，需要共享监测技术、管理经验，加大资金支持力度，共同推动寒地黑土资源的保护和管理工作。

总的来说，加强寒地黑土资源的监测与管理是一项系统性工程，需要从多个角度出发，采取多种措施，共同努力。只有这样，才能确保寒地黑土资源的可持续发展，为人类的生存和发展提供持久的支持。

2. 提高寒地黑土资源利用效率与可持续利用水平

寒地黑土为人类提供了丰富的生物资源和独特的土壤生态系统，在资源的利用过程中，不能忽视其独特的生态环境和气候条件。然而，由于历史原因和人类活动的影响，寒地黑土资源的利用效率和可持续利用水平还有待提高。因此，需要从以下几个方面来探讨如何提高寒地黑土资源的利用效率与可持续利用水平。

首先，需要加强对寒地黑土资源的研究。通过深入研究寒地黑土的生物学、化学和物理特性，更好地理解其对植物生长和土壤肥力的影响，从而制定出更科学、有效的利用策略。同时，研究还可以揭示寒地黑土资源的环境效应，为环境的保护和可持续发展提供科学依据。

其次，需要推广先进的农业技术和管理方法。例如，通过引进和培育适应寒地黑土环境的新品种，提高农作物的产量和质量；通过采用有机肥料和生物防治等绿色农业技术，减少化肥和农药的使用，减少对环境的污染；通过实施科学的农田管理，如轮作、休耕和深翻等，改善土壤结构，提高土壤的保水能力和肥力。

再次，需要加强寒地黑土资源的保护。包括建立和完善相关法律法规，限制过度开发和不合理利用；加强寒地黑土资源的监测和管理，防止土地退化和污染；通过生态恢复和绿化工程，恢复和保护寒地黑土的生态环境。

最后，需要提高公众对寒地黑土资源保护的认识。通过教育和宣传，让更多的人了解寒地黑土的重要性和价值，引导他们参与寒地黑土资源的保护和管理。

总的来说，提高寒地黑土资源的利用效率与可持续利用水平，需要从科研、技术、管理和公众参与等多个方面努力。只有这样，才能充分利用这一宝贵的自然资源，为人类的发展提供持久的支持。

3. 推广寒地黑土资源保护与修复技术

寒地黑土是一种独特的自然资源，它以其较高的肥力价值和生物活性而闻名。然而，由于过度开发和不适当的利用，这一宝贵资源正面临着严重的威胁。因此，推广寒地黑土资源保护与修复技术，以确保其可持续利用，成为当前的重要任务。

首先，需要制定和实施严格的土地管理政策，限制过度开发和不合理利用，保证土壤生态系统的健康。这意味着需要在国家层面建立一套完善的土地管理制度，以确保土地资源的合理分配和有效利用。这套制度应该包括对土地开发项目的审批、监管和评估，防止过度开发导致的土地退化和生态破坏。同时，还需要加强对土地使用者的教育和培训，提高他们对土地保护的认识和责任感。

其次，需要推广科学的农业技术，如轮作制度、使用有机肥料、节水灌溉等，以减少对土壤的压力。轮作制度是指在同一块土地上连续种植不同种类的作物，这样可以避免单一土壤养分的耗尽，有利于土壤生态系统的恢复和保护。有机肥料的使用可以提高土壤肥力，减少化肥对土壤的污染。节水灌溉技术则可以降低农业生产对水资源的需求，减轻地下水位下降的压力。此外，还应该鼓励农民采用生物多样性种植方式，增加土壤中有益微生物的数量，提高土壤的抗病抗虫能力。

再次，需要开展土壤修复工作，如利用生物修复技术、化学修复技术等，恢复和改善受损的土壤功能。生物修复技术包括植被恢复、生境改善等，通过引入适宜的植物种类和建立良好的生态环境，促进土壤中有益微生物的繁殖和生长，从而改善土壤质量。化学修复技术则包括土壤酸碱度调节、重金属污染治理等，针对具体污染问题采取相应的化学措施进行治理。这些修复技术可以有效地改善受损土壤的结构和功能，为农业生产提供良好的基础条件。

最后，应该加强国际合作，共同应对全球土地资源面临的挑战。土地问题不仅仅是一个国家或地区的问题，而是一项全球性的议题。各国应该加强交流与合作，共享土地保护和管理的经验和技术，共同推动全球土地可持续发展。只有这样，才能确保地球这个蓝色星球的土地资源得到充分的保护和合理利用，为子孙后代留下一个宜居的家园。

4. 促进寒地黑土资源开发与产业结构调整

当前，许多地区的经济结构仍然以农业为主，这种依赖于气候和土地条件的经济发展模式限制了寒地黑土的发展空间。为了推动经济向多元化、高技术化的方向发展，需要通过产业结构调整来实现。

首先，发展现代农业，充分利用寒地黑土资源的优势。例如，可以发展高效、环保的现代农业，如有机农业、绿色农业等。不仅可以提高农业生产效率，还可以保护环境，实现可持续发展。同时，还可以利用现代科技手段，如大数据、人工智能等，对农业生产进行精细化管理，进一步提高农业生产效率。

其次，发展与寒地黑土资源相关的其他产业。除了农业之外，还可以发展肥料制造、土壤改良剂生产等产业。这些产业不仅可以进一步开发和利用寒地黑土资源，还可以带动其他相关产业的发展。例如，肥料制造业可以为种植业提供高质量的肥料，而土壤改良剂生产则可以改善土壤质量，从而提高农作物的产量和质量。

再次，提高科技创新能力。通过科技创新，可以提高对寒地黑土资源的开发利用效率，减少对环境的影响。例如，可以通过研发新型肥料、土壤改良技术等，提高农作物的产量和质量，同时减少对环境的污染。此外，还可以通过科技创新，开发新的农业机械和设备，提高农业生产效率。

最后，加强政策引导。政府应该通过制定相应的政策，引导企业和个人合理开发和利用寒地黑土资源。例如，可以通过财政支持、优惠政策等方式，鼓励企业进行技术研发和创新，推动产业结构优化升级。此外，政府还需要加强对寒地黑土资源的保护和管理，防止过度开发导致环境破坏。

总的来说，要实现寒地黑土资源的有效开发，必须进行产业结构调整。只有通过发展现代农业与相关产业、提高科技创新能力和加强政策引导等方式，才能充分利用寒地黑土资源的优势，推动经济向多元化、高技术化的方向发展。

5. 加强寒地黑土资源保护法律法规建设与政策支持

在寒地黑土资源保护的道路上，法律法规建设和政策支持是两个重要的支柱。两者相辅相成，共同构建寒地黑土资源保护的法律框架和政策体系，为寒地黑土资源的可持续利用提供有力保障。

首先，加强寒地黑土资源保护的法律法规建设至关重要。这是因为法律法规是规范社会行为、维护社会秩序的重要手段，对于寒地黑土资源保护同样具有重要作用。需要制定一系列完善的法律法规，对寒地黑土资源的开发、利用、保护和管理进行明确规定，确保各项活动都在法律规定的范围内进行。这些法律法规应包括土地使用权、土地承包经营权、土地征收补偿、土地开发许可等方面的内容，全面地保障寒地黑土资源的合法权益。

其次，完善寒地黑土资源保护的法律法规建设还需要注重立法的技术性和科学性。这意味着在制定法律法规时，要充分借鉴国际经验，结合我国实际，制定出既符合国情又具有前瞻性的法律法规。此外，还要加强立法的民主性，广泛征求各方面的意见，确保法律法规得到广泛的认同和支持。

再次，政策支持是加强寒地黑土资源保护的重要手段。政策支持可以通过财政补贴、税收优惠、技术支持等途径，为寒地黑土资源保护提供有力保障。具体而言，政府可以设立专项资金，用于寒地黑土资源保护的研究、开发和推广；对参与寒地黑土资源保护的企业给予税收优惠，鼓励企业投入更多资源保护寒地黑土资源；加强对寒地黑土资源保护技术的研发和推广，提高保护效率；加大对寒地黑土资源保护的宣传力度，提高公众的保护意识。

最后，政策支持还需要注重协调各方利益。寒地黑土资源保护涉及多方利益，如土地使用者、土地承包经营者、政府部门等。在制定政策时，要充分考虑各方的利益诉求，力求实现利益最大化。例如，在土地征收补偿方面，要确保征地农民的合法权益得到充分保障；在土地开发许可方面，要平衡好经济发展与生态保护的关系，实现可持续发展。

总之，加强寒地黑土资源保护法律法规建设和政策支持，是实现寒地黑土资源可持续利用的关键。要从立法和政策两个层面入手，不断完善寒地黑土资源保护的法律框架和政策体系，为寒地黑土资源的保护和发展提供有力保障。

(四) 未来发展的建议

在全球气候变化的背景下，寒地黑土的发展面临着严峻的挑战。为了保护和利用好这种宝贵的资源，需要采取一系列有效的对策。

首先，需要加强气候变化的监测和应对策略的研究。这是因为，只有准确地预测气候变化的趋势，才能提前采取相应的措施，减少气候变化对寒地黑土的影响。例如，可以通过建立气候模型，预测未来几十年的气候变化趋势，从而制定出适应这些变化的政策和措施。同时，还需要制定合理的应对策略，如调整农业生产结构、优化能源利用等，以减少温室气体排放，降低气候变化的影响。

其次，需要制定和执行有效的土地利用政策。这是因为，过度的开发和不合理的利用都会对寒地黑土造成破坏。应该限制不合理开垦和过度施肥等行为，避免对寒地黑土资源造成进一步破坏。此外，还应加强对土地利用的监管和管理，确保土地资源的可持续利用。

再次，需要加大科技创新力度。研发适用于寒地黑土资源的改良技术和管理方法，提高土壤质量和保持肥力水平。例如，可以采用有机肥料替代化学肥料，既可以减少化肥对环境的污染，又可以提高土壤的肥力。此外，推广节水灌溉技术，既可以节约水资源，又可以减少农业对地下水的需求。

最后，需要加强国际合作与交流。通过分享经验和技术，各国共同应对气候变化带来的挑战，实现资源的共享和可持续发展。例如，可以组织国际研讨会，分享各国在保护寒地黑土资源方面的经验和技术。同时，还可以通过国际合作项目，共同研发适用于寒地黑土资源的改良技术和管理方法。

总的来说，为了保护寒地黑土资源，需要从多个方面入手，包括加强气候变化监测和应对策略研究、制定合理的土地利用政策、加大科技创新力度以及加强国际合作与交流。只有通过综合性措施，才能有效地降低气候变化对寒地黑土资源的负面影响，实现资源的可持续利用。

第三章　多学科交叉融合带来的产业变革及对农业发展、人才培养的启示

第一节　多学科交叉融合的内涵分析

一、多学科交叉融合的内涵

（一）多学科交叉融合的由来

多学科交叉融合，是指跨学科、多学科交叉融合的研究、教学和应用。多学科交叉是相对单一学科提出来的。2020年之前，我国教育部门把学科分成了13个门类，包括哲学、经济学、法学、教育学、文学、历史学、理学、工学、农学、医学、军事学、管理学、艺术学。在学科门类的基础上再次进行划分，划分为一级学科、二级学科，在学科下设置专业，形成了92个学科，703个专业。我国教育部就是按照上述学科、专业批准高校开设专业，高等教育的招生入学要求考生按专业报考。随着科学技术的发展，重大的理论和技术创新都需要通过将上述某几个学科交叉融合才能实现，因此，2021年在原有的科学基础上新增了一个学科，即"交叉学科"。

学科分类的主旨是将各种知识按照其性质、特点以及相互关系进行分类，从而形成一定的知识体系。这个体系既有逻辑性，又具备完整性，能够清晰地展现各种知识之间的联系和差异。

对学科进行分类有一定的目的和意义。从学习者的角度来看，其意义如下：第一，有助于更好地理解知识。通过分类，可以清楚地将各种知识进行划分，从而更好地理解它们的本质和特点。第二，有助于更好地应用知识。当需要对某一特定领域的知识进行运用时，通过学科分类，可以更快地找到需要的知识，并更好地将其应用于实际问题中。因此，学科分类是理解和管理知识的重要手段。从教育管理的角度来看，学科分类方便学校对各个学科进行组织分

工（划分成各类院、系、部门）、教学管理、学术管理。

（二）多学科交叉融合提出的背景和意义

随着社会经济、科技、文化的发展，出现了越来越多、越来越复杂的问题，使得科学研究和技术发明变得越来越复杂，迫切需要把多学科或跨学科知识、技术和科研成果进行移植与交叉，从而解决复杂的研究课题。

由于在单一学科内，研究者往往会受到自身领域知识、方法和工具的限制，难以突破瓶颈。而多学科交叉融合可以使研究者从其他领域中汲取新思想和新方法，从而为解决问题提供新的思路和视角。科学上的突破和创新，越来越依赖学科的交叉。学科的交叉融合，打破了单一学术领域的界限，让不同学科研究人员可以对某一问题进行综合性研究。

科学研究的实践证明，重大的原始创新成果往往萌芽于基础研究，产生于学科交叉领域。多学科交叉有利于解决重大理论和现实问题，从而引领科学前沿，推动科技进步。

（三）多学科交叉融合的特点

多学科交叉融合具有高度的创新性。在传统学科体系中，各个学科往往独立发展，缺乏有效的交流与合作。而多学科交叉融合则强调学科之间的相互借鉴和融合，新的知识和观念得以产生。这种创新性不仅体现在科学研究领域，还体现在教育领域。通过跨学科的教学方法，学生可以在不同的学科领域中寻找灵感，有助于培养出具有创新精神和跨学科能力的人才。

多学科交叉融合具有较强的实用性。在现实生活中，许多问题往往需要跨越多个学科的知识才能得到解决。

多学科交叉融合有助于拓宽人们的视野。在多学科交叉融合的环境中，人们可以接触到不同领域的知识，从而拓宽自己的视野。这对于提高个人的综合素质和应对复杂问题的能力具有重要意义。同时，多学科交叉融合也有助于培养人们的团队协作能力，因为跨学科项目往往需要不同学科的专家合作，以实现项目的成功。

多学科交叉融合有助于促进知识的传播和普及。在传统的学科体系中，一些边缘化或者较为冷门的学科往往难以获得足够的关注和发展空间。而多学科交叉融合则为这些学科提供了展示的机会，使更多的人能够了解和接触到这些知识。这对于推动整个社会的知识更新和发展具有积极意义。

二、多学科交叉融合与复合型人才

（一）多学科交叉融合的重要作用

多学科交叉融合可以促进不同领域之间的交流和合作。通过多学科交叉融合，不同领域的研究者可以增进了解、交流和合作，从而推动各个领域共同发展。例如，农学家与气象学家、电子信息技术专家共同合作开发云智能自然灾害监测预警系统，提前预测大风、暴雨、冰雹、气温骤降等自然灾害，从而采取相应的预防措施，把自然灾害对农作物造成的损害和损失程度降到最低。

多学科交叉融合可以激发创新思维和实践应用。不同领域的知识和方法相互碰撞、融合，往往会产生创新性的成果。例如，在智慧农业领域，农学家和电子信息技术专家、电气工程专家研究自动采收机、自动化灌溉系统、农用无人飞机，可精准、高效、轻松地实现生产管理。

（二）多学科交叉融合的实现路径

多学科交叉融合需要具备跨学科的意识和能力。研究者需要主动学习、交流和合作，提高自身的跨学科意识和能力。

多学科交叉融合需要建立跨学科的团队和机制。多学科交叉融合需要不同领域的研究者开展合作，因此需要建立跨学科的团队和机制，促进彼此的合作和协调。例如，可以建立联合实验室、跨学科学术交流平台等机制，为跨学科合作提供支持和保障。

多学科交叉融合需要注重知识产权的保护和成果的转化。在跨学科合作中，需要明确界定研究成果的知识产权归属问题，避免产生知识产权纠纷。研究成果的转化和应用也需要得到关注和支持，以便更好地服务社会和经济发展。

（三）多学科交叉复合型人才及其培养

1. 复合型人才

科技创新越来越依赖于多学科交叉融合，已经成为当今科研领域的重要趋势，这就需要培养新型复合型人才（学科交叉融合型人才）。

复合型人才是指具有掌握多学科知识并且能将各种知识有机交织融合转化多种能力的人才。复合型人才不是全能的或万能的，不可能独自一人完成庞大的项目或复杂的项目，项目的完成往往需要团队协作，复合型人才在团队中担任主持者或核心成员。

2. 复合型人才的培养

复合型人才的培养主体往往为高等院校，经过层层考试和筛选出的学生，具备扎实的基础知识、良好的学习习惯和求知的欲望。

首先要重视复合型人才培养，构建复合型人才培养模式，增加复合型人才的知识储备，提高其从业技能水平，培养其自主学习能力，培养其开拓创新精神。复合型人才培养思路，要力求打破学科壁垒、贯通学科内容、探索协同创新。

在课程选择上，采取本专业主修、跨专业辅修的教学形式，不断完善配套课程内容，拓宽学生的知识面，使学生能够快速适应未来不同专业或学科领域的工作研究。

在师资配备上，应该引导、培育和组建一支多学科交叉融合的教师团队，团队成员立足各自学科，打破学院、学科及专业的壁垒，"聚多学科人才"于同一物理空间，"聚多学科力量"于同一团队。学生虽然是按专业报考，但有对应的学科，在教学和科研中，吸纳学生参与，在其本学科主导师和多位交叉学科副导师的共同指导下，享受多学科交叉资源。

引导学生跨学科学习及开展项目研究，例如组建专业混合式小团队，让不同专业的学生进行交流和讨论，开阔视野，增进对知识的理解，把不同学科教材中的内容相互关联，利用在其他学科中学到的知识和经验来解决本学科中的问题，并为学习新知识铺平道路。

不同学科的教师相互听课，联合做项目，拓宽知识面，交流不同的教学内容，互相学习好的教学方法和科研方法，学习其他学科的"石"，攻击本科的"玉"，为自己的教学服务。

第二节　美国发达农业带来的人才培养启示

一、美国农业发展及现代化的历史进程

15 世纪，以哥伦布、麦哲伦为代表的航海家引领了大航海时代，北美洲、南美洲、大洋洲等新大陆陆续被发现。美洲大陆被发现后，英法殖民者陆续移民至北美洲东海岸，北美洲原住民印第安人被大量屠杀和驱赶，殖民者几乎零成本获取了大量土地。少数人掌握了大量土地必然迫切需要建立规模化、集约

化管理的土地资源运营模式，大农场式农业模式应运而生，大庄园农场式农业逐渐兴旺。

英国作为殖民地的宗主国，海外扩张和开展殖民统治的重要目的是从殖民地掠夺资源、收取赋税从而获取经济财富。英国政府向北美洲殖民地人民征收名目多样的税，当地人民因不堪忍受苛捐杂税而爆发了"独立战争"，建立了独立的国家。

美国独立后，为开发中部和西部广袤的荒原，美国政府制定了十分诱人的土地开发政策，例如1841年颁布的《分配与优先购买权法》规定，"凡占据一块未垦土地并耕作几年以后即可获得购买这块土地的优先权"，政策激发了移民开垦土地的热情，一场持续一个世纪的西进运动就此开启，大片荒地被开垦，新产业不断产生，不仅农业快速发展，各种新兴产业也相伴而生，如采矿、钢铁冶炼、石油化工、火车轮船汽车制造、商贸、金融等行业，还促进了大型公共基础设施的建设，如修建公路、开凿运河、建设铁路、建造桥梁等，各种产业的飞速发展需要越来越多的劳动力，政府也采取了宽松的国外移民政策。但西进运动期间发生了一场大规模内战——南北战争，战争的根源是南方和北方经济发展对劳动力（主要是奴隶）的争夺。南方是奴隶制种植园经济。北方是资本主义工商业经济。北方经济的快速发展需要更多的自由劳动力和工业品消费市场，迫切需要解放南方的奴隶和打开南方的消费市场。

美国西进运动显著扩大了耕地面积，而美国的平原面积占国土总面积的一半以上，耕地面积占世界耕地面积的10%，有先天的土地资源和气候优势，而这种地广人稀的资源条件非常适合农业生产机械化，而工业革命的科技成果恰好为农业机械化提供了技术支撑。1914年，美国完成农业半机械化。1945年，基本实现农业机械化。机械化需要高投入，高投入需要企业化，机械化和企业化带来高产能，产能过剩则必须开拓国际市场，发展出口贸易，这些促使美国成为世界上最大的农产品出口国。伴随着农业机械化，美国企业化经历了家庭农场制、农业合作化和农业公司现代化3个进程。

在美国农业产业结构中，把玉米、大豆、小麦、棉花产业作为种植业重点。美国的玉米产量约占世界总产量的40%，大豆产量占世界总产量的30%，玉米和大豆产量位居世界第一，小麦产量位居世界第三；对于畜牧业，主要发展鸡、牛和猪养殖业，养鸡和养牛位居世界第一，养猪位居世界第三。

美国人口相对稀少，人口总量不到世界的5%。发展农业方面，美国注重先进科技在农业领域的应用，机械化推进速度飞快，从20世纪初致力于推进机械化，特别是大力普及拖拉机耕种。20世纪50年代主粮农作物的耕地、播种、收割、脱粒、烘干、运输和贮藏等整个生产环节就已开启全程机械化，同时率先将基因工程育种、卫星遥感、计算机和大数据等先进科技应用于农业生产。还通过定期组织农场工作人员开展农业技术、农业机械操作的培训，提高了农业从业人员的职业技能和综合素质。

美国政府构建了比较完善的农业支持政策体系，依靠人才和科技优势，围绕农业第一产业配套了第二产业和第三产业，农产品原料被相关工业加工为高附加值产品，形成产业链并获取更高利润。因此，美国农业具备了明显的国际竞争力，同时也掌握着世界农产品贸易主动权，如粮食国际贸易的定价权和分配权。美国是世界上最大的玉米生产国和出口国，生产世界40%以上的玉米，为调控玉米价格，在国内建立大量饲料工厂、食品工厂、燃料乙醇工厂，既能为国内过剩的玉米找到内部消化的出口，又可以在资本杠杆的作用下操控粮食价格和能源价格。

美国从事农业人口有340万，有204万个农场，平均每个人拥有0.6个农场，平均每个农场耕地面积约为2600亩。

美国工业和农业的强大也有其他助推因素，如抓住了难得的历史机遇——两次世界大战。世界上大量科学家、工人、商人为躲避战争移民到美国，为美国经济的发展提供了人力资源，美国趁机发展军工产业积累了大量财富，而许多欧洲国家则因为战争经济衰退，综合国力大减。

美国没有农耕文化的积淀，却跨越式发展成为世界上工业和农业最发达的国家，其农业在世界范围内具有竞争优势与主导性控制力，值得我们思考，可从其农业政策和策略层面进行借鉴。

二、美国农业的特点和发展瓶颈分析

大农场式农业的现代化推进迫切需要机械化、集约化、金融资本化，必然需要高度消耗石油、钢铁、化肥和农药等，因此，这种农业也属于"石油农业"或"能源农业"。

在作物栽培品种选择方面，必然选择区域性单一化作物，以适应机械化操作，也有利于市场经济体制下农产品的商品化。而单一化的作物种植方式，会引起土壤养分快速损耗及病虫害加剧，从而造成大量化肥、农药的追加使用。

长期采用这种农业模式，势必引发一系列不良结果：第一，过于依赖非可再生自然资源，而全球的石油资源由于过度开采即将枯竭；第二，生产成本持续居高不下，需要政府给予大量资金投入或补贴才能维持运营，例如美国持续追加农业投资，农业投资已远大于工业投资，每生产1美元农产品需要8美元投资，每年用于农场主的补贴达数百亿美元；第三，土质恶化和土壤流失，最终走向破坏生态环境的境遇，例如美国每年土壤流失量为31亿吨；第四，政府为弥补农业高投入高消耗引发的资本亏损，使金融资本、垄断资本植入农业产业链并大力发展对外贸易，以农产品国际贸易输出来控制国际粮价，并从垄断贸易中获利，诱发世界粮食危机。

由此可见，美国的农业是在殖民地掠夺侵占原住民大量土地、无成本获取农业生产资料基础上发展而成的大农场式农业，大农场式的农业模式虽然具有对人力依赖度小、生产效率高的优点，但是有诸多不可调和的重大缺陷，显然是不可持续发展的。以美国、加拿大为代表的殖民地国家，依托人少地多的资源禀赋优势获取了大农场式农业现代化的成功，成为世界经济强国，有赖于独特的历史机遇和地理地缘优势，其农业发展模式难以被非殖民地国家复制或效仿。

三、美国农业发展带来的启示

美国农业受制于资本主义制度和客观的劳动力长期供给不足的状况，暴露出了一些缺陷和发展瓶颈，但美国农业的快速强大和崛起并保持其在全球内的优势地位，给我们带来了有益启示。

美国的农业发展之路揭示了许多道理，具体总结如下。

注重科学技术在农业领域的应用，重视农业人才的培养，引导各类人才把最新的科技融入农业现代化，将科技快速转化为农业发展动力，创新驱动农业发展。

政府制定的经济政策在宏观层面上是影响国家经济发展的重大因素，特别是政策能否吸引或调动广大民众干事创业的积极性。

国家要崛起和强大，首先要发展农业，农业是其他产业发展的基础和催化剂。

各个产业的发展都不是孤立的，在某一历史阶段它们是相互促进的，关键在于政府是否具有宏观调控产业结构的能力，应该适时调整产业结构以构建交融互促的产业链体系。

第三节　欧洲发达国家农业现代化带来的人才培养启示

一、欧洲中小农场式农业的起源及演化

近代之前的欧洲，农业生产经营模式属于农奴制。农奴制是封建社会封建领主在其领地上建立起来的剥削、奴役农奴的经济制度，又称封建领主制。农奴主（或封建领主）占有绝大部分农业生产资料，农奴从农奴主手中分得一块份地，作为代价，他们必须无偿耕种农奴主土地，服各种劳役，并上缴大部分劳动产品。在该制度下，农奴依附于农奴主，被束缚在土地上，而农奴主则利用这种依附关系对农奴实行强制剥削。农奴主和农奴之间产生一种脆弱的平衡，一方面农奴主通过特权和剥削让农奴供养自己，另一方面农奴主通过给予农奴少量土地耕作让他们拥有最后的保障。这种平衡维系了数百年，直到15世纪末才逐渐走向瓦解，但欧洲各国瓦解时间并不统一。如早在15世纪末，英国土地变革运动和资本主义工商业的发展推动了农奴制的瓦解，英国成为最先消除了农奴制的国家，而俄国和波兰的农奴制则一直延续到19世纪60年代。英国的农奴制最先瓦解是诸多因素的综合作用，其中，商品经济的兴盛是最重要的因素，英国的商人多且拥有大量金钱作为投资资本，而15世纪末，羊毛及其纺织品是欧洲最紧俏的商品，利润丰厚，大量商人投资羊养殖业及羊毛纺织业，在农村收购土地和雇佣农奴，农奴发现为资本家（商人投资羊毛产业因而兼有商人和资本家双重身份）打工能获得更多报酬纷纷脱离农奴主，有些农奴主看到从事羊毛产业能赚取更多利润，也学习模仿资本家的操作进而转变为农业资本家。

近现代欧洲的农业生产和经营方式不断变化、频繁革新，欧洲各国的农业普遍演化形成当前的中小农场式农业模式。

在发现美洲新大陆的时代背景下，世界商路从地中海沿岸转移到大西洋沿岸，对外贸易兴旺促进了工商业的发展。一方面，新兴资产阶级及贵族通过暴力把农民从土地上赶走，大量小农土地被圈占，变成私有牧场和农场，资本主义农场大量出现，随着工业革命兴起，城市人口剧增，对农产品的需求越来越大。另一方面，通过工业革命跃居为经济强国的英、法、德、意、荷等欧洲国家竞相开展海外殖民扩张，转移本国大量人口，同时从殖民地掠夺大量资源，

海外收益为国家产业资本、金融资本的积累提供了支撑，也形成了欧洲本土人地关系较为宽松的资源环境，从而演化成中小农场经营模式（相对于殖民地上演化的大农场式农业而言）。

在对外殖民扩展过程中，欧洲各国产生了不可调和的利益矛盾，进而爆发了第一次和第二次世界大战。第二次世界大战后，殖民统治体系瓦解，海外资源掠夺停止，殖民收益丧失，欧洲各国逐渐转为友好和合作，缔结了有利于各国经济发展和利益矛盾有效化解的联合体——欧共体和欧盟。

第二次世界大战后，欧洲各国的农业科技水平和机械化程度快速提升，但受制于欧洲各国领土狭小、资源及气候等因素，各国农业产业类型、农产品种类各有独特性，需要协调供给，各国之间开展农产品贸易。1962年，欧共体制定"共同农业政策"（The Common Agricultural Policy，CAP），以预防、缓解农业保护支持政策带来的农产品过剩问题和财政负担过重问题，政策包括交叉遵守机制、绿色直接支付和农村发展方案。例如，德国78%的进口农产品来自欧盟成员国，77%的出口农产品销往欧盟成员国，由于欧盟共同市场免关税、运输成本等原因，其贸易伙伴国主要是荷兰、法国和意大利。

20世纪80年代以后，欧洲各国逐渐意识到保护生态环境的重要性，制定了工农业生产遵守环境保护的法规，例如《欧共体农业条例》《欧洲有机农业法》《欧洲联盟条约》等，推动了绿色农业发展，有利于在追求经济利益、资本主义经济发展过程中保障生态环境不至于遭到严重破坏，资本经济及产业发展朝向可持续发展转变，农业发展方向转向以城乡融合为特征的"市民农业"。

欧洲各国的资源、国情及受到世界大战影响等方面存在差异，因此，各国的农业发展进程、策略和政府干预调控方式存在差别。欧盟成员国的法国、德国和荷兰是农业转型发展的典型代表，这3个国家的农业经济产值先后超过了英国，下面将着重分析讨论法国、德国和荷兰的农业发展历程。

二、法国现代农业的发展、特点及启示

（一）法国现代农业发展的现状

目前，法国是世界上农业最发达的国家之一，是仅次于美国的世界农产品第二出口大国，在欧盟成员国中是最大的农产品生产国。

法国的农业有效用地7亿余亩，占国土面积的85%，占整个欧洲有效农业用地的34.6%；牧场草地2亿亩，占有效农业用地的24.7%；林地2.2亿亩，

占有效农业用地的 26.7%；葡萄园、果园等作物面积 2400 万亩，占欧盟的 32%。由于法国人口密度大，人均耕地低于世界平均水平。

法国发展农业的自然条件优越，以平原和丘陵为主的地形，适宜耕种的土地面积大；纬度位置适中，临海区域辽阔，拥有温和、湿润的气候，东南高西北低，向大西洋敞开，降水丰富且均匀，全年平均降雨量 800~1000 毫米，蒸腾量不超过 800 毫米，温度与湿度都正好适宜作物生长。

法国农业是"二战"后才走在世界前列的，20 世纪 50 年代以前一直是资本主义国家中农业落后的国家，从未摆脱过农业净进口国的局面。

长期以来，资本主义条件下的小农经济、经营分散、技术落后和土地过度分散是阻碍法国农业发展的大问题。1793 年，法国通过法令，废除了封建权利，把土地分给了农民，形成了广泛的小土地私有制度，后来随着土地的兼并出现了少数农业资本家。这种状况持续了 100 多年。"二战"后，政府鼓励和实施农业生产方式的改革，将小型农场合并为大型农场，从而加速了农业的现代化。

从 1954 年开始，法国谷物已能自给并陆续增加出口。自 1968 年起，法国一跃成为农产品净出口国，然后又发展成为世界上最大的农产品净出口国之一。1983 年，法国的小麦、甜菜及牛肉总产量都居西欧首位，同年农产品出口额达 159.53 亿美元，仅次于美国列世界第二位。

1978 年，法国农业产值达到 1451 亿法郎，占当年国民生产总值的 6.7%。1950 年至 1979 年，法国农业生产平均年递增率为 2.3%，其中，1954 年至 1972 年年递增 3.1%，居欧洲第一位，在发达资本主义国家中也处于领先地位。

在法国农业产值中，畜牧业和种植业均非常发达，畜牧业比重高于种植业，畜牧业产值占农业总产值的 70% 以上。农业和农业食品工业占国内生产总值的比重约为 6%，其中，超过 50% 的是畜牧业和畜产品加工业的产值，农民年人均 GDP 约为 1.3 万美元。有 50% 以上的土地用于种草养牛，每公顷草场养牛 2~3 头，牛肉产量居欧盟第一位。畜牧业除养牛以外，养鸡业、养猪业也相当发达。牛肉和禽肉产量的 30% 都用于出口。

在种植业方面，小麦、玉米、葡萄等产量均居欧盟各国之首。法国大力发展葡萄产业，葡萄酒产量居世界首位。法国有三大葡萄酒产区，分别是波尔多地区、勃艮第地区、隆河坡地区（或称隆河地区），其中，波尔多地区为法国三大葡萄酒产区之首，波尔多年产葡萄酒 8.5 亿瓶，其中 40% 用于出口，占法国葡萄酒出口总量的25%。

在农业食品加工业方面,欧洲前100家农业食品工业集团有24家在法国,世界前100家农业食品工业集团有7家在法国,法国的农副产品出口居世界第一位,占世界市场的11%。

(二)法国农业的特点及农业发展策略

1. "二战"后法国政府采取优先发展农业的政策

"二战"后,由于政府主张农业优先发展,采取了种类多样、卓有成效的措施,农业发展非常迅速,仅用20多年时间就实现了农业现代化。到1972年,法国已成为仅次于美国的农产品出口大国。

2. 积极推动小家庭农场向中大型农场、合作社和企业转变

"二战"后,法国政府开始注重土地规模化生产和管理,从20世纪50年代起实行土地集中政策。法国《农业法》规定,国家可以高价收买"没有生产力农户"的土地,卖给大土地经营者或工业企业家去经营。1960年成立了"土地整治与农村安置公司",专门负责收购小片农地,转卖给大农场主,以加速土地集中,减少农场数目,扩大生产规模。到1980年,全国农场总数在1970年142万个原基础上减少为113万个,拥有50万公顷以上土地的大农场的比重由8%上升至13%。垄断资本通过农工商综合体和农业合作社,把几乎所有的农场控制在手中。由此,法国农村经济的主体由中大型农场、企业和合作社组成,从而加快了农业现代化的步伐。所以,法国的农业现代化政策实质上是扶植大农、排挤和消灭小农的政策。广大中小农户纷纷破产,为了避免社会动荡而影响垄断资本的根本利益,政府实行了一定的让步政策,如实施一系列政策,发展农村社会福利事业,对被排挤的农民给予一定的赔偿和补助,对离开农业的青壮年农民给予从事新职业的培养费,对老年农民实行退休金制度,对医疗实行大部分免费等。这些对农业生产的发展起到了一定作用。

3. 紧抓农业教育,形成优势明显的农业教育体系

农业教育在法国的整个教育体制中也占有巨大的比重。法国的农业教育系统不仅包括基础的农业教育、高等的农业教育,还包括农业的初始教育以及农业继续教育。法国政府致力于建设数量众多、形式多样的农业教育学校,不仅有基础性质的,还有高等农业教育学校。在学校的性质方面,法国的农业教育学校不仅有公立的,还有许多私人开设的农业教育学校。在乡村普遍设立农业中学,为有继承权的农场主的子女进行免费教育。法国政府对农业经营者规定了应具备的资格和条件,凡是申请经营农场的青年,都必须受过九年制的中等

学校义务教育，然后进农业基础学校学习三个月，再到农场当三年学徒（其中必须有一年的时间到别人的农场劳动，有半年到一年的时间从事畜牧业劳动）。学徒费用由国家支出，期满经考试合格才算毕业。毕业后，有的还要到省或市（县）开办的农业学校学习半年农场管理知识，才算取得从事农业经营的资格，领取毕业证书，凭毕业证书才有资格向政府申请低息或无息贷款，经营农场。为了避免由于多子女引起的土地、农机具等分散的问题，国家还规定农场主的继承人只许选择一个，一般都是根据掌握农业科学知识的水平择优选定。农场主普遍具备经营农业的科学技术知识和组织管理才能，是发展农业最基本的一个条件。法国农业教育的改革方向面向农业现代化，此特点在《农业教育和农业职业培训法》中得以体现，此政策的出台主要是为了加快法国农业的现代化进程，促进法国成为农业现代化大国。为了培养优质的农业人才，政策规定农业教育者不仅要具备农业知识，还要具备从事农业实践生产的经验，因此，经验丰富的农业技术人员是授课的主体人员。法国农业教育善于吸取他国的有益经验和教训，并将他国的农业教育优势与本国具体国情相结合，造就了法国独具特色的农业教育。

4. 农业合作社与家庭农场双层经营，两者相互支持与合作，互利共赢

家庭农场负责承担农产品生产和种植，而农业合作社则承担生产服务角色，负责产前统一计划、产中田间管理指导和产后销售服务。法国农业合作社是一种农民自发组建的互助性、功能性合作组织。按照功能，主要有生产型、流通型、农业信贷和技术指导服务型等类型的合作社，农业合作社实行民主管理和公司化运营。以服务社员为出发点，有的合作组织主要提供法律、税务、环保和土地等方面的咨询和培训；有的合作组织主要负责收购组织成员的粮食，进行加工再销售；有的合作组织统一为组织成员采购种子、化肥、农药、饲料等生产资料；有的专门为组织成员出租农机、农具、大型农业机械，帮助组织成员播种、除草、收割；有些农业合作社还专门与各种技术性组织加强合作，解决农业技术问题，提升农业竞争力。

5. 因地制宜发展地域特色农业，产业融合延长农业产业链

在平原地区发展种植业，在丘陵地带从事畜牧业，在山地搞果蔬业，因地制宜发展特色农业。在不同地域或乡村，农场根据当地的资源条件及市场需要，发挥资源优势，发展特色产业，如葡萄种植—葡萄酒酿造—葡萄庄园—观光旅游一体化的产业链，利用法国的葡萄酒文化及全球的知名度，在葡萄种植地发展以品尝葡萄酒或参观葡萄酒产区为主的旅游产业，这种以葡萄种植为媒

介的旅游产业属于多功能复合型发展模式，集合了农业生产、观光休闲、娱乐餐饮等功能，实现了一二三产业的融合，有利于延长农业产业链，增加农产品附加值，促进农业增效、农民增收。阿尔卑斯地区是水果产区，有栽培果树的传统，当地农民掌握丰富的水果栽培经验和技术。布列塔尼、诺曼底地区是奶制品主产区，产量占全国 22 个地区总产量的 43.3%。在猪肉制品方面，巴黎地区、布列塔尼和阿尔卑斯三个地区的销售额占全国销售总额的 53.2%。法国北部地区三个省最适合种甜菜，甜菜的生产就集中在那里，并以每 17 公里为半径办一个糖厂。附近农民种下的甜菜就可以用联合收割机直接运送到糖厂加工，快速发展的糖业使法国由糖的进口国变成了糖的出口国，每年出口食糖 200 多万吨。

6. 加速推进农业机械化和数字化

政府通过制定法令、扶植大农户（或大农场）、增加投资、提供贷款等一系列经济措施，推动农业机械化迅速发展。因为家庭式的小农场无法采用现代化技术装备，按照先进的科学方法组织生产，法国政府于 20 世纪 60 年代通过法令限制 25 公顷以下小农场的发展，对促进农业机械化也起了一定的作用。政府向购买农业机器的农场提供偿还期长达 5~6 年的低息贷款，1974 年这种贷款达到 68 亿法郎，约为农场自筹资金的 50%。政府还对购买农业机器的农场实行价格优待和补贴政策。在税收方面，实行农用燃油免税 15% 的政策，以促进农机销路的增加。大力发展本国农机工业，农业部设立"国立农机试验研究中心"专门研发农业机械，法国农机工业产值仅次于汽车制造业，在机械工业中占第二位，农机企业共有 500 多家，主要农机产品由麦赛福格森、雷诺等公司垄断，其总产量约占全国总产量的 95%，这些农机公司之间竞争激烈，重视新产品的设计与推销，设有配套齐全的设计研究中心。这些措施均推动了农业机械化的发展。

7. 产业分工明确，专业化程度高，生产效率大幅提升

农业产业链由上游、中游和下游等环节构成，既有分工，又相互协作。例如种植业的农民就只管田间种植，至于育种、选种等有关种子处理的工作就由专业化的种子公司负责，播种时由他们把良种直接运送到农场，按预定的规格播到田里，直到出苗为止；化肥、农药等生产资料的供应和使用，也都由有关的专业公司承担；收获时则由粮食贮运公司把谷物直接从田间运走，并进行干燥、加工、贮藏直至销售。畜牧业也同样如此。例如养鸡场只管鸡的喂养，至于鸡的孵化，种鸡的培育，直至屠宰、运输和饲料供应，鸡舍设备安装等，都

由专业公司负责。

8. 农工商一体化

农业专业化与农工商一体化是法国农业现代化生产组织结构的基本内容。所谓一体化，就是在专业化的基础上进行相互间的协调与配合。具体地说，就是在农业生产过程中做到供、产、销三方面业务的有机配合。"供"就是指各项生产资料如种子、仔畜、饲料、农药、机器、设备等的供应，还包括技术和经营管理方面的指导。"产"是指农业生产本身。"销"指的是农产品的运输、加工、贮藏和销售等。这三方面结合起来统一经营，不仅可以相互协调，提高工作效率，还有利于相互促进，增加企业盈利。因此，现代化的法国农业，逐渐发展到与工业和商业结合在一起，成为"农工商综合体"中的一个组成部分。在"农工商综合体"中，一方面，许多家庭农场通过合同关系，向规模大的工商企业出售农畜产品，并由这些企业向农场提供农业生产资料和各种服务。这样，这些家庭农场主就变成了像19世纪织布工人在家里为工厂主织布一样的劳动者。在这种情况下，农场生产农畜产品的数量、质量、价格等就都处于工商企业的控制之下。但是，另一方面，通过合同关系，工商企业不仅保证了一体化农场的产品销路和收入，而且及时地向农场提供先进的生产工具和必需的生产资料，帮助农场提高生产技术和经营管理水平，从而使一体化的农场获得更高的生产效率；而农业的发展，又反过来促进一体化组织中工商企业的发展。

（三）法国现代农业发展带来的启示

第一，非常重视农业教育，构建了完备的农业教育体系。在完备的农业教育体制之下，法国的农业教育培养了大批层次多样、知识结构差异化、能适应不同产业与地域的专业优秀人才，很好地服务了农业现代化，促进了经济和生态的可持续性与长足发展。

第二，政府善于制定促进农业发展的各种政策，农业产业结构不断优化，地域特色农业优势得以彰显，地方的农业资源也得到了科学开发和利用。

第三，注重科学技术在农业领域的应用，加速推进农业机械化和数字化，农业生产效率和农产品质量得以快速提升。

第四，生产经营方式灵活多样，农工商一体化，供产销有机配合。在农业产业链条上，各个经营主体相互协调，相互促进，工作效率高，有利于增加盈利。

第五，扶持农业食品加工产业发展，重视农产品出口贸易，通过价格干预政策和农业补贴政策保障各个环节稳定运行。

三、德国现代农业的发展、特点及启示

（一）德国现代农业发展历程

德国是第二次世界大战的发起者，也是战败国。战后受到了国际严厉的经济制裁，国内民生基础设施、住房建筑、农业及工业均遭到毁灭性打击，粮食和衣物供应严重不足，例如，1946年的冬天，德国数十万人死于饥饿和寒冷。

受和苏联的冷战影响，1947年7月美国提出了"马歇尔计划"，美国不断为德国的经济发展提供物资和设备支持，德国走上重建的正轨。20世纪50年代，德国的经济迅速回温。

从20世纪初至今的100多年来，德国农业发生了巨大的变化，从面临粮食危机的饥荒状态，发展为农业强国，是欧盟最大的农产品生产国之一。1950年德国有500万人在农场工作，而今不到100万人；1900年农业就业人数占就业总人数的38.2%，1950年下降到24.3%，而今只有70.6万，占1.6%；农业GDP占比也从1900年的29%下降到1950年的11.3%，到2016年降到了0.8%。1900年，1个农民可以养活4个人，而现在1个农民可以养活150个人。德国现有75万个农业综合企业，雇用了450多万员工，创造价值达4120亿欧元。

在德国的农业产业结构中，农业产业以畜牧业为主，种植业和畜牧业均非常发达。

德国雨水丰沛，日照少，山地和沼泽地多，适于牧草或饲料作物生产，畜牧生产是德国大多数家庭农场重要的收入来源。畜牧业主要为饲养乳用、肉用牲畜。从畜产品产量上看，德国牛奶和猪肉产量居欧盟首位，牛肉产量仅次于法国，居欧盟第一位。从产值来看，主要为牛奶（占本国42.3%）、猪肉、牛肉和小麦，分别占欧盟的19.2%、17.7%、14.7%和17.2%。

在种植业中，黑麦、大麦、油菜、土豆和啤酒花等作物的产量均居欧盟首位。2015年，德国谷物播种面积为9780万亩，产量4890万吨，约占欧盟总产量的16%，仅次于法国。

大力发展葡萄产业。莱茵河上、中游地区及美茵河、内卡河、莫塞尔河下游及易北河上游地区都是有名的葡萄产区。2017年，德国葡萄种植面积为155万亩，葡萄酒产量800万升，居欧盟第四位（仅次于意大利、法国和西班牙）。

发展啤酒业，并不断拓展啤酒出口贸易。酿造啤酒的主要原料为大麦、小麦、啤酒花，德国国内大量种植啤酒花用于支持啤酒产业的发展。如今，德国是世界第二大啤酒生产国，境内共有 1300 家啤酒厂，年产啤酒 100 多亿升，啤酒有 16 个大类 5000 多个品种，每年举行大型啤酒节以活跃市场和扩大品牌知名度。生产商从市场发展的角度考虑，开发了度数大的黑啤、比较适合女性口味的果啤以及不含酒精的啤酒。德国的高品质啤酒树立了国际口碑，不断拓展出口贸易，除了出口到欧盟国家，还远销亚洲和美洲国家。

渔业以海洋捕捞为主，内陆养殖为辅。德国渔业 90% 为海洋捕捞。北海是德国最重要的捕捞区。德国在大西洋东北部的捕捞量约占全部捕捞量的 90%，该海域对德国渔业捕捞产量的稳定具有举足轻重的影响。内陆养殖以鲑鱼、鳟鱼和鲤鱼为主。

率先发展有机农业，并以有机农产品为特色占据出口贸易市场。2016 年，德国有机农业种植面积大幅度增加，达 125 万公顷，比上年增加 14.9%，占全国农用地面积的 7.5%；有机农场数量发展到 27132 家，比上年增加 9.6%。同时，有机产品加工企业数量也增长了 2%，至 9499 家。现全国共有 41200 家企业从事有机产品加工，同比增加了 7.7%。有机农业已成为德国农业和食品经济的重要支柱。德国有机农业发展目标是将 20% 的农业用地用作生态种植，以满足对本国有机食品不断增长的消费需求。从 2020 年起，德国的有机农产品市场价格稳定，需求增加，有机农场的利润提高了 19%。一座有机农场能够创造年均 6.7 万欧元的利润，确保实现盈利。根据农场规模大小的不同，从事种植业的农民总体年盈利在 4.1 万~6.2 万欧元。

(二) 德国农业的特点及农业发展策略

1. 经营模式以中、小型家庭农场为主

中、小型家庭农场平均规模为 10~50 公顷，70% 的企业经营规模小于 50 公顷。随着农业生产率和科学技术水平的提高，通过不断合并，农场数量不断减少，但规模持续扩大，德国全国农业企业从 2005 年的 38.9 万个下降到 2013 年的 28 万个，并且还在以每年 1.6% 的幅度递减。

2. 职业培训普及率高，从业者专业化水平较高

德国农民均为持证上岗，最少需要接受 3 年的职业培训。统计数据表明，69% 的农业企业管理层都接受过职业教育，其中，具有职业进修教育学历的占 59%，具有中等职业教育学历的占 31%；持有专业资格证书或师傅证书的人数占 22%。在德国工作人口中，从事与农业相关的职业仅占 2%，平均 1

个农民可以养活 150 个人，2%的农业人口养活了整个德国。

3. 自主研发农机能力强，农业机械化程度高

德国为世界最大的农机出口国，也是西欧最大的农机生产国和第二大消费国。农机制造业产值约占全世界总产值的 10%，在西欧国家中约占 1/4，产品出口率达 74%。优势农机是收割机、青饲机、打捆机、植保机、播种机等。农业机械化程度非常高，从播种到收获基本实现了全程机械化。

4. 有机农业比例大幅提升

德国有机农业发展很快，德国是欧洲最大的有机食品消费市场，德国有机食品消费值占欧洲生产或进口的有机食品价值一半以上，而且以每年 10%以上的速度增长。除常规农业外，有机农业成为德国农业和食品经济的一个重要支柱。

5. 农企国际化，农产品出口占据优势

德国农企国际化趋势明显，农产品和食品生产量的 1/3 用于出口，德国是世界上第三大农产品和食品出口国。德国食品出口量占其生产总量的 1/3，食品经济收益 1/3 来自出口。德国出口优势较为明显的农产品为奶制品和焙制食品，主要进口农产品为鱼类、果蔬、饮料、咖啡和茶叶，其他主要农产品的进口量较为接近。农业和食品出口为德国农村地区创造了就业机会，促进了农村地区经济繁荣，提供了大约 32 万个就业岗位。

6. 注重农产品的加工及产品品质，打造高质量品牌

德国十分注重打造"德国制造"品牌。德国前农业部部长施密特曾说，安全、质量、新鲜和品味是德国高品质产品"德国制造"的商标，使得德国产品享有极高的国际声誉。重视保护地方特色传统食品是德国政府维护"德国制造"质量的另一有效做法。如"施瓦本面条""纽伦堡姜饼""图林根香肠"等这些以地域命名的地理标志产品包涵了特定的德国质量标准，在整个欧盟区域受到保护（欧盟农产食品设有三种标识，即原产地、地理标识以及传统产品标签），其附加值也能在出口过程中得以实现。在欧盟与其他国家的自贸协定谈判中，这些标识也同样受到重视和保护。

7. 善于平衡和利用国内、国际资源为产业发展服务，做到取长补短

根据国内土壤和气候自然条件，因地制宜，合理调整畜牧养殖业、种植业的比例结构。从美国和南美地区进口价格低廉的饲料用大豆和玉米饲养动物，将畜禽产品加工后再出口，由此也释放了本国大量土地，用于种植粮食等高产作物。

8. 积极参与国际规则和标准的磋商和制定，消除贸易壁垒

农业贸易往往受国际协议和规则以及国家法律法规多种复杂因素的制约。随着传统贸易壁垒（主要是关税）的降低，非关税贸易壁垒措施作用凸显，然而对于中小企业而言，这意味着风险成本上升。德国实行的是欧盟统一对外政策。在农产品出口方面，欧盟委员会负责与世贸组织及欧盟外国家签署贸易协议。德国农业部主要汇总德国出口行业的利益诉求，并向欧盟委员会反映，例如涉及与食品有关的卫生和植物检疫问题，如出现贸易壁垒，首先在欧盟内进行讨论，然后由欧盟委员会及欧盟成员与有关国家就消除这些贸易壁垒进行谈判。在动植物产品国际贸易方面，通常必须遵守出口目标国的兽医和植物检疫要求，而这些要求以国际植物保护公约（IPPC）、世界动物卫生组织（OIE）和国际食品法典（CODEX）国际标准和规范为基础。德国农业部积极参与上述多边谈判和相关标准的制定，还负责世贸组织《实施动植物卫生检疫措施的协议》（SPS）的协调事务。例如，将SPS有关新措施及时通报给贸易伙伴经济体，尽量减少德国农产品出口可能出现的问题。德国农业部还定期与欧盟及其以外国家就技术等问题直接谈判，如关于动植物检疫证书模板和标准，以及兽医证书样本等，以解决出口植物检疫问题，消除专业领域的贸易壁垒。德国农业部还支持并参与欧盟与合作伙伴进行自由贸易协定磋商，以降低关税，消除非关税贸易壁垒，促进对非欧盟国家的市场准入，为德国农业食品出口提供有利条件。例如，2017年欧盟与日本达成自贸协定，德国的地理标志产品将在日本得到保护，德国农业和食品行业将受益于该协定。再如，德国认为，跨大西洋贸易与投资伙伴协定（TTIP）可以促进欧盟与美国消除贸易壁垒和官僚障碍，通过向对方开放市场，为消费者、经济发展和就业带来益处。

9. 多维度实施对外贸易促进计划，出口量显著增加

德国农业部于2010年首次推出"出口促进计划"，主要面向中小型企业以及农业和食品工业组织。主要内容包括：第一，开展市场信息研究，建立数据库，为经济界提供信息支撑，为企业提供出口目标市场指导。第二，组织国外市场调研（每年预算为300万欧元，支持约25批次），对当地市场、营销条件以及消费行为等进行调研；还为德国出口商与国外进口商牵线搭桥，并安排相关企业代表陪同德国农业部长或其国务秘书出国访问。第三，举办培训和信息交流活动，内容包括如何了解目标国的法律框架、经济条件、文化习惯和市场潜力等。第四，开展企业和产品形象宣传。提供电子信息以及宣传材料，包

括提供多语种营销材料，如小册子、海报、通信、广告和赠品等。通过驻外机构组织专业会议及演示活动，展示德国农业技术。举办研讨会和产品推荐活动等，宣传德国企业的良好形象，推销德国产品。第五，邀请并资助外国记者来德国进行采访宣传，如2018年柏林国际绿色周农业博览会，邀请了中国等贸易伙伴国的记者进行采访。该项计划依托德国农业领域的行业协会和海外商会执行。第六，支持企业参加国外展会。博览会是开展贸易的重要平台和桥梁，是推动德国农产品出口的最成功的手段之一。由于德国农业中小企业几乎没有财力和能力在全球最重要的展会上展示，德国农业部通过资助德国农业协会、食品出口协会及食品工业商会等组织企业参展，促进出口。近三年来，德国农业部每年支持展会的预算为530万欧元，每年资助企业参加近30个国际展会，包括全球最重要、最有影响力的展会，使得德国中小企业可以通过强大的展会平台与合作伙伴交流信息，建立和维护业务关系，进入市场。

（三）德国现代农业发展带来的启示

德国从"二战"后粮食匮乏需要以美国为主的国外粮食援助生存，发展为种植业和畜牧业均非常发达的农业强国，其农业的快速崛起值得我们分析和思考，带来的发展启示总结如下。

第一，重视教育，投入大量教育专项资金，特别是农业复合型人才的培养和应用，使从事农业相关领域的人才具备多种技能和知识储备，因而，他们拥有大量职业能力强、工作效率高、创新能力强的人才，先进的农业科技的优势得以彰显。

第二，政府大力支持农业优先发展，政府服务农业发展的意识高、水平高，制定了一系列突显自身优势的发展战略的政策，如加入和推行欧盟"农业共同政策"（CAP）。在CAP框架下，通过在欧盟谈判，德国确定了80%以上的农业规定，结合本国国情制定农业直接支付政策，保障农民收入水平。

第三，农业发展充分挖掘本国的资源优势，调整和优化产业结构，形成本国具有特色与国际竞争力的优势产业和农产品。

第四，把握农业产业结构改革的正确方向和世界发展大趋势，率先发展有机农业，推动农业绿色发展。

四、荷兰现代农业的发展、特点及启示

（一）荷兰现代农业发展的现状

近代的荷兰与大多数欧洲国家一样，都是小农经济，产量低，效率低。荷

兰国土面积小且全国三分之一的土地处于海平面以下，因此，可用耕地极其贫乏。20世纪以来，荷兰人口不断增加，人口与土地的矛盾突显，经常发生饥荒。荷兰政府决心大力发展农业以解决粮食问题，从国家战略层面制定和实施了一系列富有特色的农业发展策略，加快实现农业现代化，步入了世界农业强国的行列。

"二战"以后，随着荷兰重建，解决粮食不足加强粮食安全成为重中之重。荷兰开始自上而下推动农业变革，并建立了持续、稳定的国家农业支持体系。包括推行土地整合政策，鼓励大农场兼并小农场，这一切都是为了使用更少的劳动力来提高产量；1963年，荷兰政府设立了专项资金，帮助农民变卖农作物和开办现代化农业企业，并资助化肥和机械技术等的研究。得益于一系列惠农措施，荷兰农业机械化水平迅速提高。

为增加耕地面积，政府加大了围海造田、填湖造田的力度，掌握了利用堤坝开垦土地的独特技术，并建造了风车来排干沼泽地以创造肥沃的土壤。截至目前，荷兰共围垦了约7100平方千米的土地，相当于荷兰陆地面积的五分之一。以荷兰首都阿姆斯特丹为例，阿姆斯特丹地区过去是经常遭受洪水泛滥威胁的地方，荷兰人用了13年的时间，在阿姆斯特丹的南部开垦圩田1万多公顷。这些垦地土质肥沃，宜于农耕，百年来这块垦田盛产的鲜花举世闻名，尤其是鲜艳的玫瑰、郁金香和石竹等花卉，深受各国人民的喜爱。如今，阿姆斯特丹已成为世界最大的鲜花市场，平均每天都要成交5万笔交易，售出大约900万枝花和80万盆植物，其中90%供出口，每年能为荷兰赚回4亿多美元的外汇收入。

如今，荷兰一半以上的土地用于农业生产，在满足自身需求的同时也大量出口农产品。荷兰是世界上主要的农产品出口国，每年农产品出口价值超过7500亿美元，花卉、马铃薯、西红柿、洋葱出口量居世界第一；乳制品出口仅次于德国和新西兰，位居世界第三；动植物油出口排名仅次于中国和印度，同样位居世界第三；肉类出口排在美国、巴西和德国之后，位居世界第四。从2020年开始，荷兰农产品出口额接连突破千亿美元大关。

（二）荷兰农业的特点及农业发展策略

1. 通过围海造田、填湖造田等方式增加耕地面积，实施了多个挡潮围垦工程

陆续实施了举世瞩目的须德海工程和三角洲工程。须德海工程是一项大型挡潮围垦工程，拦海堤坝将三千多平方公里的须德海围了起来，并通过排咸纳

淡使之成为淡水湖泊，湖内洼地被划分为5个垦区并分期开发，目前已完成4个垦区。阿姆斯特丹郊外的弗莱福圩田（Flevopolder）就是其中一个垦区，该工程改善了农田灌溉和排水条件，并可防止土地盐碱化，促进了工农业和养殖业的发展。三角洲工程是一项挡潮和河口控制工程，可有效控制和管理三角洲水道，防止咸水入侵，改善了水质，减少了泥沙淤积，能更合理地利用水资源。

2. 建立了完备的教育系统和职业培训体系，为农业创新和发展源源不断提供人力资源

政府对教育的总投入占国民预算的20%，全面推行12年义务教育（5~16岁接受义务教育），还大力普及高等教育，拥有大量农业高等院校，例如瓦赫宁根大学是世界上最好的农业教育机构，培养了许多成功的农业专业人才，该大学在植物育种、畜牧业和食品生产等领域的研究均处于国际领先水平。

3. 发展设施农业和立体农业，高效率利用空间，提高作物单产

大力建造现代化玻璃温室，温室内采用多层架式和管道式的立体栽培模式，使得荷兰的黄瓜、辣椒和西红柿亩产达到世界第一水平，弥补了国土资源不足的缺陷。目前，荷兰建造的玻璃温室面积达到1.1亿平方米，约占全球的四分之一。

4. 不断推进农业机械化、自动化，稳步提升生产效率，降低人工成本

农业生产过程全面实现自动化控制，包括光照系统、温控系统、液体肥料灌溉施肥系统、二氧化碳补充系统、机械化采摘系统及监测系统等，机械承担了大部分最费时间、最耗精力、最需要专业技能的工作。

5. 自主掌握育种和制种先进技术

荷兰是世界上种业产业化程度较高的国家之一，研发优质高产的种子是荷兰农业取得成功的一大法宝。种子的研发、生产以及销售完全依靠市场机制，集成应用现代科研成果、先进生产设施和加工设备，实现种子生产经营的规模化、机械化、标准化、系统化和高效化，并由此培养出了一批在全球具有研发推广能力和市场竞争力的大型种子企业。在全球十大种业公司中，荷兰就占据了四个席位。

（三）荷兰现代农业发展带来的启示

第一，教育是国家发展和强大的根基，大量高素质的人才是推进国家重大事业的根本动力，建立完备的教育系统和职业培训体系才有充足的人才资源保障。

第二，科技是第一生产力，一个国家自然条件及资源禀赋的不足并不是发展的最大障碍，依靠科技弥补自然禀赋的不足，将资源劣势转变为产业优势。

第三，关注国际市场、调查清楚国际市场的需求，抢先占领利润高、销路好的农产品领地，制定和实施富有国家特色、彰显国家文化的农业发展策略。

第四章 电气工程、信息技术、文化艺术与农业的学科交叉融合

第一节 大田作物的发展新战略、新问题

一、大田作物与大田农业

(一) 大田作物在农业中的地位

大田作物主要是以小麦、水稻、玉米、土豆等主粮作物为主而杂粮作物、经济作物仅占很小的比例,是各地区粮食生产和消费中占主要地位的粮食作物,而主粮常常是主食的核心来源。把主粮通过一定的加工手段制作成一日三餐的食物即为主食,如面条、馒头、包子、米饭等。

我国把大米、小麦、玉米和土豆纳入主食范畴,其中大米、小麦在饮食结构中占比最大,50%以上的中国人以大米为主食,约40%的人以小麦为主食。

人类每天的生活都要大量消耗米、面、油,这些均源于大田作物,粮食主要靠大田农业获得,因此,大田作物必须大规模种植,是农业的重中之重。

(二) 粮食作物与经济作物的比例及协调发展问题

我国确定的农业粮食战略规划是"主粮自给自足",对小麦、水稻、玉米三大主粮国家一直给予支持和保护,从不松懈,主要原因就是"端稳自己的饭碗",不让自己国家的饭碗被外人把控。

目前,我国玉米、水稻和小麦三大主粮每年的总产量之和超过5亿吨,稳居世界第一,满足国内将近97%的市场需求。我国油脂消费中,大豆油和菜籽油两者所占比例超过60%,是国内植物性油脂消费中绝对的主力,其原料主要靠进口,例如,大豆,我国大豆常年消费量超过1亿吨,2021年,大豆消费量10872万吨,国产大豆产量1640万吨,进口量9652万吨,进口大豆占据了国内大豆消费85.5%的份额。

对于任何一个国家，粮食安全都是头等大事，是关系社会稳定和国家自立的全局性重大战略问题。长期以来，粮食安全问题是悬在中国人头上的一把"利剑"，我国当前做到了三大主粮自给自足，但大豆等油料作物严重依赖进口。我国严格控制主粮的进口，却有意放开油料类经济作物的进口，就是基于粮食安全的全局统筹考虑，毕竟一个14亿人口的大国口粮比食用油脂的战略地位更高。

我们国家并没有把油料缺乏的问题弃之不顾，正在积极制定促进油料作物扩种、增产的政策，2023年初《中共中央 国务院关于做好2023年全面推进乡村振兴重点工作的意见》明确给出鼓励对策："加力扩种大豆油料。深入推进大豆和油料产能提升工程。扎实推进大豆玉米带状复合种植，支持东北、黄淮海地区开展粮豆轮作，稳步开发利用盐碱地种植大豆。完善玉米大豆生产者补贴，实施好大豆完全成本保险和种植收入保险试点。统筹油菜综合性扶持措施，推行稻油轮作，大力开发利用冬闲田种植油菜。"

(三) 大田农业的生产方式

大田农业由于必须大面积、大规模种植才能满足人们的需求，因此，大田农业主要采用露天生产，这点显著区别于温室大棚等设施农业。

露天生产方式决定了大田农业具备自身的特点，包括优点和缺点，分析如下。

(1) 以连片的平原最为优先选择，主要原因在于平原地势平坦，非常适合机械化作业。

(2) 露天条件下栽培，受气候和天气的影响很大，比如，大风、暴雨、冰雹、气温骤降等，需要建立及时有效的应对措施。

(3) 需要解决水源及灌溉问题。大田作物相对于蔬菜生长时间更长，而降雨经常不及时、不均匀，遭受旱灾和涝灾的概率大。因此，需要解决旱情下的供水灌溉、洪涝下的排水问题。

二、我国大田农业存在的问题及解决对策

(一) 从事大田农业的人数持续减少

中国正进入一个快速城镇化的时代，农村劳动力大量流入城市，从事农业的人口越来越少，而且人工劳务费用日益高涨，所以，越来越需要用机械替代人力。基于此，需要学科交叉培育研发各类农业机械人才，不断创新，让农业机械能耗降低、效率提升。比如，研发新一代拖拉机、犁地机、播种机、收割

机等农机自动导航驾驶和作业系统，使之无人驾驶、不分昼夜全天干活；把多种功能集合于一体或多种农机重新整合成"智能联合农机组"，比如，北斗导航铺膜—铺管—精量穴播联合作业。

（二）大田农业严重受制于气候和天气，需要精准的管理

目前大多采用粗放式管理，水平落后，天气异常及天灾导致作物大面积减产。因此，当前需要通过学科交叉融合借助信息技术、网络技术开发能提前预测、实时提醒功能的管理系统。

（三）普遍缺水，灌溉方法、设施及技术相对落后

目前我国农业用水量居高不下，利用率低，大水漫灌的落后方式还较为普遍，用水严重浪费。问题的解决需要靠学科交叉研究开发灌溉新方法、新设备，同时还要加强培训和技术指导，使广大的农民掌握"大田节水灌溉技术"。

（四）大田作物的产量的提升及生态化都依赖于"种子"

粮食的稳产、高产最重要的决定性的因素之一就是使用"高产品种"，种子是农业的"芯片"，只有种业安全才能确保粮食安全。"高产品种"的选育及生产需要培养生物育种人才，需要育种科学家坚持不懈地选育优良品种，生物育种需要综合利用组织培养技术、诱变技术、杂交技术、基因工程（转基因）技术、信息技术和计算机技术等。例如，袁隆平攻克水稻杂交难题，带领一批又一批学生及合作团队持续开展水稻育种，先后于2000年、2004年、2011年、2014年实现了超级稻亩产700公斤、800公斤、900公斤和1000公斤的第一期、第二期、第三期和第四期目标，水稻产量不断提升。2019年第三代杂交水稻公开测产结果为亩产1046.3公斤，2020年杂交水稻双季测产结果为亩产1530.76公斤。据统计，我国农业所用良种覆盖率达到了96%以上，对粮食增长贡献率超过45%。

（五）大田作物的稳产高产需要"藏粮于技"，推进"高标准农田"建设

"藏粮于地、藏粮于技"集中体现在对耕地、种子、农业生产技术、农民生产积极性的保护、创新和发展等方面，既要厚实的基础，又要深挖潜力。耕地是粮食生产的命根子，农田只能用来发展种植业，特别是粮食生产，要切实保护农民种粮积极性，让农民能获利、多得利。解决粮食安全问题，根本出路在科技，因此，要积极探索智能化、科技化农田建设模式，加快农业基础设施的现代化建设。党的二十大报告指出："全方位夯实粮食安全根基，全面落实粮食安全党政同责，牢牢守住十八亿亩耕地红线，逐步把永久基本农田全部建

成高标准农田。"2023年的中央一号文件、《政府工作报告》，均对高标准农田建设作出部署。

高标准农田是通过土地整治建设形成的，集中连片、设施齐全、高产稳产、生态良好的，与现代农业生产经营相适应的高等级基本农田，对建设农业强国，实现农业强、农村美、农民富的目标具有重要意义。高标准农田建设有利于改善耕地质量，提高粮食和重要农产品产量。通过土地整合、水源治理、种植结构调整等措施，以及增施有机肥、建设排灌沟渠、完善农村机耕道网络等基础设施条件改善，为统一引进新品种、推广新技术、开展标准化生产、提升产品质量、打造区域品牌创造了良好的条件，有助于农业转到依靠创新驱动发展的轨道上来。高标准农田建设有利于提高农业综合效益和农产品竞争力，推进农民农村共同富裕。通过集中连片开展耕地田块合并、平整、改造，建成便于机械下田耕作的标准化农田，降低人工成本，从而提高农业比较收益。高标准农田建设有助于推动农业规模化经营，促进农业产业向现代化、专业化和品牌化转型，提高农产品的市场竞争力，带动农村集体增收、促进农民共同富裕。

高标准农田建设注重规划设计，强化土地保育意识和环保观念，通过良田、良种、良法有机结合，促进粮食增产，同时减轻农业生产对环境的压力。为此，《全国高标准农田建设总体规划（2021—2030年）》被制定出来，部署阶段性、区域性建设目标任务，明确年度任务和等级质量规范标准，利用农田信息平台对项目信息、资金信息等进行填报，将农田工作计划和生产数据进行统一储存和管理，方便农业生产管理部门查看和追溯，实现高标准农田建设"立体化"管理。《高标准农田建设　通则》（GB/T 30600—2022）修订版于2022年4月发布，于2022年10月1日起正式实施，这是2018年党和国家机构改革，农田建设管理职能，整合归并至农业农村部后，农业农村部牵头修订的第一个农田建设领域重要国家标准。该标准是新时期统一高标准农田建设标准，实现农田建设项目科学规范管理的重要依据，将更好地指导农田建设高质量发展，对进一步规范高标准农田建设行为，提升高标准农田建设质量具有重要意义。《高标准农田建设　通则》主要内容包括"基本原则""建设区域""农田基础设施建设工程""农田地力提升工程""管理要求"等，适用于高标准农田新建和改造提升活动。其特点是突出因地制宜，分区域设置建设标准。

第二节　设施农业的崛起及对新型人才知识层面的要求

一、设施农业的概念和工作原理

设施农业是在环境相对可控的条件下，采用工程技术手段，进行动植物高效生产的一种现代农业方式。设施农业涵盖设施种植、设施养殖和设施食用菌等。

设施农业工作的原理是利用人工建造的保护性环境条件改变自然光温条件，创造优化动植物生长的环境因子，使之能够全天候生长。

设施农业的核心设施就是环境安全型温室、环境安全型畜禽舍、环境安全型菇房和环境安全型水产房。关键技术是能够最大限度利用太阳能的覆盖材料，做到寒冷季节高透明、高保温；夏季能够降温防苔；将太阳光无用光波转变为适应光合作用需要的光波；良好的防尘抗污功能等。它根据不同的种养品种需要设计成不同设施类型，同时选择适宜的品种和相应的栽培技术。

二、设施农业的类型及应用

设施农业从种类上分，主要包括设施园艺、设施养殖和植物工厂。设施养殖主要有水产养殖和畜牧养殖两大类。

（一）设施园艺

设施园艺按技术类别分为塑料大棚、日光温室、连栋温室和拱棚（遮阳棚）四类。设施的覆盖材料包括塑料膜、玻璃、PC板（阳光板）等。塑料农膜占整个覆盖面的97%~98%。

材料学的进步使农业用新材料不断出现，新材料和新装备的交叉融合促使设施园艺不断进步。我国的设施园艺从拱棚、塑料大棚开始，逐渐发展为日光温室和连栋温室，快速发展，总面积达到其他国家总和的5倍以上。其优点在于采光时间长、抗风和抗逆能力强，主要制约因素是建造成本过高。智能温室最初从国外引进，具有自动化、智能化、机械化，并具备人工升温、光照、通风和喷灌设施，可进行立体种植，属于现代化大型温室，但是没有普及开来，高成本甚至难以实现商业运营。

1. 塑料大棚

塑料大棚是我国北方地区传统的温室，农户易于接受，塑料大棚以其内部结构用料不同，分为竹木结构、全竹结构、钢竹混合结构、钢管（焊接）结构、钢管装配结构，以及水泥结构等。塑料大棚造价比日光温室要低，安装拆卸简便，通风透光效果好，使用年限较长，主要用于果蔬瓜类的栽培和种植。其缺点是棚内立柱过多，不宜进行机械化操作，防灾能力弱，一般不用它做越冬生产。

2. 日光温室

日光温室的优点有采光性和保温性能好、取材方便、造价适中、节能效果明显，适合小型机械作业。新型节能日光温室，其采光、保温及蓄热性能很好，便于机械作业，其缺点在于环境的调控能力和抗御自然灾害的能力较差，主要种植蔬菜、瓜果及花卉等。

3. 连栋温室

连栋温室包括塑料连栋温室、玻璃连栋温室和 PC 板连栋温室，以钢架结构为主，主要用于种植蔬菜、瓜果和普通花卉等。其优点是使用寿命长，稳定性好，具有防雨、抗风等功能，自动化程度高；其缺点是一次性投资大、对技术和管理水平要求高。

4. 拱棚（遮阳棚）

拱棚（遮阳棚）的特点是制作简单、投资少、作业方便、管理非常省事。其缺点是不宜使用各种装备设施的应用，并且劳动强度大、抗灾能力差、增产效果不显著。主要用于种植蔬菜、瓜果和食用菌等。

（二）设施养殖

1. 畜牧养殖

畜牧养殖方面，大型养殖场或养殖试验示范基地的养殖设施主要是开放（敞）式和有窗式，封闭式养殖主要以农户分散经营为主。开放（敞）式养殖设备造价低、通风透气、可节约能源。有窗式养殖优点是为畜、禽类创造良好的环境条件，但投资比较大。黑龙江养殖设施以具有一定生产规模的养牛和养猪场为主，主要采用有窗式、开放式圈舍。山东、安徽等省以开放式养殖和有窗式养殖为主，封闭式相对较少；青海设施养殖中绝大多数为有窗式畜棚；河南省设施养殖以密闭式设施为主；甘肃养殖主要以暖棚圈养为主，采取规模化暖棚圈养，实行秋冬季温棚开窗养殖、春夏季开放（敞）式养殖的方式。随着动物疫病的不断增加和疫苗难防问题的日益严重，以及空间电场生物效应的发现与空间电场防疫自动技术的发明，环境安全型畜禽舍的建设成为集约化畜牧业的建设重点。

下面简要说明一种绿色环保的家畜养殖技术——发酵床养殖。

发酵床养殖是对微生物学、养殖学、营养学、生态学、肥料学等学科进行交叉融合形成的技术，遵循低成本、高产出、无污染的原则建立起的一套良性循环的生态养殖体系。发酵床是一种环保、安全、绿色的生态养殖法，实现无排放、无污染、无臭气，彻底解决规模养殖场的环境污染问题。发酵床养殖的核心技术是复合益生菌联合发酵技术，功能菌群（如EM菌）植入养殖场地的垫料，家畜在其上放养，功能菌群生长繁殖并将家畜的粪尿降解转化，最后垫料和粪尿转变为优质有机肥。这个发酵过程以氧化反应为主导，并且有厌氧发酵和兼性厌氧发酵。在发酵的过程中，功能菌群自身之间发生生物学反应达到产热、分解粪便的目的。垫料选择农业下脚料及农产品加工副产物，例如，秸秆、稻壳、树叶、杂草、木屑、米糠、酒糟等，原料的碳氮比：锯末492∶1，玉米秸秆53∶1，小麦秸秆97∶1，玉米芯88∶1，稻草59∶1。

发酵养殖模式有地下式发酵床、地上式发酵床、半地下式发酵床三种。地下式发酵床要求向地面以下挖50~60厘米，然后铺垫料（锯木、稻壳）菌种与水分稀释喷匀即可，铺好再将牲畜放入，就可以自由自在地生长了。在地下水位高的地方，可采用地上式发酵床，地上式发酵床在地面上砌成，再填入已经制成的有机垫料即可，注意饮水不要流入发酵床，要有导流水槽。保持圈舍通风良好（上有天窗、下有地窗），地窗离发酵床表面20厘米。该养殖技术已应用于猪、牛、羊、鹿等动物的规模化养殖。

2. 水产养殖

水产养殖按技术分类有围网养殖和网箱养殖。在水产养殖方面，围网养殖和网箱养殖技术已经得到普遍应用。网箱养殖具有节省土地、可充分利用水域资源、设备简单、管理方便、效益高和机动灵活等优点。安徽的水产养殖较多使用的是网箱和增氧机。广西农民主要采用网箱养殖的方式。天津推广适合本地发展的池塘水底铺膜养殖技术，解决了池塘清淤的问题，减少了水的流失。上海提出了"实用型水产大棚温室"的构想，采取简易的低成本的保温、增氧、净水等措施，解决了部分名贵鱼类的越冬难题。陆基水产养殖也是上海近年来推广的一项新兴的水产养殖方式，但是投入成本高、回收周期长，较难被养殖场接受。

下面简要说明我国利用海洋设施化水产养殖的例子——海洋牧场及渔业

设施。

"海洋牧场"是指在一定海域内，采用规模化渔业设施和系统化管理体制，利用自然的海洋生态环境，将人工放流的经济海洋生物聚集起来，对鱼、虾、贝、藻等海洋资源进行有计划和有目的的海上放养。由于常年捕捞，海洋渔业资源日益稀缺，养殖是确保供应的唯一途径。我国从20世纪90年代开始发展海水养殖，经过几十年的发展，在辽宁、山东、浙江、广东等沿海省份，海洋牧场已经实现规模化产出，其主要类型为①渔业增养殖型海洋牧场。最常见的海洋牧场类型，一般建在近海沿岸。渔业增养殖型海洋牧场产出多以海参、鲍鱼、海胆、梭子蟹等海珍品为主。②休闲观光型海洋牧场。随着休闲渔业的兴起而出现，多嵌在其他类型的海洋牧场之中，是一项新兴产业。③生态修复型海洋牧场。以鱼类产出为主。生态修复型海洋牧场属于海洋牧场受鼓励的发展方向。我国北方地区往往以近海中小型生态修复海洋牧场为主，南方地区以外海大中型生态修复海洋牧场为主。④种质保护型海洋牧场。多由科研机构或大型渔业公司投资，以近海沿岸海珍品、鱼类的资源养护为主要功能。⑤综合型海洋牧场。我国在建的牧场多以综合性海洋牧场为主，一般兼顾一项或多项功能，最常见的是在渔业增养殖型海洋牧场开发休闲垂钓功能，在生态修复型海洋牧场中开发休闲观光功能和鱼类增养殖功能等。

近年来，我国加大了远洋养殖的发展力度，让海洋成为"蓝色粮仓"，投入巨资自主研制了一系列智能深海养殖平台，如"国鲍1号""海峡1号"和"耕海1号"，以及大型全潜式养殖网箱"深蓝1号"。据媒体报道，"宁德1号"是迄今为止国内最大的深海半潜式养殖平台，该平台的养殖总容积为6.5万立方米，如果全部投入使用，每年出产的大黄鱼产值超过1亿元。

2020年，我国第一个深远海智能化坐底式海珍品养殖网箱"国鲍1号"完成交付，网箱长36米，宽36米，吃水21米，三个养殖区共悬挂36988个海珍品养殖笼，可年产优质海珍品70~120吨。搭载水质、气象、水温等大数据监测装置，配备海洋牧场雷达看护设置，搭载全新5G信号站，具备对养殖网箱及海洋牧场对全天候的监控监测功能。该网箱根据渤海湾海域状况及当地养殖特色推出一款专用于鲍鱼、海胆养殖的深水网箱。网箱采用集装箱提升式立体养殖理念，充分利用了海水的立体养殖空间，以达到集约化、机械化、智能化养殖海珍品的功能，日常仅需4人就可完成养殖作业，同时网箱上搭载了海洋大数据观测系统，可实现海洋信息、设备信息的实时监测。

2022年，"耕海1号"海洋牧场综合体平台投入使用，将渔业养殖、海上旅游、科技研发等功能相结合，构建了装备休闲型海洋牧场发展的新模式。由 3 个养殖网箱组合而成，总养殖体积 30000 立方米，年产海洋渔业产品 15 万千克。平台配备自动投喂、环境监测、船舶防碰撞等系统及无人船、水下巡检机器人等技术设备，可实现生产全过程智能化控制。太阳能、风能发电系统可基本满足平台日常用电需求；防污处理系统可将处理后的污水污物运到环保部门指定的陆地码头集中处理，实现海上"零排放"；海水淡化设备每天可产淡水 20 立方米，满足平台 3 天的淡水使用量。

大型养殖船与深海网箱不同，可以使渔场四处移动，根据不同季节寻求适合鱼类生长的最佳温度。深海养殖船有更大的机动性，可以在遇到台风时寻求庇护。与网箱养殖相比，养殖船还能更好地控制鱼类污染和鱼类疾病，因为鱼是在封闭的水箱中养殖的。2022 年，全球首艘 10 万吨级智慧渔业大型养殖工船"国信 1 号"在中国船舶集团青岛北海造船有限公司建造完毕，随后投入使用。"国信 1 号"耗资约 4.5 亿元，设计使用寿命 30 年以上，总长 249.9 米、型宽 45 米、型深 21.5 米，载重量 10 万吨，排水量 13 万吨。"国信 1 号"是全球设计规模最大、功能最全、实用性和可靠性最强的渔船。全船共 15 个养殖舱，养殖水体达 8 万立方米，开展大黄鱼等高端经济鱼类的养殖生产，可年产高品质大黄鱼 3700 吨。

(三) 植物工厂

1. 植物工厂的概念和特点

植物工厂是通过设施内高精度环境控制，实现农作物周年连续生产的高效农业系统，是利用计算机对植物生育的温度、湿度、光照、CO_2 浓度，以及营养液等环境条件进行自动控制，使设施内植物生育不受或很少受自然条件制约的省力型生产。

植物工厂是集成多学科、综合应用现代高科技研制的智慧化农业生产方式，涉及生物技术、园艺、机械、建筑工程、过程控制、材料科学、信息技术和计算机科学等学科。植物工厂是国际上公认的设施农业最高级的发展阶段。

世界上第一家植物工厂诞生在丹麦，日本、美国紧随其后。我国近年来也掌握了其关键技术，在长春、北京、上海等大城市已经建成数个植物工厂，北京市农业机械研究所有限公司及其孵化企业北京京鹏环球科技股份有限公司、福建省中科生物股份有限公司等是国内专门从事植物工厂建设的厂家。

2. 植物工厂的基本组成、运行原理、优势及缺点

植物工厂以节能 LED（发光二极管）、荧光灯为光源，采用制冷—加热双

向调温控湿、光照—二氧化碳耦联光合与气肥调控、营养液在线检测与控制等13个相互关联的控制子系统，可实时对植物工厂的温度、湿度、光照、气流、二氧化碳浓度及营养液等环境要素进行自动监控，实现智能化管理。

植物工厂相当于把智能温室和水肥一体化技术进行了融合。智能化管理系统包含：①智慧感知系统，多种传感装置对作物状态、生长环境、设备能耗及资源可用性等数据的实时收集和监控；②包含数据分析及反馈系统，对采集的信息进行整合，结合作物生长周期、生长环境、作物当前状态、存在的问题等众多因素进行数据分析并呈现，为生产管理提供精确的指导帮助；③农业可视化监控系统由三维仿真场景，结合高清视频监控系统、精准农业传感网络系统、无线网络传输系统，实现数字监控全方位覆盖，多种设备及多种技术相结合的安全防范管理系统，为农业园区提供先进、快捷、行之有效的科技管理手段，更直观、更透明的展示方式，提高生产质量和管理规范。

其优势在于精准、高效、省时省力。通过对工厂内环境的高精度控制，植物的生长在这里几乎不受自然条件的制约，生长周期加快。现在工厂内种植的生菜、油菜、茼蒿、小白菜等，20天左右就能收获，而在大田里，则需要30~40天的时间。工厂采用多层栽培架（3~6层），从面积上相当于同样大小露天耕地的三倍，加上其种植密度大。因此，植物工厂的产量可以达到常规栽培的几十倍。植物工厂在育苗上也有应用，育苗周期短，一般为1周左右，育苗整齐和健壮度好。

其缺点就是建造成本很高，植物工厂需要几百万至几千万元的投入，后期的运行和维护也是一笔花销。植物工厂将来会走向普及，但由于其需要一定的投入，因此，全部使用它来供应粮食蔬菜并不现实。

3. 植物工厂的类型

从建设规模上，可分为大型（1000平方米以上）、中型（300~1000平方米）和小型（300平方米以下）3种。

从生产功能上，可分为植物种苗工厂和商品菜、果、花植物工厂，还有一部分大田作物、食用菌等。

从其研究对象的层次上，又可分为以研究植物体为主的狭义的植物工厂、以研究植物组织为主的组培植物工厂、以研究植物细胞为主的细胞培养植物工厂。

按光能的利用方式不同来划分，共有3种类型，即太阳光利用型、人工光利用型，或者叫完全控制性、太阳光和人工光并用型。其中，人工光利用型被

89

视为狭义的植物工厂，称为密闭式植物工厂（完全控制型），它是植物工厂发展的高级阶段。广义上来说，植物工厂分为温室型半天候的植物工厂和封闭式全天候的植物工厂，包含了食用菌、豆芽菜、萝卜缨等的生产工厂；半自动控制的温室水耕系统；种苗繁育系统或人工种子生产系统。

4. 植物工厂的光照和二氧化碳浓度控制

没有光，植物就无法进行光合作用，光照的强度、光谱（波长）、持续时间等是关键控制因素。密闭式植物工厂不依靠太阳光而采用人工光。从人工光源的选择上，LED灯是最佳之选，它具有光量可调整、光质可调整、冷却负荷低与允许提高单位面积栽培量等特点。在现代化农业的不断发展和节能环保的需求下，LED植物照明将逐步替换目前使用的传统荧光灯，成为植物生产过程中光环境调控的主要工具。

光环境的精准调控主要包含光谱、光照强度和光周期3个方面，即是所谓的"光配方"。在太阳光中，只有5%左右的不同波长的光会对光合作用产生影响，大量的光不能被植物利用。红光、蓝光是植物正常生长发育、完成生活史的必须光质，在红蓝光的基础上添加一些特殊光质成分可有效地促进农作物的增产，或刺激药用植物有效次生代谢物质的大量积累。在一定的光照强度范围内，植物的光合速率随光照强度的增加而增加。但也不是可以一味地提高光照强度，过高的光照一方面导致光抑制现象，影响产量和品质，另一方面浪费了大量的电能，增加投资成本；在平衡产量、品质与能耗的关系上，往往要同时考虑光照强度和光照时间，针对每一种蔬菜或者每一个发育阶段，满足其每日的光需量。适宜的光照强度和光照时间在保证产量和节省成本方面能起到事半功倍的作用。人工光采用LED灯与荧光灯搭配使用也是很好的方案，在每个栽培架上都装有一块灯板，左侧是LED灯，右侧是荧光灯，两种灯光都能满足植物生长的需要，只是LED比荧光灯更加节能。LED灯板以红灯为主，中间按一定距离，均匀分布着蓝灯，比例为（3~5）：1。实验显示，植物吸收的光线波段主要是红光和蓝光，比例超过60%。因此，将红光和蓝光按照一定配比制成光源，就能满足植物生长需求。不同种类植物及同种类植物在不同生长期所需要的光波种类不同，例如，幼苗期的蔬菜多用蓝光，坐果期需要的是红光，结果期番茄需要紫光，而蓝莓需要的是红光。

植物工厂内部，二氧化碳浓度控制至关重要。二氧化碳是植物光合作用所必要的物质，被称为"气体肥料"。植物排除水分后，所剩余的干物质中90%以上来自光合作用，通常植物每形成1克干物质就需要吸收1.6克左右的二氧化碳，约为吸收矿物质元素的 40 倍。研究证实，增加二氧化碳浓度可以提高作物光合作用的强度，并有利于作物的早熟丰产，增加含糖量、改善品质。二氧化碳浓度提高一倍，作物平均增产幅度将高达 32%。例如，黄瓜和番茄表现为栽培期短、个体大、结果多，平均增产 20%～50%。控制二氧化碳浓度应根据作物品种特性、生育时期等综合考虑，二氧化碳浓度控制在 1000～1200 ppm 能起到最佳的效果，而大气中的平均二氧化碳浓度仅为 350 ppm，因此，必须人为增加二氧化碳才能使厂房内的二氧化碳提升至最佳浓度。

通过对光照和二氧化碳浓度的双重控制，使生菜的栽培周期由露天栽培的 45 天缩短至 35 天，使小白菜的栽培周期由露天栽培的 60 天缩短至 35 天。

5. 植物工厂的产品特色

由于在干净无尘的环境中生长，加上没有使用杀虫剂，植物工厂种植出来的蔬菜营养健全，口感不比露天蔬菜差，不需要清洗就能直接食用。由于拥有最适宜的生长条件，植物工厂生长的植物比土壤栽培的植物生长周期要短很多，植物工厂栽培的生菜从种植到采收仅需 30 天左右，比常规栽培周期缩短 30%以上。

6. 植物工厂的典型案例

2023 年 5 月，中科三安（福建省中科生物股份有限公司的品牌）研制出第 3 代垂直植物工厂，是全球唯一一座全生产流程无人化的植物工厂。工厂建立在福建泉州，占地 400 多平方米，共有 3 个楼层，栽培面积总计 1 万平方米。每个楼层分布着四排高达十层的生产层架。从播种、育苗、分栽、采收到包装及栽培设备清洗等，全部由机器人定点操作，精确又高效。在生产过程中，系统能根据植株大小进行自动分栽，从而实现光能的高效利用。可以通过"光配方"和"营养液"浇灌的调控，实现蔬菜甜度、维生素含量的调节，满足个性化口味需求。植物工厂不受自然环境影响，全年可连续生产，单位面积产量比传统大田农业生产高几十倍甚至上百倍。

植物工厂每天可产出 1.8～2.2 吨蔬菜，第 3 代垂直植物工厂每天也能产出约 200 千克的蔬菜。"植物工厂对夏冬型作物均能缩短育种周期，实现一年连续 4～6 代的加速育种。目前，中科三安植物工厂的蔬菜在厦门、泉州、深圳等地均已上市销售，包括小白菜、冰菜、三色堇等近 20 种蔬菜，按 150 克一袋包装，售价在 10 元左右。无人植物工厂的蔬菜全程生长在无菌、无尘的环境中，没有病虫害，不用农药，出产的蔬菜口感好且安全。经第三方机构检测发现，植物工厂种植的蔬菜产品检测不到农药、重金属等有害物质，而维生素、膳食纤维、矿物质等营养成分相较于传统种植的蔬菜却高出几倍。

三、设施农业的应用案例

下面是一个利用温室大棚开展绿色生态化的设施蔬菜栽培的例子。

绿色生态化的设施蔬菜栽培应该满足3条，一是节约用水，二是减少化肥的使用量，三是少用或不用毒性农药。在这个指导思想下，"两膜一网一黄板"的设施蔬菜栽培方案被提出和应用。"两膜一网一黄板"指的是棚膜、地膜、防虫网和黄色粘虫板。棚膜，起室内保温作用。地膜，防止土壤水分蒸发，降低室内湿度，避免病虫害的发生。防虫网，拒绝外界昆虫进入。黄色粘虫板，粘住室内害虫，减少杀虫药剂的使用。

两膜、一网、一黄板相互配合、相互补充，最大限度地降低了高温、低温、高湿、病虫等逆境对蔬菜生长的影响，为设施蔬菜栽培营造出更为适宜的生长环境，降低了水、肥、农药成本的投入，提升蔬菜的品质，增加蔬菜的产量和收益。

1. 两膜

棚膜根据棚室骨架面积确定膜的长度和宽度，棚膜覆盖分为三部分，中间为主膜，上下各一块为副膜，副膜可以随时掀开，用来通风，以调节棚内温度。

地膜即在棚内垄间覆盖一层地膜。铺膜前，先铺设滴灌管。采用膜下滴灌施肥技术，把肥料配制成肥液，一起输送到蔬菜根部土壤，不仅有利于精确控制灌水量、施肥量，显著提高水和肥的利用率，还可以降低灌溉和施肥的劳动强度。铺膜时要注意把膜伸展伸平，可以有效抑制杂草的生长。

2. 一网

在上棚膜之前先上防虫网，再上膜，这样可以把网压住。防虫网目数要求是30~40目，宽度一般在1.5米左右，这样既可以防止蚜虫、菜蛾、棉铃虫的进入，也可以保持室内通风，特别是夏秋高温季节，蔬菜害虫高发，可以把害虫拒之网外，大大减少害虫的危害。

3. 一黄板

利用蚜虫、白粉虱、美洲斑潜蝇对黄色的趋向性进行黄色板物理诱杀。黄板大小规格30厘米×40厘米，在植株定植时就可以悬挂起来。一块黄板的有效面积为20平方米，占地1亩地的大棚悬挂20~30块黄板可满足需求。黄板要悬挂在每垄中间，沿东西方向每隔3米悬挂一个。黄板悬挂高度应保持距离植株顶端生长点 20 厘米左右，也就是说悬挂高度要随着蔬菜生长不断向上调整，这样才能得到良好的防治效果。

四、发展设施农业对新型人才知识层面的要求

设施农业属于高投入、高产出，资金、技术、劳动力密集型的产业。以色列、荷兰等国家是以发展设施农业而实现农业现代化的典型代表，我们从中得到启发，设施农业不仅在人口稠密、土地金贵的城市周围有发展前途，还非常适合开发我国的沙漠、戈壁、荒漠等干旱缺水的地域。我国人均耕地面积仅有世界人均面积的 40%，发展设施农业是解决我国人多地少，制约可持续发展问题的最有效技术工程，设施农业正成为推进农村现代化的重要手段。因此，我国的设施农业有较大的社会需求空间和很好的发展前景，相应的也需要培养大量的此类人才。

设施农业涉及的学科种类比较多，包括农学、生物学、生态学、材料学、建筑学、电气工程和信息工程等。因此，要重视多学科交叉融合型人才的培养，通过引导学生参加设施农业生产实践、模拟项目厂房设施设计、模拟设计项目运营等来引导和培育学科交叉理念和应用能力。

第三节　多学科交叉催化新型生态农业

一、智慧农业

（一）智慧农业的概念、优势、特征和原理

1. 智慧农业的概念和优势

智慧农业是典型的多学科交叉融合的产物，它是综合利用数字信息技术、网络技术和人工智能等先进技术手段，对农业生产进行精细化管理和智能化决策的一种新型农业生产模式。它可以通过实时监测、预测和调控土壤、气象、水文、植物生长情况等各方面信息，为农业生产提供高效、经济、环保的解决方案。

除了精准感知、控制与决策管理外，其泛意概念还包括农业电子商务、食品溯源防伪、农业休闲旅游、农业信息服务等方面的内容。

智慧农业的优势在于把复杂的，耗费时间、体力和脑力的农业生产变得简单化、轻松化，实现无人化、自动化、智能化管理，进而实现农业精细化、高效化、绿色化发展，从而提高农业竞争力。智慧农业给农业插上智慧的翅膀，不仅能大幅提高农业资源的利用率和生产效率，也会让餐桌上的食品更丰富、更安全，品质更高。智慧农业是助推农业现代化的一项重要途径。"十四五"时期乃至2035年，我国把"推动农业高质量发展"作为重要建设内容，发展智慧农业正面临良好机遇。

2. 智慧农业的特征和原理

智慧农业最典型的特征在于把数字信息技术全方位整合嵌入多个互联的、相互协作的机器设备，让这些机器设备组成可与人类交互的系统，各类数据实时在线传递、计算、分析和存储，系统自动按优化的计算结果反馈给执行设备或递呈给人类，实现人工辅助的自动化精准控制。智慧农业的核心是数据，通过收集、分析和应用各种农业数据，可以实现农业生产的智能化和精准化。

智慧农业的原理是将真实世界中的农田、农作物、气象、土壤等物理对象数字化，在计算机系统中建立与之相对应的虚拟模型，并将传感器、摄像头等设备采集到的实时数据输入模型中进行分析和处理，从而实现对农业生产全方位、实时、动态的监测和管理，从而提高农业生产的效益和生产力。

（二）智慧农业的应用范围

智慧农业的应用领域不断扩展，包括种植业、畜牧业、水产养殖业及农产品的全生命周期的监控等。

在种植业方面，可以通过智慧农业技术，实现精准种植、智能管理、预测产量等，提高农作物的品质和产量。例如，通过传感器收集土壤温度、湿度、光照强度等数据，可以实现精准灌溉和施肥，避免浪费资源和污染环境。通过无人机和卫星遥感技术，实现农田巡查和病虫害监测，及时采取措施防治病虫害，减少农作物损失。

在畜牧业方面，可以通过智慧农业技术实现智能喂养、疾病监测、精准配种等，提高畜禽的生产效率和健康状况。例如，奶牛养殖的智慧管理，在每头奶牛身上安装可穿戴设备，实时密切监测牛的呼吸频率、心率、血压、体温、生殖周期和其他生命体征，在出现疾病或喂养问题的第一个迹象时，可以将它们与牛群隔离并开始为其治疗，使其尽快康复。

在水产养殖业方面，可以通过智慧农业技术实现水质监测、智能投饵、疾病预防等，提高水产品的品质和产量。

在农产品的全生命周期的监控方面，可实现农产品溯源、物流状态追踪、以及农产品的数字化营销,帮助农民实现精准、高效的农业生产管理和市场开拓,使用户迅速了解产品的生产环境和过程,从而为食品供应链提供完全透明的展现,保证向社会提供优质的放心食品,增强用户对食品安全程度的信心,并且保障合法经营者的利益,提升品牌效应。例如,在每个农产品上都贴一个二维码,通过扫码可以清楚地看到农产品来自哪个农场,是什么时候被分拣和派送到这里的,蔬菜上的二维码记录了种植、生长、加工、流通、销售全过程的信息,这样就形成了从种植基地到销售终端全程可追溯的农产品质量体系。

(三) 智慧农业的案例

1. 遥感信息在农业生产中的应用案例

遥感技术是从远距离感知目标反射或自身辐射的电磁波、可见光、红外线,对目标进行探测和识别的技术。遥感的原理是:所有物体都具有其独特的光谱特性,即各种物体都具有不同的吸收、反射、辐射光谱的性能。

电子信息技术、机械科学与农业的多学科交叉催生了智慧农业,遥感技术在农业领域的应用显然是智慧农业的组成部分。

遥感技术在农业中的应用越来越普遍,目前实现了作物监测、智慧植保、灾害测报,特别是农作物病虫害监测、预警、防控方面效果显著,推动现代农业高质量发展。

传统的农业生产管理需要农民时刻关注天气并奔波田间地头,获取天气、作物生长、病虫害等信息的效率低、不全面且滞后,劳动强度高但生产效率低,而如果掌握和应用了遥感技术,就可以根据高空的卫星、低空的无人机到地面的各种现代农业物联网传感器,通过天空地一体化的信息采集技术与装备,实现对农业数据的感知和诊断,并最终实现精准化种植和智能化管理。

遥感技术在农业领域的具体应用总结如下。

(1) 病虫害监测与预报。作物对病害、虫害、缺肥、缺水等胁迫的反应随胁迫的类型和程度的不同而变化,包括生物化学变化和生物物理变化[冠层结构、覆盖、叶面积指数(LAI)等],相应地,作物特征吸收曲线特别是红色区和红外区的光谱特性会发生相应变化,所以在病害早期就可通过遥感探测到。可选择病害叶片中对叶绿素敏感的波段,结合实测叶绿素含量,建立叶片叶绿素含量的估算模型,提取病虫害信息。可周期性提取病虫害作物面积、空间分布等。

(2) 作物监测。利用遥感对作物进行监测,包括对农作物面积、长势情况、产量估算、土壤墒情等作物信息监测。

农作物面积监测：不同作物在遥感影像上呈现不同的颜色、纹理、形状等特征信息，利用信息提取的方法，可以将作物种植区域提取出来，从而得到作物种植面积和种植区域。获取作物种植面积是长势监测、产量估算、病虫害、灾害应急、动态变化等监测的前提。

长势情况监测：通常的农作物长势监测指对作物的苗情、生长状况及其变化的宏观监测，即对作物生长状况及趋势的监测。作物长势定义包括个体和群体两方面的特征，LAI 是与作物个体特征和群体特征有关的综合指标，可以作为表征作物长势的参数。归一化植被指数（NDVI）与 LAI 有很好的关系，可以用遥感图像获取作物的 NDVI 曲线反演计算作物的 LAI，进行作物长势监测。

产量估算监测：遥感估产是基于作物特有的波谱反射特征，利用遥感手段对作物产量进行监测预报的一种技术。利用影像的光谱信息可以反演作物的生长信息（如 LAI、生物量），通过建立生长信息与产量的关联模型（可结合一些农学模型和气象模型），便可获得作物产量信息。在实际工作中，常用植被指数（由多光谱数据经线性或非线性组合而成的，能反映作物生长信息的数学指数）作为评价作物生长状况的标准。

土壤墒情监测：土壤墒情也就是土壤含水量，土壤在不同含水量下的光谱特征不同。土壤水分的遥感监测主要从可见光—近红外、热红外及微波波段进行。微波遥感精度高，具有一定的地表穿透性，不受天气影响，但是成本高、成图的分辨率低，其应用也受到限制。常用的还是可见光和热红外遥感。通过与反映土壤含水量相关的参数建立关系模型，反演土壤水分。用于土壤水分监测的方法比较多：基于植被指数类的遥感干旱监测方法，如简单植被指数、比值植被指数、归一化植被指数、增强植被指数、归一化水分指数法、距平植被指数等；基于红外的遥感干旱监测方法，如垂直干旱指数法、修正的垂直干旱指数法等；基于地表温度（LST）的遥感干旱监测方法，如热惯量法、条件温度指数、归一化差值温度指数、表观热惯量植被干旱指数等；基于植被指数和温度的遥感干旱监测方法，如条件植被温度指数、植被温度梯形指数、温度植被干旱指数模型等；基于植被与土壤的遥感监测方法，如地表含水量指数作物缺水指数法等。总的来说就是利用光学—热红外数据，选择参数建立模型，进行含水量的反演。此外，也可以进行土壤肥力监测、土壤结构信息的提取等。

（3）农业自然资源监测。遥感技术可快速获取宏观信息，对耕地、草地、水等农业自然资源的数量、质量和空间分布进行监测与评价，从而为农业资源开发、利用与保护、农业规划、农业生态环境保护、农业可持续发展等提供科学依据。

（4）灾害监测。遥感是灾害应急监测和评估工作一种重要的技术手段，可以对如旱灾、洪涝等重大农业自然灾害进行动态监测和灾情评估，监测其发生情况、影响范围、受灾面积与受灾程度，进行灾害预警和灾后补救，减轻自然灾害给农业生产造成的损失。

2. 农业无人机的智慧化应用

在大田农业中，水稻、玉米、小麦等粮食农作物通常是大面积种植的，农谚"三分种，七分管"，就是说秋粮能否获得丰收，关键在于夏季田间管理，夏管包括中耕、除草、打药、追肥、灌溉、排涝等。人工管理效率比较低，仅靠人工一个人最多只能管理 15 亩田地。因此，需要智慧化的机械辅助来增强管理能力。

农业无人机是近年来针对大田作物、果树、林木等开发的智慧化管理利器，能智能化完成喷药（植保）、施肥、巡察病害、巡察虫害、作物长势等工作。国内开发成功的、知名品牌无人机有"大疆"和"极飞"。据新闻报道，2022 年 4 月 23 日，"中国粮仓"黑龙江省启动了一项"智慧农业"项目，投资 1.5 亿元研制无人农机系统，建设"无人农场"。

农业无人机的构造及工作原理：遥控终端设备（遥控器或智能手机）与无人机通过无线传输技术实现交互通信，无人机设置有数个高清晰的摄像头，遥控器或智能手机安装有智能控制软件，通过手机应用程序（App）或者智能遥控器即可实现对无人机的控制，终端界面上显示飞机飞行高度、速度、电量、距离、作业面积、航线以及精确到毫升的药量等数据，飞机可以通过终端自动规划航线，无死角喷洒到位，在农田或果园上轻松高效地开展撒肥、施药等工作。从工作效率上看，在风力条件合适的条件下，无人机每小时作业面积达到 100 亩至 300 亩，是人工作业效率的 15 倍以上，一周就能完成 5000 多亩液体肥和防虫药剂喷施任务。

下面以"大疆 T50 型农业无人机"为例，说明其结构及功能。

T50 型农业无人机采用共轴双旋翼设计，配备 54 寸桨叶以及大功率电调，喷洒 40 千克载重，大田作业最高效率为 300 亩/小时。可加装施肥用的播撒装置，支持播撒 50 千克载重，75 升容量，1 小时播撒 1.5 吨肥。采用双重雾化喷洒系统，喷洒雾滴均匀、细密且粒径在 50 微米至 500 微米范围内可调，适用更多剂型。配备电磁阀，精准启停，能有效杜绝药液滴漏。T50 集航测、飞防于一体，搭载角度可调的超高清 FPV 云台相机，可实时采集农田、果园影像，搭配智能遥控器，即可生成高清地图与航线，一键起飞，实现全时段自动作业。搭配避障系统，可实现最大50°坡度的果树航测，自动识别果树棵树与障碍物，依据果树分布走势，生成精准三维航线，满足绝大多数果园作业需求。配备智能飞行电池容量为30安时，保内循环1500次。D12000iEP全能变频充电站延续电喷技术，综合省油15%，提高燃油经济性。搭配风冷散热器，可实现9分钟极速快充。

3. 蔬菜无土栽培的水肥一体化智慧管理案例

（1）水肥一体化灌溉及其优势。水肥一体化灌溉是集自动灌溉、养分肥料精确供给、远程自动控制等多功能为一体的节水智能灌溉系统。水肥一体化灌溉将可溶于水的专用肥随水施至作物根系附近，易被作物吸收，提高了利用率，可省25%~50%肥料。适应振兴乡村的发展趋势和要求，集自动控制技术、传感器技术、通信技术、计算机技术等于一体的灌溉管理系统，是当前智能农业的发展方向，助力中国农业水价改革及高标准农田信息化建设。

（2）功能特点及优势。灌溉系统根据用户设定好的施肥比例、施肥时间、施药比例及循环模式、EC/pH平衡等相关条件，适时、适量、定比例地将各种肥药注入灌溉管道中，自动完成施肥施药灌溉任务，合理控制水肥药供应。

灌溉系统末端的滴灌管在每棵植株的根部都留有出水孔，可根据土壤水分，结合植株生长不同阶段所需水量设置灌溉时间。系统含有一套土壤墒情监测软件系统，可实时监测土壤温度、湿度、EC值与pH值等。

不仅可通过灌溉系统的操控面板设置参数和查看信息，还可与智能手机通过App软件对接，在手机端就能实时观测农作物土壤温度、湿度、氮磷钾等养分的数据，及时地了解农作物的环境情况，手机端也具有控制功能，比如打开和关闭灌溉系统。

因此，水肥一体化灌溉系统的优势在于使施肥施药灌溉过程更加科学、方便，显著提高管理水平，达到节水节肥、省工省时省力、高产高效的目标。

（3）系统组成及工作原理。水肥一体化灌溉系统主要包括智能灌溉和智能施肥。智能灌溉的依据是土壤水分，农作物生长对于土壤水分有一个标准，只要土壤水分达到这个标准，就能满足农作物生长的水分需求。系统通过土壤水分传感器可以实时监测土壤中的水分含量，当监测到土壤中的水分低于标准值时，系统就能自动打开灌溉系统，为农作物进行灌溉；当土壤中的水分达到标准值，系统又能自动关闭灌溉系统。在整个过程中，用户只需要提前设定好土壤水分的标准值，系统就能实现自动化控制灌溉。在智能施肥方面，系统通过土壤氮磷钾传感器、营养液 EC、pH 传感器可以实时监测农作物土壤中的养分含量，通过土壤养分的监测数据自动化控制施肥系统，当土壤养分低于标准值时，系统可以自动打开施肥系统；当土壤养分达到标准值以后，系统又可以自动关闭施肥系统。通过这样有数据支撑的施肥，让农作物施肥更加合理。

智能水肥一体化系统的硬件组成及操作：①自动过滤设备。首先通过自动过滤设备，将地下水或水塔的水源进行过滤，水源水体经过过滤器的过滤减少固态悬浮颗粒杂质，比如采用三组自动反冲洗叠片过滤器，防止灌溉过程中堵塞滴灌带。②水肥一体机。设置 1~4 个可自动调控的通道用于抽吸液态肥料（分别溶解有氮肥、钾肥、磷肥、微量元素的液体肥），根据不同作物所需营养液的不同进行精准比例的混合灌溉。③配套辅助器件。在水肥机前端安装压力表、自动泄压阀、排气阀、止回阀等设备，从而监测水管压力、泄压情况，止回阀可以防止管道水倒流，避免不必要的损失。④营养池。为保证营养液与水能够充分地混合，实现精准施肥的效果，采用营养池进行二次混合，精准配比。⑤灌溉管道。通过各级相互串联和并联的灌溉管道将精确配比混合好的液态肥料分配到各个栽培室，管道末端的滴灌管向农作物的根部滴注式供应水肥。

对于一些借助物联网连接的大型智能水肥一体化系统，可以通过电子地图显示屏展示某个区域正在使用的机井数量、空闲数量、异常数量、离线数量以及气象数据、土壤墒情等信息，通过整体系统运行状况及数据分析进行远程控制，智能施肥灌溉。水电双计量显示区域的设备具体位置、设备类型、设备的经纬度、水泵功率、水泵状态、累计使用电量、累计使用水量、当前电压、当前水位、使用记录、操作记录。每一台设备都有设备编号、水井序列号、累计耗电量、累计耗水量、当前水位、土壤湿度、出水量、水泵状态、经度、维度、设备所在地等信息，可以通过 4G 或 5G 传输全面实现对地下水资源的监控，建立农业灌溉用水总量和限额管理机制。

二、节水型生态农业

（一）节水型生态农业的优势及其发展的必要性

1. 发展节水型生态农业的必要性

我国淡水资源相对匮乏，人均不足且分布不均。我国淡水资源总量为 2.8 万亿立方米，人均和亩均水资源量分别仅约为世界水平的 1/4 和 1/2，而且地区分布很不平衡。长江流域以北地区，耕地占全国耕地的 65%，而水资源仅占全国水资源总量的19%。全国正常年份缺水量近400亿立方米，其中，农业缺水约300亿立方米。不但水量少，水污染状况也日趋严重，特别是北方黄、淮、海三大流域是我国缺水最为严重的地区。

农业是用水大户，其用水量约占全国用水总量的70%，在西北地区则占到90%，其中90%用于种植业灌溉。因此，为了应对日趋严重的缺水形势，建立节水型社会，特别是发展节水型生态农业是一种必然选择。

发展节水型生态农业是建设现代农业本身的需要，水土资源的高效利用，经济、生态、社会效益的紧密结合是可持续农业所追求的一个目标，而根据水资源状况和农业需水规律所实施的节水灌溉便是达到这一目标的重要一环。为此，必须打破传统的农业用水观念，建立一个符合现代社会和现代农业发展需求的农业供水体制。

发展节水型生态农业是我国促进农业生产结构调整、加强水资源管理的重要措施，通过加强农业用水管理，制定科学的灌溉制度，完善工程设施，因地制宜地推广各种节水技术，可以有效地提高水的利用率，促进传统农业向现代农业转变，形成优质、高效农业生产基地，提高农业经济效益。

2. 节水型生态农业的优势

充分利用现代科技，可多方式、多渠道实现农业生产节水。当前，节水措施包括节水灌溉、保墒耕作和抗旱栽培等。

节水灌溉是综合利用机械、动力增压、自动化控制、管道及喷头等设备进行喷灌，或综合利用自动化控制、水泵、低压管道和滴头等设备进行滴灌，以及埋设暗管使灌溉水自下而上浸润根系土壤的地下灌溉方式。节水灌溉改变了过去对农作物大水漫灌的操作，对农作物分时、定量、按需供水，实现了灌溉的精准化。

保墒耕作的特征是最大限度地使用天然降水，即充分利用天然有限的降水经营农业，因此可称为"雨养农业"。

抗旱栽培操作的核心在于选择抗旱作物、采用抗旱播种、合理密植、增施有机肥料和加强田间管理。

节水灌溉是节水效果最突出、最容易推广使用的措施。从技术层面看，节水灌溉的优势如下。

（1）水利用率高，节水效果突出。水的输送在完全封闭的管道系统进行，没有沿程渗漏和蒸发损失；水从水源直达作物根系，水只湿润作物根部附近的部分土壤；灌水流量小，不易发生地表径流和深层渗漏，比喷灌节省水

35%~75%；能适时、适量地按作物生长需要供水，精确掌握施水深度，相较其他灌水方法，水的利用率更高。

（2）环境湿度低，病虫害发生率低。滴灌灌水后，土壤根系通透条件良好，注入水中的肥料，可以提供足够的水分和养分，使土壤水分处于能满足作物要求的稳定和较低吸力状态，灌水区域地面蒸发量也小，可以有效控制保护地内的湿度，减少病害随水传播，使保护地中作物的病虫害的发生率大大降低，也降低了农药的施用量，可节省农药用量10%以上。

（3）灌水均匀。滴灌系统能够做到有效地控制每个灌水器的出水量，灌水均匀度高，均匀度一般高达80%~90%。

（4）提高作物产品品质。由于滴灌能够及时并适量地供水、供肥，在提高农作物产量的同时，还可提高和改善农产品的品质，使保护地的农产品商品率大大提高，经济效益高。

（5）对地形和土壤的适应能力较强。由于滴头能够在较大的工作压力范围内工作，且滴头出流均匀，所以滴灌适宜地形有起伏的地块和不同种类的土壤，且不会造成地面土壤板结。

（6）减少杂草，增产增收。灌溉时水不打湿叶面，也没有有效湿润面积以外的土壤表面蒸发，不致产生地面径流，由于棵间土地未供应充足的水分，杂草不易生长，因而作物与杂草争夺养分的干扰大大减轻，减少了除草用工，故能节支增产；滴灌能适时、适量地向作物根区供肥，有的还可以调节棵间的温度和湿度，不会造成土壤板结，为作物生长提供良好的条件，因而有利于实现高产稳产，提高产品质量。实践证明，滴灌相较其他灌水方法一般可增产15%~30%。

（7）对土壤和地形的适应性强。滴灌系统的灌水速度可快可慢，对于入渗率很低的黏性土壤，灌水速度可以放慢，使其不产生地表径流；对于入渗率很高的沙质土，灌水速度可以提高，灌水时间可以缩短或进行间歇灌水，既能使作物根系层经常保持适宜的土壤水分，又不至于产生深层渗漏。由于滴灌是压力管道输水，不一定要求地面整平。

（8）节省劳动力。滴灌不需平整土地，开沟打畦，可实行自动控制，大大减少了田间灌水的劳动量和劳动强度。

（9）节能省地。滴灌的灌水器在低压条件下运行，工作压力仅需0.5~1.5千克，比喷灌低，能耗低于喷灌与提水灌溉。仅需在田间铺设管道，不需要起垄和挖渠，可节约耕地5%~7%。

从社会经济、国家发展战略角度，发展节水型生态农业的意义如下。

（1）有利于缓解水资源危机，化解工业生产、人民生活对水资源日益增长的需要的矛盾。

（2）有利于推进实现农业现代化。

（3）有利于农民增产、增收、增效。

（4）有利于全面提高农产品的品质，提高农产品的国际竞争力。

（5）有利于美丽乡村建设，推进乡村振兴。

由于节水灌溉所用设备造价高，需要投入大量资金，目前仅在温室及大棚设施农业中推广应用速度较快，而在大田农业中的应用推进缓慢。

随着国家对节水灌溉的重视，会实行给予农业生产者相关设备购置方面补贴的政策。灌溉设备厂家的生产成本逐渐降低，农业生产者引入此类灌溉设备的资金投入也必然降低。因此，鉴于节水型生态农业的众多优势、投入资金成本逐渐降低等，节水灌溉必将得到更为普遍的应用。

（二）大田作物节水灌溉

我国是农业大国，农业作物以大田作物为主，包括玉米、水稻、小麦等，每年农业创造的经济收益在国民经济总值中占据重要的比例。鉴于农业发展的重要性，而农业发展又离不开灌溉，农业发展的好坏与水资源的利用率高低有着紧密的联系。因此对农田节水灌溉技术的研究非常有必要。节水灌溉技术措施相较传统灌溉措施可以较为明显地节约水资源以及提高用水效率，因此在我国大田作物中施用尤为重要。

在通常情况下，大田农作物种植一般都是露天种植，很容易受到气候条件的影响。对于我国多数地区而言，水都是相对短缺的，而大田作物对于水的需求又是极为迫切的。在这样的现实背景下，必须努力实现节水灌溉技术的改善与提升。

目前，大田农作物节水灌溉技术主要包括喷灌、低压管灌、渠道防渗和其他新型节水工程。随着中国节水灌溉技术不断提升以及积极推广应用，既提高了水资源的有效利用率，又提高了农业生产效率，节水效果不断提升。节水灌溉技术维护着生态平衡，对农业可持续发展起到了极其重要的作用。

1. 喷灌式节水技术

喷灌式节水技术，即喷水灌溉技术，主要适用于大面积的农田灌溉。它是利用水泵或水源的自然落差加压的方式，将有压力的水喷射到空中，使之均匀地喷洒到农作物田间，实现大面积的机械化灌溉作业，是一种除水稻之外的大面积的农作物的高效机械化节水灌溉技术。在水源喷射过程中，采用的是360°喷射方式，这样可以确保水源能够非常均匀地灌溉到农田中，进而有效减少水资源的消耗和浪费。平移式、卷盘式、管道式、轻小型机组式和中心支轴式等，是当前常用的几种喷灌形式。在实际应用过程中，操作人员只需在喷灌机上安装喷头，开启设备，待设备的水压达到一定值以后，即可稳定开展灌溉作业，整个灌溉过程简单、方便，对操作人员无较高的要求。

目前的灌溉系统包括以下几种形式：一是固定管道式喷灌，该系统是将干支管埋入地下，形成固定模式，具有可靠性高、节省人力、使用寿命长的优势，但缺点是设备投资高。二是半移动管道喷灌，即固定干管，支管可以移动，与固定式相比，在一定程度上减少了支管的使用量，降低了投资成本，但需要人力进行支管的移动，管道的移动磨损可能导致管道使用寿命减短。三是滚移式喷灌支管，即用法兰将喷灌支管（多为金属管）连成一个整体，间隔均匀的距离安装一个大轮子，该安装以支管为轴，通过小动力机的推动，使支管滚向下一个灌溉点，完成下一点的作物灌溉。

喷灌式节水技术的优点主要有以下三方面：一是节水效果显著，水利用率可达80%以上。一般来说，相比地面灌溉方式，喷灌可节约一半以上的水量。二是灌溉均匀，土壤不板结，田间小气候和农业生态环境得到改善。三是可以减少现场运河建设，管理和维护以及土地整理的工作量。喷灌不仅能够保障灌水的均匀性，同时还能节省人力和耕地占有面积，对地形的适应能力很强；但也存在一定缺点，基建投资较高，运行维修费高，技术性强，需要较高的管理水平，蒸发损失大。此外，喷灌受风的影响大，在风速大于3级时，不宜进行喷灌，而且喷灌注重土壤表层的湿润，对土壤的深层湿润不足。

2. 低压管道输水灌溉技术

低压管道输水灌溉，也称管灌，它是借助机泵设备实现对水的抽取，在机泵设备较低压力的条件下，由塑料或混凝土等管道替代土渠输水，灌溉水通过低压管道被输送到农田后进行灌溉的输水灌水系统。是地面灌溉技术的一种工程形式，可以有效地减少水输送中的渗漏损失。

它可以采用固定式、半固定式和移动式等不同方式灌溉，可以实施低水高浇、宽畦窄浇，具有减少渠道占地、减少渗漏损失及蒸发损失的优点，极大地提高了灌溉水的利用效能，并且减少了杂物的掺加，不会出现堵塞现象，减少了清淤工作，同时具有出水口流量大、增产效益显著和农民易于掌握等优点。然而，这种节水灌溉技术的缺点在于需要确定管灌的相关设备型号以及与管灌相配套的多孔闸管、量水设备等。

3. 渠道防渗技术

在农田水利节水灌溉技术应用中，渠道是灌区的主要输水方式，但渠道输水有一定的损耗。为了减少渠道输水损耗，提高渠系水利用系数，需要做好渠道的防渗，选择合理的防渗方式，确定科学的断面结构形式。通过各种措施提高渠道的抗渗力，如土壤本身的渗透性，以及为防止渠道外部渗水而设置的保护层，这些减少渠道水量渗漏损失的技术措施称为渠道防渗技术。

目前常见的防渗技术包括三合土防渗面防渗、塑料膜防渗、混凝土防渗及涂料施压防渗等，在具体应用过程中，必须结合区域内农田生产的具体需求、地质地形条件等选择最为合理的防渗技术，从而最大限度地减少渠道对水资源的吸收。同时，渠道防渗技术主要适用于土渠输水过程中，能够避免因为渠道渗漏而造成大量水资源的浪费。而在具体应用过程中，应结合工程实际情况科学选用防渗材料，如混凝土、沥青、塑料膜等，并采用沥青护面、土料施压等技术措施，提高渠系水利用系数，切实保证渠道输水的高质量开展。

我国农田灌溉应用较普遍。据了解，传统渠道水系统利用系数一般为 0.4~0.5，渠道防渗技术的使用一般可将渠道水利用系数提高到 0.6~0.85，比土渠高出 50%~70%。渠道防渗技术具有减少泄漏损失，增强渠道过水能力，缩短输水时间，提升渠系水利用率，稳定河床，减少淤积等优点，同时还可防止渠道冲击和倒塌等不良事故的发生，从根本上保证渠道安全供水。

4. 行走式灌溉技术

目前，行走式灌溉技术作为农田灌溉技术的重要组成部分，与其他技术相较而言，此项技术更能够被人们所接受，同时也是最受农民欢迎的灌溉技术。基于设计制造成本，行走式灌溉技术不但具备节约成本的功效，还有助于节约劳动力。

行走式灌溉技术主要指借助农用运输车与喷灌机等行走式机械设备，带动节水灌溉机具在农田间进行行走式灌溉工作。该技术又可分为抗旱保苗节水灌溉技术、节水播种技术。其中，抗旱保苗节水灌溉技术是利用少量的水，根据作物需求定量，然后把这些水灌溉到作物根区土壤中，以此有效提高农田作物产量，能够有效解决干旱地区水资源严重紧缺的问题，实现农民增收。节水播种技术是通过对农田作物种子四周土壤进行局部浇灌，在具体实施过程中需先开挖沟渠，施肥、播种、灌溉水，并覆土，该技术主要适用于干旱或半干旱地区。行走式节水灌溉技术的适应性很强，且对动力设备的要求相对较低，可在极大程度上减少田间管道工程量，仅需确保农田水源可以顺利汲取即可。

此外，行走式灌溉技术在实际应用中，还具备较强的适应能力，能够适应不同地区、各种地形条件，并且机动性较强。与其他大型灌溉技术相比较，例如滴灌技术、喷灌技术等，行走式灌溉技术也存在不足。一是局限性，运用该技术对作物进行灌溉时，无法进行大规模作业。二是该技术对于农作物也有要求，其只适用于小型作物。

5. 膜灌技术

膜灌技术是指利用塑料地膜覆盖地面，然后引入水流灌溉。这是一种适宜应用于干旱或半干旱地区的农田水利节水灌溉技术，包括膜上灌、膜下灌等不同形式。膜上灌是在作物的覆盖薄膜上输水，由放苗孔或专门渗水的孔向下渗水的方式；膜下灌是在灌水沟上铺一层塑料薄膜，灌水在膜下沟中操作的一种暗水灌溉形式。膜灌可大幅度提高灌溉的均匀性和水分有效利用率，有利于提高作物的产量和品质，可与滴灌相结合，达到更好的节水效果。

6. 雨水集蓄利用技术

雨水集蓄利用技术也是农田灌溉重要的技术，该技术是通过工程性手段将自然降水集中起来，如果需要灌溉，则可以通过管道将收集存储的雨水输送到各个田地。在这一灌溉方式应用过程中，对雨水的重复利用，既可以减少对水资源的需求，同时也能够减轻地下管道的排水压力，是一举两得的措施。并且在这一灌溉技术应用过程中，此技术所集蓄下来的雨水，不仅可以用来灌溉农田，还可以用来解决牲畜饮水问题。所以，在农田节水灌溉中，雨水集蓄利用技术的应用能够最大限度地节约淡水资源，从而缓解淡水资源紧缺的局势。

该技术具有明显的应用优势，不仅能够防止水土流失，而且有助于保护生态环境。但该技术在应用方面具有局限，主要适用于干旱区、半干旱区，以及季节性干旱地区；而且需要足够的资金支持，消耗的成本相对较高。不仅需要建设储水设施，还要建设集水渠道与输水管道。除此之外，该技术在其他方面具有较高的要求，并且在具体的应用中具有一定的实施难度，但在干旱区与半干旱区具有显著的应用效果。

（三）温室和塑料大棚的经济作物节水灌溉

随着农业科学技术的快速发展，温室作物等设施农业生产越来越普及。在我国北方地区，主要利用设施农业生产反季蔬菜、花卉等。温室为半封闭的生态体系，湿度较高、风速较弱，土壤、水分、植物和空气之间形成较为封闭的循环模式，因环境的相对湿度较高，容易诱发多种病虫害。同时，灌溉是设施农业生产中唯一的水资源来源,所以是温室作物栽培中的重点。灌溉用水的消耗量较大,水利用率较低,导致我国水资源短缺的危机加剧。以喷灌和微灌为主的机械节水灌溉技术,能够精准控制作物的灌溉量,实现按需灌溉,可有效降低温室内的相对湿度,提升灌溉水的利用率和生产率。因此,以精准灌溉和按需灌溉为主的机械节水灌溉技术,在设施农业生产中得到了广泛应用,使灌溉水利用率得到有效提升,对改善农作物品质和提高农作物产量具有重要的现实意义。

近年来,中国设施农业面积迅速扩大,已成为全球设施农业生产大国,面积和产量都位于世界前列,在中国水资源短缺的背景下,设施经济作物节水灌溉技术的推广尤为重要。目前,应用于设施农业的节水灌溉技术主要有喷灌技术、微灌技术、低压管道输水灌溉技术。其中,微灌技术又分为滴灌、微喷灌、涌泉灌(或小管出流灌)、地下渗灌等形式。

1. 喷灌技术

喷灌技术利用设备(动力机、水泵、管道等)或水的自然落差对水进行加压、雾化并喷洒在土壤表面,是较为先进的节水灌溉技术之一。喷灌系统由水泵、动力机械、管道及喷头组成,布置方式有固定式、半固定式、移动式三种,其中半固定式应用较多。

喷灌技术的优点有:不产生深层渗漏和地面径流,减少灌溉用水量;减少田间渠道占地,土地利用率高;调节设施内的温度和湿度,降低病虫害发生概率。喷灌技术的缺点有:受风力影响较大;蒸发损失相对较大;设备及工程投资费用较高;大型喷灌设备结构复杂,操作及维修技术要求高。

2. 低压管道输水灌溉技术

低压管道输水灌溉技术是一种地面灌溉技术,其利用低压输水管道将水输送至田间,可有效减少水分渗漏和蒸发损失。在温室生产中,管道灌溉可与其他灌溉系统结合使用。低压管道输水灌溉技术有以下优点:以管代渠,减少土渠占地,一般可减少占地2%左右;输水速度快,省时省力;设备安装简单,投资少,运行费低;适应性强,不受地块大小和作物种植方式的限制;不堵塞,对水质要求不高。低压管道输水灌溉技术的缺点有:灌溉效率低,无法准确控制灌水量;不能随灌溉施用肥药。

3. 微灌技术

微灌技术是通过低压管道技术,以较小的流量将水喷洒在土壤表面进行灌溉的一种灌水方式。主要包括滴灌、微喷、涌泉灌、地下渗灌等方式,这些灌溉方式的基本特点都是流量小、灌水次数多，能精确控制水量，湿润作物根区部分土体。微灌技术具备现代化与先进性的特点，相关设备包括滴头、泵、灌水器及过滤器等，主要应用在大棚种植中，具有操作简便、使用年限长、成本低的显著优势，有利于提升水资源的利用率，较好地达到省水、节能的灌溉效果，而且可以同时施肥，具有现代精细、高效的节水灌溉效果。在农田水利工程中应用微灌技术时，需将输送水管铺设在灌溉区域内，然后将灌水器安装在正确的位置，而在具体灌溉中可将适当的肥料加入水中，从而帮助作物更好地生长。通过有效应用微灌技术，不仅可以有效节省施肥时间，较好地改善土壤结构，提高农作物种植效率与质量，还能够在很大程度上减少水资源的浪费，切实提高水资源的利用率。

就微灌技术的应用现状可以看出，这一技术在应用过程中其水流量较小，但所有的水流都能够渗透到土壤中，土壤吸收了充足的水源，因此土壤对水资源的需求周期较长，可以减少灌溉次数。并且在应用这一灌溉技术过程中，可以实现对灌溉水量的有效控制，最大限度地减少水资源的浪费。然而，不足之处在于工程投资较大，管道也容易出现堵塞现象，局限用于水果、蔬菜、花卉等经济产值较高的作物。

（1）滴灌。滴灌是将一定低压的灌溉水，通过低压输、配水管道，输送到设施内最末级管道以及安装在其上的滴头，以较小的流量一滴滴均匀而准确地滴入作物根区附近的土壤表面或作物根系所在的土壤层中的一种局部灌溉法，是最先进的温室灌溉方式之一。设施农业滴灌技术体系主要包括水源工程、日光温室（或塑膜大棚）、灌溉首部枢纽（水泵、控制设备、施肥设备、过滤设备）、输水管道、灌水器。滴灌的地表土壤蒸发量小，用水精确、均匀，节水效果显著。同时，滴灌能够改善温室的湿度、温度条件及土壤的水热气状态。滴灌结合覆膜进行膜下灌溉，能够使作物棵间水资源蒸发量明显减少，确保环境的湿度。

滴灌在棚室内使用有两种模式：普通滴灌和膜下滴灌。普通滴灌是利用塑料管道将水通过毛管上的孔口或滴头送到作物根部进行局部灌溉。膜下滴灌是将滴灌与地膜覆盖结合在一起的灌溉方式。膜下滴灌相较普通滴灌，可有效地控制地面蒸发，保墒保温，防止行间杂草和病虫害的发生。但是，普通滴灌和膜下滴灌初期投资大，如果后期使用不当，维护维修成本较高。目前，农业较发达地区的部分专业合作社、种植大户以及农业龙头企业采用滴灌、膜下滴灌较多。在棚室蔬菜生产中，采用滴灌的方式，不仅能够节约水源，改善棚内蔬菜生产环境，而且能够降低生产成本，增加经济效益。

（2）微喷灌。微喷灌又被称为雾灌，是用微小的喷头，借助输、配水管道将灌溉水输送到设施内最末级管道以及其上安装的微喷头，从微喷头喷出的水经过大气阻力、水流之间的相互碰撞等作用，被雾化为小水滴，均匀而准确地喷洒在作物的枝叶上或作物根系周围土壤表面的灌溉方法。微喷灌可以进行局部灌溉，也可以进行全面灌溉。其广泛应用于果树、经济作物、花卉、草坪、温室大棚等灌溉。

微喷灌系统主要由水源、管网和微喷头等3部分组成。喷灌过程中压力水在空气阻力的作用下粉碎成细小的水滴降落在地面或作物叶面。由于微喷头出流孔口和流速均大于滴灌的滴头流速和流量，因此，微喷灌的灌水器的堵塞问题得到大大改善。微喷灌还可将可溶性化肥随灌溉水直接喷洒到作物叶面或根系周围的土壤表面，从而有效提高施肥效率，节省化肥用量。微喷灌可直接实现对作物的灌溉，调节保护地室内环境湿度或温度，通过微喷灌清洗作物叶面灰尘等。这种灌溉方式比一般喷灌更省水，具有灌溉流量大、灌水周期短、灌溉均匀等特点，能改善田间小气候，还可结合施用化肥，提高肥效。

（3）地下渗灌。地下渗灌是在低压条件下利用修筑在地下耕层的渗水毛细管将灌溉水引入耕作层，借毛细管作用定时定量的按照作物所需以土壤渗水方式供水的方法。地下渗灌是一种地下微灌形式，又被称为地下滴灌，降低了渗头被土粒和根系堵塞的可能性。

地下水浸润灌溉：它是利用沟渠网及其调节建筑物，将地下水位升高，再借毛细管作用向上层土壤补给水分，以达到灌溉目的。灌溉时，关闭节制闸门，使地下水位逐渐升高至一定高度，向上浸润土壤。平时则开启闸门，使地下水位下降到原规定的深度，以防作物遭受渍害，使土壤水分保持在适合作物生长的状态。

地下渗水暗管灌溉：通过埋设于地下一定深度的渗水暗管（鼠洞），使灌溉水进入土壤，并主要借毛细管作用向四周扩散运移进行灌溉。

地下渗灌的主要优点是：渗灌技术不仅能大幅地增产，同时能改善作物根区土壤物理条件，灌水后土壤仍保持疏松状态，不破坏土壤结构，不产生土壤表面板结，为作物提供良好的土壤水分条件；地表土壤湿度低，可减少地面蒸发；管道埋入地下，可减少占地，便于交通和田间作业，可同时进行灌水和农事活动；灌水量省，灌水效率高；能减少杂草生长和植物病虫害；渗灌系统流量小，压力低，故可减小动力消耗，节约能源。

渗灌存在的主要缺点是：表层土壤湿度较差，不利于作物种子发芽和幼苗生长，也不利于浅根作物生长；投资高，施工复杂，且管理维修困难；一旦管道堵塞或破坏，难以检查和修理；易产生深层渗漏，特别是透水性较强的轻质土壤，更容易产生渗漏损失。

（4）涌泉灌。涌泉灌，又称涌。涌泉灌是通过安装在毛细管上的涌水器形成小股水流，以涌泉方式局部湿润土壤。涌泉灌的流量比滴灌和微喷灌大，一般超过土壤的渗吸速度。为防止产生地面径流，在涌泉器附近挖一小水坑暂时储水，涌泉灌可以避免灌水器堵塞，适合水源较丰富的果园和林地灌溉。

4. 膜下沟灌

膜下沟灌是在植物起垄种植后，两小行之间形成浅沟，沟上架起塑料薄膜，在薄膜下进行灌溉。膜下灌溉使用设备简单，投资低，成本低，适合部分蔬菜、花卉等植物。相较传统的沟灌畦灌能起到节水的作用，也可以在一定程度上降低室内的湿度，对防止植物病虫害的发生有一定的效果。

三、共作型生态农业

共作型生态农业就是利用光、热、水、肥、气等资源，同时利用生物间的相互关系，如各种农作物在生育过程中的时间差和空间差，在地面地下、水面水下、空中以及前方后方同时或交互进行生产，兴利避害，为了充分利用空间把不同生物种群组合起来，多物种共存、多层次配置、多级物质能量循环利用的立体种植、立体养殖或立体种养的农业经营模式。通过合理组装、粗细配套，组成各种类型的多功能、多层次、多途径的高产优质生产系统，以获得最大经济效益。

共作型生态农业最早产生于农作物的间作套种，在中国已有2000多年的历史。在长期生产实践中形成的珠江三角洲的基塘农业，利用江河低洼地挖塘培基，水塘养鱼，基面栽桑、植蔗、种植瓜果蔬菜或饲草，形成了"桑基鱼塘""蔗基鱼塘""果基鱼塘"等种植和养殖结合在一起的生态农业系统，是一种比较理想的共作型农业。

共作型生态农业模式以立体农业定义为出发点，合理利用自然资源、生物资源和人类生产技能，实现由物种、层次、能量循环、物质转化和技术等要素组成的立体模式的优化。

构成共作型生态农业模式的基本单元是物种结构（多物种组合）、空间结构（多层次配置）、时间结构（时序排列）、食物链结构（物质循环）和技术结构（配套技术）。具有以下特点：集约，即集约经营土地，体现出技术、劳力、物质、资金的整体综合效益；高效，即充分挖掘土地、光能、水源、热量等自然资源的潜力，同时提高人工辅助能的利用效率；持续，即减少有害物质的残留，提高农业环境和生态环境的质量，增强农业后劲，不断提高土地（水体）生产力；安全，即产品和环境安全，体现在利用多物种组合来同时完成污染土壤的修复和农业发展，建立经济与环境融合观。

（一）粮食作物与药材共作

粮食作物和药材的共作，是科学种田的一种体现，能有效地解决粮、药争地矛盾，充分利用土地、光能、空气、水肥和热量等自然资源，发挥边际效应和植物间的互利作用，达到粮、药双丰收的目的。

1. 农作物余零地边间套模式

一块田地可耕面积约为70%，而田间地头、沟渠路坝约占30%，山区、丘陵地所占比例更大。利用这些闲置余地种植一些适应性强、对土壤要求不严的中药材品种，既能有效地利用土地，增加收益，同时也减少了水分和养分的蒸发，控制了因杂草生长而给农作物带来的病虫危害。

如金银花，耐涝、耐旱，对气候、土壤要求不严，在地边、路沿、渠旁，按株距80厘米挖穴，每穴内沿四周栽花苗6棵，每亩（667平方米）地的余零地边约可栽60穴，每穴年单产商品花0.5千克，场价格30元/千克，每穴年效益15元，每亩地每年可增收60×15=900元。

适宜余零地边种植的药材品种还有：甘草、草决明、苍术、五味子、木瓜、王不留行、玉竹、黄芪、红花、龙胆、大黄等。

2. 高秆与矮秆间套模式

高秆的农作物与矮生的药材合理搭配，针对立体复合群体，利用垂直分布空间，增加复种指数，遵循前熟为后熟、后熟为全年的原则，提高光能与土地的利用率，从而大幅度增加经济效益。

如板蓝根—玉米—柴胡共作模式。早春，在耕细耙匀的土地上做成宽1.5米，两边留水沟的高畦，3~4月在高畦上播种板蓝根，5~6月于水沟内按株距60厘米点播玉米，每株留苗2棵，常规管理；8月待玉米完成营养生长时，板蓝根就可刨收，接茬播种柴胡，这时玉米遮阴能够为柴胡的萌发提供良好的条件，15~20天柴胡就可出齐苗，9~10月玉米收获后，柴胡苗就可苗壮生长。

适合此模式套种的农作物品种还有：高粱、甘蔗、棉花等茎秆高大、能提供荫蔽环境的农作物种类。

搭配种植的药材品种有生长时间较短、耐阴的板蓝根、白芷、桔梗、川芎、白术、丹参、射干、薏苡仁、柴胡、半夏、太子参、黄连、草珊瑚、草果等。

粮食作物与药材共作的方法还有：隔畦间套、隔行间套、畦中间套、埂畦间套和混作等。无论采用何种间套方式，都应注意株型庞大与瘦小、宽叶与窄叶、平行叶与直立叶、生长期长与短等合理搭配，注意各种植物之间光、温度、水分和营养条件的关系，保持中药材品种的道地性。

（二）粮食作物与食用菌共作

1. 水稻与黑木耳共作、轮作

每年8月在稻田内挂上黑木耳菌袋，菌袋底部距离稻田水5厘米，菌袋间距10厘米，每亩地挂5000袋。水稻可以为菌棒遮阴，稻田内水汽蒸腾为菌棒提供阴暗、潮湿的环境。经过20~25天的生长就可以采收木耳，每亩地可以产100千克干木耳，按每千克干木耳160元计算，除去成本，每亩木耳增收的利润为500元。

该模式还包括水稻与黑木耳轮作，可提高冬闲农田的利用率。两者轮作的原理及优势如下：通过种植水稻，使得好气性杂菌及为害黑木耳生产的蚁类、螨类和菇蝇等害虫明显减少；旱地栽培黑木耳，可改善土壤通气条件，对促进水稻根系生长、减少纹枯病发生具有重要作用。这种模式比较适合长江以南地区，如在江苏和浙江地区，黑木耳6~8月制菌袋，10月下旬至11月中下旬排场出菇，11月至翌年5月采收，水稻5月中下旬移栽，10月中旬收获。

2. 玉米与香菇共作

玉米套种香菇是菇粮间作，一地双收，充分利用了土地资源，利用玉米间隙深层土壤越夏后，在玉米间遮光、保湿的小环境下出菇，种菇后的废弃物还可直接还田，培肥土壤，可提高单位面积产值，获得极高的收益。

陆地栽培香菇是采用半熟料陆地开放式菌粮套种的一种新模式，打破了块栽和袋栽香菇的传统栽培模式。香菇与玉米套作即在两行玉米间种植香菇，将培养料直接铺在地槽内，与玉米进行套作，套作比例为两者面积比1∶1，玉米行间套种香菇不用搭建香菇栽培的棚架，成本低、见效快，出菇后剩余废弃料可增加土壤有机质，改善土壤结构，培肥地力。香菇玉米套作，利用玉米遮阴，创造适宜香菇生长的环境条件，在保证玉米产量的同时，香菇也能获得高产。这项技术具有较高的经济效益。

(三) 粮食作物与中药材、畜禽共作

1. 中药材与非洲雁共作

中药材种植管理过程中面临的一个难题就是定期除草，中药材作为制作中药饮片、中成药的原料，要求没有农药残留，因此不适宜使用除草剂，而人工除草成本很高。为此，需要寻找生态化除草的新办法。据报道，非洲雁可以达到很好的除草效果。

非洲雁，属鸟纲雁形目栖鸭属草食水禽，生活于浅水沼泽地带，可水养、陆养、圈养、放养，耐粗放饲养，饲料报酬高，生长快，抗病力强。非洲雁肉质营养丰富，蛋白质含量达 20.98%，肉质细嫩，具有浓郁的野味特征，是高蛋白、低脂肪、低胆固醇、营养丰富的绿色保健食品，每 100 克肉中含有 Ca、Fe、In、Mg 分别为（46.6、27.1、14.5、2.39）毫克，具有解瘀血、解毒、解血热的功效，是理想的食疗珍品。我国引进人工试养后，逐渐适应南北气候环境，取得了很好的经济效益。

以非洲雁与金银花共作为例，分析其原理和优势。把非洲雁放进金银花种植园，金银花不仅不会遭到非洲雁的破坏，而且长得更好了，更重要的是养非洲雁的成本也降低了很多。非洲雁和金银花互惠互利。非洲雁就是药材园里的免费"除草工人"和"除害虫工人"。首先，非洲雁通吃各种杂草野菜，不挑食，只吃杂草野菜，不管老的嫩的，都是它的美味；除草彻底、完全，还消灭了草籽；爱捉虫，胆子大，天性勇猛机灵的非洲雁活动范围很大，哪儿有草就往哪儿走，除草很彻底。非洲雁与金银花共作，免去了人工或药物除草的成本，而且金银花也具有抑制流感的作用，二者互惠互利，达到双赢。

2. 稻鸭共作

稻鸭共作模式是将水稻种植和鸭子养殖置于同一时空内，利用二者的共生共长关系构建成一个立体种植与养殖的复合生态系统。在这个系统中，水稻是种植主体，鸭子是养殖主体，在水稻种植后选择其生长的适宜时期，将鸭子放入稻田，稻田为鸭子提供活动、栖息等生长空间及杂草、昆虫、浮萍、田螺等天然食物来源，鸭子通过践踏、嬉戏、捕食等自身活动，可搅动土壤和水体，对稻田起到中耕松土的作用，稻田处于"动态"模式；鸭子排泄的粪便可直接还田，进而培肥土壤，促进水稻生长发育，充分利用稻田土壤、水体、光照、动物、植物等自然资源，形成水稻与鸭子互利共生的种养模式，产出优质稻谷和鸭产品，实现稻鸭双丰收。若不施任何化肥和农药，则可直接生产有机稻米。因此，稻鸭共作技术集成农作模式将是发展生态农业、绿色农业的重要方向和技术途径。

稻鸭共作技术要点如下。

（1）水稻品种及栽培方式的选择。水稻品种以具有分蘖能力强、株型紧凑、抗病抗虫抗倒伏、成穗率高、米质优、生育期适中等特征为宜。水稻旱育手插秧、机插秧移栽行距约30厘米，便于鸭子穿行觅食。

（2）搭建鸭舍及围栏。鸭子要选择个体不大、对生长环境要求不高、穿行活动灵活、适宜稻间放养的抗逆性强的本地鸭品种或专用品种鸭。鸭舍搭建在放养鸭子的水稻田旁边，按坐北朝南、东西走向搭建，鸭舍长3~4米，宽0.6~0.8米，可容纳100只左右雏鸭栖息。在稻鸭共作田四周设置围网，网眼不宜过大，围网的底部一定要严，防止鸭子跑丢或有害天敌侵入。

（3）水稻移栽与管理。培育适龄壮苗（秧龄30天左右、叶龄6叶左右）。水稻种植方式既要有利于鸭子在稻丛间的活动不伤害稻苗，又要有利于高产和栽秧习惯，可采用扩大株距的种植方式，一般行距为24~27厘米，株距18~21厘米。追肥以鸭子排泄物为主，水稻移栽之后，为了避免影响鸭子在田间的觅食生长，一般不施用化学肥料。放入鸭苗后注意不能施用农药，如果需要喷施农药，需将鸭子转移到没有施用农药的田中，3~4天后再将鸭子赶回。

（4）鸭子放养。水稻移栽返青后，将雏鸭放到稻田中。北方地区春天气候寒冷，为使放养的雏鸭适龄、适应性强、成活率高、生长发育快，必须安排好雏鸭孵化与水稻插秧时间，如果确定插秧时间为5月21日，需要4月24日开始孵化，28天后孵化出雏鸭，在室内培育7~10天后，进行适水性锻炼。挑选健壮的鸭苗，注射疫苗，控制好鸭群密度和鸭舍的温度与湿度。为了保证幼鸭的成活率，北方应在5月30日至6月10日，选择晴天将经过适水性锻炼的雏鸭放入稻田。放养的密度视鸭的品种、个体大小而定，要求既能满足鸭子的生育需求，又要考虑取得较高的经济效益。一般每公顷稻田放养雏鸭15~20只，以80~100只为一群为宜。

（5）水分管理。应根据鸭子的不同生长发育阶段，对水层进行不同的管理。雏鸭阶段，水层深度一般控制在3~5厘米，这样既可防止天敌为害，又能保证鸭子在水前更好地戏水。随着鸭子的进一步增大，确保鸭子能在稻田中正常活动，水层深度一般控制在5~8厘米，水深过深影响鸭子的除虫效果，水深过浅不利于鸭子的游动。一般在稻鸭生态健康养殖模式下，不需要进行耕田处理，为确保植株更加健壮，应实施分区搁田，在田边开挖一定沟渠供鸭临时戏水。水稻进入抽穗期后，应将成年阶段的鸭子快速回收，将水田的水适量排出，水层控制由浅水转为间歇灌水，保证干干湿湿，相互交替，有利于水稻灌浆和增产。

（6）收鸭和收割水稻。水稻进入灌浆阶段后，鸭子会啄食稻穗上的谷粒，此时要把鸭子从稻田赶到饲养棚内圈养。水稻成熟后，采用机械收割并进行秸秆粉碎还田，避免焚烧秸秆污染大气。水稻收割后，可将未出售的鸭子再放入田里，让鸭子啄食落于水田中的稻谷和虫子。

应用稻鸭共作的种养模式，必须在标准化田间工程设计及设施配置上做好统筹规划。稻鸭共作需要一定条件，如远离村庄、避免惊扰、减少污染、便于安全保卫等，还要有鸭舍、围网、看管住房、清洁水源、灌排水渠、适宜栖息地等。对稻鸭共作进行综合效益评价可知，在稻田中放牧鸭子，对稻田杂草有去除效果。稻鸭共作除草控虫效果明显，但鸭子下田行走方向、路线无序且不确定，稻苗密度大及缺水的地方鸭子活动少，存在田间表现效果不均衡的现象。稻鸭共作养出的鸭子品质好，但成鸭如果按市场一般圈养价格销售，基本无法盈利。这是目前稻鸭共作技术推广的主要障碍。只有产品品牌被消费者认可，养鸭实现订单生产、定向优价销售，逐步转变消费者的观念，才可能获得较大利润。稻鸭共作技术应用评判不宜简单地以养鸭是否盈利作为唯一标准，而应看到综合效益。在稻鸭共作技术应用过程中，可将盈利点放到水稻上，产出优质产业化稻米；还可以打造生态型农业生产基地，凸显特色，提高知名度，与旅游观光、乡村美食相结合等。通过实践总结，不断完善技术、发掘潜力，完全有可能使该模式成为特色农业的亮点。

3. 稻、鱼、虾、蟹共作

"稻—鱼—虾—蟹"综合种养是水产养殖业和水稻种植业的有机结合，利用鱼、虾、蟹、稻的共生关系，充分发挥互利作用，使产量、品质和效益同时得到提高。

稻田生态养殖是指利用稻田、稻田水体及空间进行立体化生产，是当前农业生产中一项具有综合效益的系统工程，对稳产增收、引导农民致富、振兴农村经济有着十分重要的作用。在稻田生态养殖这一复合生态系统中，水稻是主体，不仅为鱼、虾、蟹等提供了清新荫凉的水体，浮萍及大量的浮游生物、细菌絮凝物等又成为鱼、虾、蟹等的天然饵料。而鱼、虾、蟹可捕食害虫，控制水稻无效分蘖，并有利于田间通风透光，减少水稻病害发生。在鱼、虾、蟹觅食过程中，经搅动田水和土壤，又促进了养分的有效转化与流动。同时，鱼、虾、蟹等饵料残渣及粪便也为水稻生长提供了丰富的营养。实践证明，稻田生态渔业具有较好的生态、经济和社会效益。下面介绍稻鱼虾蟹共作的基本技术要点。

（1）水稻田块选择。选择土质肥沃、水源充足、排灌方便、水质无污染、无白叶枯病的单季水稻田块。

（2）稻田基本设施。插秧前加固田埂，加高 20 厘米，防止鱼、虾、蟹逃逸。稻田中开挖鱼沟呈"田"字或"日"字形，沟宽 2.0~2.5 米，深 1.0~1.2 米，一般占总面积的 30% 左右。防逃墙为玻璃钢板，内壁光滑，埋入实土 10 厘米，高出地面 50 厘米，并向田内倾斜，与地面呈 75°角。进出水口安装拦鱼栅，可用竹篾或塑料篾等编成。

（3）水稻品种选择。选择全生育期茎叶坚硬、抗倒伏、抗病虫、产量高的水稻品种。

（4）水稻栽插要求。采用多蘖大苗，浅水移栽，栽插深度以 1.67~3.33 厘米为宜，栽足基本苗。水稻群体发育不宜过大，以减少搁田次数和时间。可采用宽窄行栽插方式，实行小株密植、宽行条栽，为鱼、虾、蟹活动提供良好环境。

（5）鱼虾蟹苗放养。稻、鱼、虾、蟹综合种养，每只 15 克幼蟹，当年可达上市规格，亩放养 1500~2000 只，放养时间在 5 月上中旬为好。6 月初放养规格 1~2 厘米虾苗，每亩 1.2 千克左右，并混养花白鲢、鲫鱼、草鱼、鳊鱼等。放养比例白鲢 45%、花鲢 10%、草鱼 30%、鳊鱼 5%、鲫鱼 10%，但不可混养食底栖动物的青、鲤鱼等，以免咬食虾蟹。

稻、鱼、虾蟹共作种养生态农业模式的构建，充分体现了一个稻田多丰收、一个水资源多种用途的生态农业发展优势，不仅大大提高了稻田资源的利用率，同时还促进了当地特色农业和生态农业的发展，提高了粮食的经济效益，有效地突破了以往种植与养殖之间的控制局限。由此可见，稻、鱼、虾、蟹共作种养生态农业模式的构建，拓展了农业发展的空间。

（四）苗木与林下畜牧业

现代化畜牧业的发展，虽然为人们提供了充足的畜牧产品，但同时养殖规模倍增，畜牧生产所带来的环境污染也倍增。虽然在同等土地资源条件下，规模化饲养可以有效提高养殖效率，但由于家禽运动量不足等问题，造成其品质降低。林下养殖可以在不影响林地的情况下进行饲养，不仅有效提高了土地资源的利用率，同时为林地提供了有机肥料，有效保障了禽畜健康与其产品品质，实现了可持续性畜牧生产。

林下生态养殖作为新兴的养殖方式，属于半开放式饲养，充分利用农地、林下等自然资源,将畜禽放置其中,在这样的环境下,畜禽将昆虫、野草作为食物,在山地、林下自由玩耍、嬉戏、猎捕,生长得更加健康和自由,提升了肉质质量的同时可降低养殖资金成本投入。林下生态养殖技术不仅可带动农村经济快速发展,还可进一步实现乡村振兴的目标。

1. 林下养殖场所的选择

林下生态养殖场地应选择地势高燥、向阳背风的林地,山坡地的坡度介于 5°~35°,以为鸡、鸭提供良好的天然运动场地,让其可自由奔跑、自由追逐、自由饮水、自由捕食、自由生长。林地要宽阔、透光、通气性能好,且杂草和昆虫较丰富;场址要僻静,空气质量达标,水源充足且无源头污染;排水、供电、交通方便,便于冲洗消毒,远离村庄、市场、屠宰场、交通要道、其他养殖场及垃圾堆放点等风险源地。养殖场可配套利用铁丝网或尼龙网等建设隔离围栏,以避免外出采食的禽畜丢失,也可以避免外来人员和其他动物随意进入,有效防止散播疫病。另外,可设置饲养区和修复区,有利于林地自然生态的恢复。

2. 移动式禽畜舍的建设

畜禽住宿、避风躲雨是现阶段禽畜散养过程中必须考虑的问题,林下养殖由于活动地域较为广阔需建设移动式禽舍,以解决畜禽住宿、避风躲雨的实际需求,还能解决鸡、鸭防寒防晒的问题。选择地势较高的地段,地势相对平坦、向阳、背风,最好坐北朝南。这有利于林下生态养殖饲养环境的清洁性和整洁性,即便发生疾病传播也因具备宽阔的防控区域可对疾病进行有效防控。所建设的移动禽舍要简单耐用,便于拆卸和组装,同时实现挡风、避雨、遮阳、防寒功能。采用地面平养方式养殖时,应在地面铺上锯末、刨花、碎秸秆、碎稻草等垫料。

3. 合理的饲料投喂

在林下养殖过程中,林地草料、树叶及昆虫等资源可以为鸡、鸭生长发育提供充足的维生素、蛋白质及微量元素等,既可降低饲养成本,又可提高禽畜的基础免疫力。但是仅靠林间野草和昆虫作为食物是不能满足其营养发展需要的,不仅会影响禽畜的生长周期,还无法满足现代社会市场发展的需要,所以应通过补饲供给的方式满足禽畜生长过程中所需的营养物质。可多补充植物性蛋白质,如新鲜的牧草、豆类等。

4. 及时清理和收集禽畜粪便

在林下养殖过程中,禽畜集中住宿休息的情况使其粪便大量堆积,必须及时对粪便进行收集和清理，随时随地保证饲养环境的整洁性和舒适性。这样做不仅能极大降低疾病传播概率，还能为养殖户经济效益的提升奠定坚实基础。收集的家禽粪便，经过相应发酵后还可以作为有机材料，应用在农作物栽培方面。

5. 制订免疫接种计划

林下养殖中禽畜与自然的接触时间更长、范围更广，不仅增加了患病率，出现疫病还会形成大规模感染。因此，应严格按照免疫程序为禽畜接种各类疫苗，定期进行防疫检查。选购的疫苗应符合国家生物制品质量标准，严格按照有关要求对疫苗进行运输、储存和使用。免疫接种计划应根据养殖区域的发病史、饲养品种等实际饲养情况科学制订，避免短时间内两种及多种疫苗同时接种。

6. 科学饲养与管理

首先，应整合林地实际资源，划分出多块放牧区域，避免禽畜长时间在同一区域放牧而破坏生态环境，进行轮换制放牧可以有效保护生态平衡。在饲养过程中合理调整禽畜饲养数量，避免饲养数量过高导致林地资源不足、产生粪便过多而引起土壤结块，也要避免饲养数量过低影响农户养殖效益。

总之，林下经济投入少、见效快、易操作、潜力大。发展林下经济，对缩短林业经济周期、增加林业附加值、促进林业可持续发展、开辟农民增收渠道、发展循环经济、巩固生态建设成果，都具有重要意义。

四、零废物排放型循环链生态农业

"秸秆—食用菌—果菜—畜—有机肥"相结合的高效生态农业模式，是依据生态学、生态经济学原理和系统工程学的方法，以土地资源为基础，以太阳能为动力，以沼气为纽带，将日光温室、食用菌栽培、猪圈、厕所、沼气池、蔬菜全封闭在一起而形成的生态模式；是根据"整体、协调、循环、再生"的原理，以塑料大棚为载体，将食用菌栽培、秸秆饲料发酵池、养猪圈舍、沼气池、果瓜菜田组成的易推广和有发展前途的设施农业模式。它以大棚温室为中心，将植物、动物、微生物有机结合，形成相互依赖、相互补充、相互促进的生物链，达到资源多次利用、减少污染、节粮、节能、节肥、节药的目的，从而发展零废物排放型循环链生态农业。

将食用菌栽培、沼气池、猪舍、果菜栽培组装在日光温室中，四者相互利用、互相依存形成一套技术体系。温室为沼气池、猪舍、蔬菜创造良好的温湿度条件，猪也能提高温室温度。猪的呼吸和沼气燃烧可以提高温室内二氧化碳的浓度，增强蔬菜的光合作用，使果菜类增产20%、叶菜类增产30%。蔬菜生产又使猪舍的氧气增加。农作物秸秆可部分用于栽培食用菌，栽培食用菌后的菌渣可同猪粪尿同时进入沼气池，产生沼肥，为果菜提供高效无害的有机肥。这样，在一块土地上，实现了产气与积肥同步、种植与养殖并举，建立起生物种群较多，食物链结构较长，能流、物流循环较快的人工生态系统，基本上达到了农业生产过程清洁化、农产品无害化，从而实现"秸秆—食用菌—果菜—畜—有机肥"的零废物排放型循环链生态农业。

第四节　中国农耕文化价值挖掘及农旅产业

一、中国农耕文化

中华文明是最典型的农业文明，农耕文化是中华文明精神内涵的一种外在表现形式，是中华优秀传统文化的源头，充分展现了中国人的生存智慧，蕴涵着优秀的思想观念和人文精神。因此，我们需要从农耕文化中提炼文化自信的基因，将农耕文化嵌入思想政治教育中，强化耕读教育，让耕读教育在实现立德树人目标中发挥重要作用。下面探讨我国农耕文化的教育价值及其用于思政育人的思路。

（一）农耕文化的传承有利于凝聚民族精神、维护国家统一

1. 农耕文化蕴含民族精神的内在逻辑

考古证实，中国是世界上最早栽培稻粟黍农作物、最早驯养家畜的国家，种养相结合的农业模式促使中国古人最先摆脱了以狩猎为主的游牧生活，开启了定居的生活方式，使大规模的人口繁衍、聚集而居成为可能，孕育出中华民族内涵丰富的农耕文化，造就了中国大一统的政治思想和统治格局。

秦朝是我国历史上第一个大统一的王朝，其完成国家统一的力量源泉在于重视农业、制度和文化的革新。公元前356年，秦孝公任用商鞅实施变法，核心思想是"重农桑，奖军功"，以"徙木立信"为变法开题铺路，开创了集权政府的诚信文化、法治文化、劳有所得文化。随着变法的深入推行，秦国农业经济高速发展，人口大增，国富兵强，为其以后灭六国而统一天下奠定了基础。秦灭诸国而统一中华，各民族在交流交融中逐渐铸牢中华民族共同体意

识，开创并奠定了中华民族大融合、大一统的民族文化。

2. 民族精神的理论发展和实践应用

在中国共产党成立的一百多年里，我党提出的重大治国理政方针均体现出"团结各族人民，维护国家统一"的思想。在近代民族革命和新民主主义革命中，毛泽东提出的"统一战线""农村包围城市"和"群众路线"帮助中国结束了列强的殖民统治，推翻了资产阶级的反动统治，建立了人民民主的新中国。邓小平提出的"改革开放"和"一国两制"激发了各族人民干事创业的热情，加快了国家统一的进程。习近平总书记提出的"中华民族伟大复兴""打赢脱贫攻坚战"让全党全国人民明晰初心使命，克勤实干，走共同富裕之路。上述策略是基于我国农耕文化的发展和创新提出的，是中国共产党治国理政过程中加强领导与强化合作的辩证法，挖掘利用这些策略就是掌握了"凝聚人心、汇聚力量"的强大法宝。

可见，研究和传承我国农耕文化，有助于深刻理解民族精神，有助于自觉发展和应用民族精神，铸牢中华民族共同体意识，铸牢共同维护国家统一的思想根基。

(二) 农耕文化属性决定了我国走和平发展的道路

1. 农耕文化属性及其对思想行为的影响

文化属性指的是一群人共同拥有的思维模式和行为习惯。对于一个国家和民族，其文化属性决定了整个民族的思想底色和性格底色，外化为人民群体的世界观、价值观和处事原则。

人类社会发展史上，中国最先进入农耕社会，而农耕比游牧能多养活十倍的人口，农耕让人民粮食更为充足，生活安定，不需要靠掠夺维持生存，因此，我国的农耕社会造就了中华民族热爱和平、睦邻友好的文化特性。例如，我国古代思想家提出了"以和为贵""和而不同"的处世原则，提出了"天下大同""协和万邦""天下为公"等治国思想。可见，在我们这个文明古国的文化传统中没有霸权主义和恃强凌弱的文化基因。

殖民扩展、掠夺资源是快速积累财富的捷径，而世界殖民扩张史上却没有中国。中国长期作为世界上最强大的国家却没有走殖民扩张的道路，这是中国农耕文化属性所决定的。

2. 选择和平发展的道路，构建人类命运共同体

古代中国依托丰富的农业物产及特色手工艺品，与周边国家进行商贸交流，先后开辟了陆上丝绸之路和海上丝绸之路，茶叶、丝绸和瓷器受到世界各

国的欢迎，树立了热爱和平、热情好客的大国形象。

改革开放以来，我国持续加大对外交流与合作，发起"一带一路"建设，国际影响力不断增强，但我国始终坚持"和平共处"的基本原则，中国优秀传统文化成为国际社会认可的生态文化，对遏制霸权主义文化发挥着积极作用。

2013年习近平总书记提出"人类命运共同体"的外交理念，以对话协商、共建共享、合作共赢、交流互鉴、绿色低碳原则构建全人类政治、经济、文化、生态共同体，让我们在复杂的国际形势下把握住了世界发展潮流，为世界各国的交往开辟了正确的道路。

（三）农耕文化让我们保持勤劳勇敢的民族特质

1. 勤劳勇敢的民族特质脱胎于农耕文化

在中华民族五千年的文化里，"勤劳勇敢"的基因植入人心，中华民族向来以吃苦耐劳和勤劳勇敢著称于世。早在我国第一部诗歌总集《诗经》中就有大量篇幅描写古代人民勤于劳动的场景。一首《悯农》诗"锄禾日当午，汗滴禾下土。谁知盘中餐，粒粒皆辛苦"，被我们世代传颂，反映出我们尊重农民劳动成果、节约粮食的传统美德。孔子的教育思想体系中，认为教育应从"文，行，忠，信"四个基本面开展，论语中的"四体不勤，五谷不分"教育我们重视农耕生产，宣扬劳动光荣。韩愈所写古文《进学解》中的"业精于勤，荒于嬉；行成于思，毁于随"，告诫我们要通过勤奋和思考才能学有所成，才能成就一番事业。

2. 借助劳动教育强化勤劳勇敢的民族特质

只有劳动才能创造价值，价值是凝结在商品中的无差别的人类劳动，商品交换的实质是商品生产者交换劳动，这就是我们认同的现代劳动价值理论。中国人的古训"勤劳致富，忠厚传家"与劳动价值理论完全相通。劳动教育能够对人的身体和精神形成双重引领，对全民开展劳动教育有助于中华民族树立劳动价值观。因此，我们应该把劳动教育常态化，借助劳动教育强化勤劳勇敢的民族特质。

习近平总书记在全国教育大会上如是教导："要在学生中弘扬劳动精神，教育引导学生崇尚劳动、尊重劳动，懂得劳动最光荣、劳动最崇高、劳动最伟大、劳动最美丽的道理，长大后能够辛勤劳动、诚实劳动、创造性劳动。"

（四）农耕文化引导我们树立开拓创新的精神

1. 科技创新成就斐然是我国农耕文化的外在体现

我国古代人民一直致力于农业增产增收，在农业领域有着令世界瞩目的发明和创造。我国的农业科技在很长的一段历史时期居于世界领先地位，为世界文明的发展做出了突出的贡献。

（1）驯化动物，培育植物，种养结合。我国古代人民不仅驯化了多种野生动物，而且筛选培育出大量作物，是世界上培育出作物最多的国家。全世界种植的作物约有840种，起源于我国的有136种，占16%以上，为人类文明做出重大贡献。中华人民共和国成立以来，我国越加重视育种工作，在优良品种繁育方面保持世界领先地位，如我国水稻育种一直保持世界领先地位，杂交水稻不仅改变了中国粮食产量及命运，更惠及世界。

（2）发明汲水灌溉工具。灌溉是制约农业发展的关键因素。我国古代人民发明了基于不同工作原理的汲水灌溉装置，解决了灌溉问题，不仅能利用江河湖溪之水，还充分利用了地下水，发明的汲水灌溉装置包括桔槔、辘轳、翻车、水车、戽斗等。其中，水车是结构复杂、原理独特的大型竹木材料制成的装置，它与水渠巧妙配套使用，可实现完全不用人力进行连续取水，使耕地地形所受的制约大大减轻，实现了对丘陵地和山坡地的开发，既可用于灌溉，又可排涝，展现了中华民族的创造力，成为中国农耕文化的重要组成部分。

（3）因势利导修建大型水利工程。世界上首个技术领先的大型农业水利工程——都江堰，建造于战国末期，它的建造实现了人们大规模引水灌溉的夙愿。都江堰是当今世界唯一留存、以无坝引水为特征的宏大水利工程，它充分利用当地西北高、东南低的地理条件，根据江河出山口处的地形、水脉、水势，乘势利导，无坝引水，自流灌溉，使堤防、分水、泄洪、排沙、控流相互依存，共为体系，这种水利创新实现了防洪、灌溉、水运和居民用水的综合效益，持续两千多年的使用所创造的价值无法估量，成就了成都"天府之国"的美誉。

世界上首个集灌溉、泄洪、水运、军事交通功能于一体的人工运河——灵渠，始建于秦代，位于广西兴安，它沟通了长江、珠江水系，打通了南北水上通道。其在引江水入渠方面进行了精巧设计：将修筑的铧嘴、北堤、南堤组建成人字形分水堤，这种"前锐后钝"的结构将湘江水流一劈为二：三分南流导入南渠，七分北流导入北渠。由于分水堤坝矮于两侧河岸，枯水期湘江水被全部导入渠道，而洪水期江水可越过堤坝流入湘江故道，既可泄洪，又可避免灵渠被洪水毁坏。灵渠的建成，助秦始皇统一了中国，巩固了国家的统一，扩大了中国版图，促进了中原和岭南经济文化的交流以及民族的融合。时至今日，其仍在灌溉、航运、旅游方面发挥着重要作用。2018年，灵渠被列入世界灌溉工程遗产名录。截至2020年，我国已有23项100年以上历史的灌溉工程被国际灌溉排水委员会收录为世界灌溉工程遗产。

（4）开垦山地和丘陵，化险峻为良田。我国山地和丘陵占国土总面积的43%，而古代中国人把一些山地和丘陵改造成了梯田，各具特色的梯田星罗棋布在中国广袤的大地上，更让人惊叹的是看似缺水的山丘之上最先开发了稻作梯田。位于湖南省娄底市的"紫鹊界梯田"，始建于两千年前的先秦，人民世代耕种使梯田总面积扩大到了8万亩，是苗、瑶、侗、汉等多民族历代先民共同的劳动结晶，是山地渔猎文化与稻作文化融合的历史遗存，其运作的原理极富智慧：这里没有水池、水库提供蓄积水源，而是巧妙地利用自然降雨和山势走向自创而成"天然自流灌溉系统"，其因此获得"世界水利灌溉工程之奇迹"的美誉，是全球重要的农业文化遗产。位于云南省元阳县哀牢山的"红河元阳哈尼梯田"，总面积100万亩，哈尼族人自创了"森林—村寨—梯田—水系"四素同构的生态循环耕作系统，为全世界树立了梯田生态农耕文明的典范，其于2013年被列入世界遗产名录。目前，中国不仅是全球梯田面积最大的国家，还是全球梯田类型最多、分布区域最广的国家。

2. 新时代传承创新精神，培养创新意识，激发创新活力

一个国家的前途，一个民族的命运，在很大程度上是由这个国家、民族的科技水平所决定的。新时代，面临新一轮的科技革命和产业变革，我们需要传承创新精神、培养创新意识、激发创新活力，打赢重大科技攻坚战。科技是国之利器，国家赖之以强，企业赖之以赢，人民生活赖之以好。2016年发布的《国家创新驱动发展战略纲要》，明确了2020年进入创新型国家行列，到2030年跻身创新型国家前列，到2050年建成世界科技创新强国的三步走战略目标。党的十九大强调，要加快建设创新型国家，要瞄准世界科技前沿，强化基础研究，实现前瞻性基础研究、引领性原创成果的重大突破。党的二十大首次将教育、科技、人才三大战略一体规划，要求"必须坚持科技是第一生产力、人才是第一资源、创新是第一动力，深入实施科教兴国战略、人才强国战略、创新驱动发展战略"。

（五）农耕文化引导我们"居安思危"，树立防御意识

农耕社会开启后，以耕种为核心的农业让土地的价值和地位显著提升，土地成为人民的核心生产资料，成为统治者和子民财富的主要来源，因此，土地也成为外来侵略者争夺的资源。中国古代北方游牧民族不断南下攻打和劫掠中

原王朝，中原王朝遭受严重的安全威胁和经济损失，而采用"和亲政策"并不能从根本上解决安全问题，因此，树立防御意识、实施防御工程成为国家治理的重要思想。

历代王朝修建长城，城市周围修筑城墙和护城河，其目的就是抵御游牧民族的侵略，保障国家安全。长城不仅是中国古代科技与军事领域的杰出成就，还是中国文化的组成部分，体现了中华民族居安思危、防患于未然的文化思想。

世界经济贸易一体化是时代潮流，我国在积极融入世界经济贸易的同时也在思考和分析1997年亚洲金融危机、2008年全球金融危机和世界粮食危机，时刻警醒并做好应对策略。

（六）农耕文化有助于推进生态型智慧农业发展

我国的农耕文化展现了人与自然的和谐统一，体现了人既顺应自然又改造自然、尊重自然的运行规律，顺势而为，构成"天人合一"的生态系统，树立了农业可持续发展的典范。截至2022年，我国的红河哈尼稻作梯田系统、甘肃迭部扎尔那农林牧复合系统、浙江湖州桑基鱼塘系统等累计18项被列入"全球重要农业文化遗产"，数量居世界首位。

我国古代劳动人民为我们留下了种类多样的生态农业范例，挖掘和应用我国农耕文化遗产中"生态农业运作模式"蕴含的智慧，在各个生产环节中合理融入机械化、数字化和信息化元素，以稳健有序推进我国引领世界朝向生态型智慧农业发展。

（七）农耕文化有利于推进文化自信

"文化"一词起源于劳动实践中的耕种、生产和技艺等，农耕文化是各种文化的母体。中国自古以农立国，历朝历代均重视农业生产，中华大地养育的人口始终保持着世界第一的排名，中国农业文明为基石创造的生产力、物质财富和文化财富的世界领先地位一直保持到清朝。因此，我国的农耕文化拥有着丰富的内涵，蕴含着巨大的民族精神力量，孕育了五千年的文明史。

文化是一个国家、一个民族的灵魂。文化兴国运兴，文化强民族强。没有高度的文化自信，没有文化的繁荣兴盛，就没有中华民族伟大复兴。文化自信是支撑道路自信、理论自信、制度自信的基础，是更基础、更广泛、更深厚的自信。因此，研究和传承我国农耕文化的过程就是推进文化自信的过程。

（八）农耕文化是推进乡村振兴和新农科建设的有效工具

乡村振兴无法脱离乡村教育，乡村教育处于教育事业"打地基"的阶段。

近代中国的乡村教育始于 20 世纪初，新文化运动精神扎根中国大地是从重视"乡村教育"开始的，余家菊 1920 年提出了"乡村教育"概念，梁漱溟 1928 年提出了"乡治"观点，呼吁在广大乡村兴办"乡农学校"，让最广大的农民群体接受教育，通过识字习文逐渐扫除文盲。这些教育理念不仅有利于传承民族文化，也有利于先进科学文化知识的传播。中国共产党成立后，大力开展乡村教育，传播马克思主义和社会主义思想，激发了农民翻身求解放的斗争精神，为开展土地革命、取得"农村包围城市"的革命胜利发挥了巨大作用。

实施乡村振兴战略，目标是按照产业兴旺、生态宜居、乡风文明、治理有效、生活富裕的总要求，建立健全城乡融合发展体制机制和政策体系，加快推进农业农村现代化。实施乡村振兴战略离不开以新型人才做支撑，为此，2019 年我国启动新农科建设项目，新农科的核心是用"乡村人才振兴"助推实现"乡村产业振兴""文化振兴""生态振兴"和"组织振兴"，培养适应新时代农业变革所需的新型人才。在新农科建设中要充分挖掘农耕文化多层面的教育价值，使之转化为"思政育人"工具，引导学生学农、知农、爱农，培育新农人，为推进实施乡村振兴战略提供人力资源。

二、农旅产业

（一）农旅产业概述

现阶段，我国的经济发展已经由快速发展阶段进入高质量发展阶段。在乡村振兴的背景下，经济的高质量发展需要依赖农村经济的快速发展，农村经济快速发展的同时应重视对生态环境的保护，而实现经济可持续发展最有效的途径就是农旅产业融合发展。

1. 农旅产业的兴起

农旅产业融合的理念起源于 19 世纪中期的德国，在我国于 20 世纪 80 年代开始起步。从"新农村建设"到"美丽乡村"再到"乡村振兴战略"，我国始终将农村发展放在十分重要的位置，在乡村旅游方面更是浓墨重彩。在这样的背景下，各地应紧抓国家的各项扶持政策，以此为基础强化旅游与农业的耦合发展，实现全地区旅游供给元素的多元化，从而更好地满足游客消费需求，同时更加重视农民积极性的调动与能力的培养，最大化农旅产业耦合协调发展的综合效应。

黑龙江省各色各样的经济共同推动其经济的发展，但其中农业旅游生产链经济的发展较为缓慢，成为黑龙江省经济发展的"拦路虎"之一。农业旅游生产链的发展对于提升农村旅游占龙江旅游产业的比重和促进农村旅游发展具有重大战略意义。农村旅游是以农村特色文化景观为吸引物所开展的旅游活动，通过旅游活动带动经济收益增长，从而形成了综合性的经济关系。随着我国经济的发展，人民生活水平日益提高，闲暇时间也逐渐增多。随着生活水平逐渐提高而来的是激烈的竞争，人们的压力随之增多，因此人们将通过休闲活动接触大自然作为舒缓自身压力的一种方式，人们对于这种方式的需求也日益增多。人民收入水平的提高使他们的旅游消费需求逐渐增多，为农业旅游带来了巨大的发展空间，使农业旅游成了农村经济区域经济增长的有效途径，对推动黑龙江省经济升级转型发展具有重大意义。通过分析农旅生产链的发展，可以为龙江经济发展提供新的加速器，从而实现龙江经济的有序发展。

农旅产业要求农业与旅游业相互深度融合，在农业产业发展的基础上，根据市场需求变化，结合生态环境和区域特色对农业产业进行旅游开发，以农业为旅游业服务，增加农业产业的附加值，提升农产品的商品化率。在农旅产业融合的过程中，因地制宜开发农业的生产、生活、生态、教育等多种功能，将传统的农业生产、民俗文化等变为旅游资源，打破产业壁垒，延伸农业附加值和产业链，激活经济的内生动力。农旅产业融合应加深农业产业的向前融合和向后融合，向前融合是发展与农业相关的机械、化肥、种子等产业，提升农业生产的科技性，发展科技型农业旅游产业；向后融合是通过体验农业、休闲农业等方式，实现农业资源的有效利用。

2. 农旅产业的价值和前景

农旅产业作为农业与旅游业的融合产业，不仅要促进农业增效、农民增收、农村发展，还要为城市居民到乡村观光采摘、休闲度假、农事体验等提供山清水秀的景致、清新的空气、优美的环境和安全的产品。因此，农旅产业具有非常广阔的发展前景。

（1）政策支持力度加大。我国高度重视休闲农业绿色发展，相继出台了一系列相关政策。早在 2006 年 3 月的《国民经济和社会发展第十一个五年规划纲要》中就明确提出了"发展观光休闲农业"的重要举措。2007 年 1 月，在中央一号文件《中共中央　国务院关于积极发展现代农业　扎实推进社会主义新农村建设的若干意见》中提出要"开发农业多种功能"。2010 年的中央一号文件进一步提出"积极发展休闲农业、乡村旅游、森林旅游和农村服务业，拓展农村非农就业空间"，为休闲农业绿色发展指明了方向。2011 年 8 月，原农业部首次发布《全国休闲农业发展"十二五"规划》，其中提出建立依山傍水逐草自然生态区,"在保护生态环境基础上,大力发展以农业生态游、农业景观游、民俗风情游、特色农(牧、渔)业游为主的休闲农(山、渔)庄和农(牧、渔)家乐等"。2015年,原农业部等部门印发的《关于积极开发农业多种功能大力促进休闲农业发展的通知》指出要正确把握发展休闲农业的总体要求。其中第六条原则是保护环境、持续发展,强调要按照生态文明建设的要求,遵循开发与保护并举、生产与生态并重的理念,统筹考虑资源和环境承载能力,加大生态环境保护力度,实现经济、生态、社会效益全面可持续发展。2016年的中央一号文件《中共中央 国务院关于落实发展新理念加快农业现代化 实现全面小康目标的若干意见》在"大力发展休闲农业和乡村旅游"一段中指出:依托农村绿水青山、田园风光、乡土文化等资源,大力发展休闲度假、旅游观光、养生养老、创意农业、农耕体验、乡村手工艺等,使之成为繁荣农村、富裕农民的新兴支柱产业;2016年9月,原农业部等部门印发了《关于大力发展休闲农业的指导意见》,基本原则的第五条是"保护环境、持续发展":遵循开发与保护并举、生产与生态并重的观念,统筹考虑资源和环境承载能力,加大生态环境保护力度,走生产发展、生活富裕、生态良好的文明发展道路。2017年的中央一号文件《中共中央 国务院关于深入推进农业供给侧结构性改革加快培育农业农村发展新动能的若干意见》提出大力发展乡村休闲旅游产业,充分发挥乡村各类物质与非物质资源富集的独特优势,利用"旅游+""生态+"等模式,推进农业、林业与旅游、教育、文化、康养等产业深度融合;2017年9月,为创新体制机制推进农业绿色发展,出台了《关于创新体制机制推进农业绿色发展的意见》。2018年的中央一号文件《中共中央 国务院关于实施乡村振兴战略的意见》提出:实施乡村振兴战略,要求实施休闲农业和乡村旅游精品工程,建设一批设施完备、功能多样的休闲观光园区、森林人家、康养基地、乡村民宿、特色小镇。上述关于休闲农业绿色发展的一系列政策文件,为促进我国休闲农业绿色发展提供了强有力的政策保障。

(2)自然资源条件优越。我国是一个历史悠久的农业大国,农业地域幅员辽阔、自然资源丰富、自然景观多样、经营类型多样、农耕文化丰富、民俗风情浓郁,具备休闲农业绿色发展的资源条件和优势。首先,我国地域辽阔,各地区自然条件和人文社会环境差异较大,从南方热带的珍树奇木、瓜果蔬菜到北方的林海雪原,从东部的海滨风景到西域的草原风情、沙漠异景,景观特征尤为鲜明。其次,我国具有五千年农耕文明的悠久历史和传统农业文化,各地区有着截然不同的生产生活方式，特别是我国拥有 56 个民族，每个民族都有各自独特的风俗习惯，因而农耕文化资源极为丰富。

（3）休闲农业旅游需求巨大。依据世界未来学协会副会长格雷厄姆·莫利托的研究，21 世纪被称作"休闲世纪"，世界经济的发展在经历了农业经济时代、工业经济时代和服务经济时代以后，进入了一个全新的时代，即"体验经济时代"。而休闲农业就是典型的体验经济产业，它依托农业农村资源，为游客提供休闲体验的活动空间，是实现游客更高层次需求和愿望的有效途径。我国自然资源条件极其优越，市场需求巨大，政府部门高度重视，因而休闲农业绿色发展具有广阔前景和巨大潜力。休闲农业绿色发展必须以满足市民的休闲需求为出发点，但市民的需求是动态的、变化的，求新、求异、求变是休闲旅游的基本特征，这就要求休闲农业的经营内容、经营方式、营销手段等必须与时俱进，贴近市民需求。

一是城市居民农游市场需求。首先，随着城市化进程的加快，城市规模不断扩大，城市人口密度加大，工作生活节奏加快，工作压力日益增加，再加上高度密集的水泥建筑物以及日趋恶化的生态环境，城市居民到乡村休闲旅游的愿望日益强烈。其次，随着经济的发展和个人收入的提高，居民生活水平不断改善，居民可支配收入同步增长，居民生活方式和消费观念发生了根本性转变，从过去仅满足于吃、穿、住的基本生活条件，转向对观光、休闲、度假、旅游等的精神需求。许多人产生了返璞归真的愿望，向往到郊外感受优美的自然环境、清新的空气、绿色的林草、开阔的田野，感悟大自然，放松身心，增进健康。再次，城市居民闲暇时间增多。我国实行每周 5 天工作日和每年 7 个法定节假日制度，全年公共假期和双休日总共有 115 天，也就是说，每年上班族用于休息的时间接近于全年总天数的 1/3，居民可支配的闲暇时间较多。最后，由于居民收入增加，私人家庭汽车增多，且基础设施逐渐完备，交通便利，水电路网等条件的改善极大程度上使外出旅游休闲的条件更加充分。

二是农业农村自身发展需求。我国农业机械化程度不断提高，使农村剩余劳动力增多，农民收入不断增加，迫切需要挖掘农业的多样性功能，拓展农村经济的健康可持续发展，休闲农业绿色发展恰巧适应了农业农村经济发展的需求。特别是在党的十九大提出"坚持农业农村优先发展""实施乡村振兴战略"之后，2018 年随即出台了一号文件《关于实施乡村振兴战略的意见》，又陆续出台了《乡村振兴战略规划（2018—2022 年）》《农村人居环境整治三年行动方案》等政策文件，为休闲农业绿色发展提供了新机遇。

乡村旅游产业升级带动了农村经济的快速发展，推动了农业现代化建设，已成为促进美丽乡村建设和乡村振兴战略实施的关键一环。通过对金融机构的鼓励和社会资本的引入，乡村地区的融资环境将更加宽松；农产品加工业的发展将使农产品更具有价值和档次；农村人居、人文环境的不断改善将会更加契合人民对日益增长的美好生活的需要。

3. 乡村旅游业升级发展的思考和建议

乡村旅游业升级是近年来我国文化产业发展与消费文化变迁的显著现象。乡村旅游业是乡村振兴战略的重要抓手，是我国生态文明转型的有效实现方式。相比传统旅游，升级发展中的乡村旅游业呈现出越加注重旅游者对乡村文化体验和地方价值认同的特征，文化和旅游表现出前所未有的关系强度。规划设计在乡村旅游过程中应融入地方文化和特色资源，让地方历史故事、地方民俗和地方艺术的历史文化艺术资源与地方古建筑、村庄、园林、山水等资源有机融合，构建农旅的多元价值关联体系。

（二）发展生态农业旅游观光产业带来的经济效益

所谓生态农业旅游观光产业建立在农村所特有的资源基础上，其主要目的是吸引更多游客前来进行生态游玩，让游客来到农村地区，享受到独特的自然生态生活和体验到新的农业技术，让游玩项目变得更加丰富。发展生态农业旅游观光也会带来一定的经济效益。

1. 增加农村就业机会、增加农民收入，给农村扶贫产业提供一条新路径

黑龙江省可以利用自身的优势，对当地的自然景观、田园风光以及农产品进行开发推广，使其独有的自然资源以及农业资源转变成为旅游资产。农民可以将其极具特色的产品发展为经营性产品，为来往的游客及相关经济活动提供服务，在解决游客物质需要的同时为农民带来相应的经济收入，从而提高其自身收入。

发展生态农业旅游，一是可以充分利用龙江农村旅游资源，调整和优化农业生产结构，拓展其功能，将农业生产链延长发展至旅游服务业，为区域增加多样化的服务岗位，同时增加农民的就业机会，解决农村剩余劳动力问题，为黑龙江省新农村的建设创造更好的经济基础。二是农民可以利用自身优势，将农村资源的价值最大化，同时可以带动黑龙江省旅游用品制造业的发展，拉动服务业的发展，为更多的创业者提供机遇。

下面介绍一个典型案例——"绥化市北林区双河镇西南村稻田公园"。

绥化市北林区双河镇西南村稻田公园，是正大农业文化产业园的核心部

分，建于 2015 年 11 月，占地面积 1000 亩，总投资 3000 万元。乡村大舞台、儿童乐园、星空露营、萌宠乐园、荷塘悦色、彩色稻田、青春驿站、农家小院、七色花海、风轮长廊、荷兰风车、古典水车、百米瓜廊、寒地果园、稻海栈桥、观光凉亭、木屋别墅、垂钓乐园、小桥流水、婚庆草坪、农家餐吧、集装箱民宿及体育健身等，令人陶醉其中。配套设施齐全的稻田公园，从普通农田变身为一座集农业示范、农耕体验、科普教育、休闲娱乐于一体的稻田公园，成为北林区寒地黑土田园养生的一张绿色名片，成为绥化生态旅游的名片，成为绥化市摄影家基地、黑龙江乡村旅游示范点和国家 AAA 级旅游景区，2022 年被黑龙江省科技厅评为"黑龙江省科普示范基地"。

负责运营此项目的集团不但高价流转村民土地，还通过订单农业以高于市场价 0.4 元/千克的价格回收村民优质稻谷，同时将全村 150 多亩菜园子利用起来发展庭院经济和民宿旅游采摘，并发挥企业在加工、信息化和物流品牌方面的优势，结合市场情况和本地市民需求，对西南村果蔬进行礼品包装，通过集团自有电商平台"绥化 365 生活服务平台"配送销售。同时将本地传统农家美食如黏豆包、年糕、大饼子、豆面卷子等搬进稻田公园，传承经典绥化味道，吸引游客，实现产业多元化发展，并示范带动西南村周边果蔬产业的发展。

稻田公园还给附近的农民带来了快乐工作的机会。集团优先安排贫困户和有劳动能力的老人到园区工作，将西南村小剧团招进园区工作，他们除了做好本职工作外，闲暇时还能为游客带来接地气的文艺表演，很受游客欢迎。

集团一系列的惠民举措促使西南村 22 户贫困户全部脱贫，提前迈进小康行列。西南村也成为远近闻名的省级"文明村""省级生态村"，并入选农业农村部"2019 年中国美丽休闲乡村"、2020 年"全国生态文化村"。项目不但盘活了西南村剩余劳动力，还扩展了集团的销售平台和品牌渠道，走出了一条村企合作共建美丽乡村的振兴之路。

2. 农业农村吸引城市资本，加速农村基础设施建设，增加新的经济增长点

生态农业旅游观光产业是时代发展的需要，符合当前我国城乡一体化、协调化的发展战略，也是建设"美丽乡村""文化乡村"的最佳途径，其面临的主要发展困境在于需要大量的资金投入，而很少有资金雄厚的农民或农村组织具备这个财力，必须寻找农村之外的投资者来助推产业发展。城市工商业发达，经济收入高，城市中产阶级群体壮大，积累了闲余资金，因此，吸引城市

资本是必然选择。城市中产阶级往往先以"消费者"身份从产业中获得快乐体验，再转变为产业的"投资者"。

绥化市北林区正大农业文化产业园由黑龙江省滨北正大农业集团投资，绥化市北林区电子商务协会、绥化市北林区绿色食品协会共同开发，位于呼兰河流域中段双河镇西南村幸福水库灌区，是国家万亩良田实验区。现代的农业文化产业园结合现代农业发展观光、体验、DIY制作和"互联网+农业"的模式，打造了最真实、最乐趣、最绿色、最具有成长意义的"互联网+乐园"模式、"互联网+绿色庭院"模式、"互联网+休闲农业"模式，具有农业科普教育功能、儿童亲子体验功能、移动电商功能、庭院经济配送、稻田公园休闲农业、稻草文化等。该产业园将城市的资本引进农村，达到了加速农村基础设施建设的目的，同时此产业园的对外开放，必然给西南村的经济带来新的增长点。

另外，城市游客通过农业旅游，可以将城市的政治、文化意识等信息带到农村，可以使农民不用外出也可以了解到城市文化，并且接受城市现代化意识观念和生活习俗，实现农业人口就地市民化，推进农业现代化发展，为农村居民和城市居民提供了相互交往、相互了解的平台，缩短了二者之间的距离，促进了城乡人才信息技术能力要素的充分自由流动，打破了县城的城乡二元结构，成为推动城乡一体化发展的一条有效途径。

3. 推动龙江经济升级转型

黑龙江省是我国重要的能源和原材料基地。近年来，黑龙江省经济发展基础不断巩固和加强，产业动能也不断增强，众多的有利因素都在推动龙江经济的快速发展，但消费者消费需求的缩减、节能减排压力加大和国际金融危机的深远影响等众多不利因素也限制了龙江经济的发展。近年来，随着旅游业的发展，也带动了龙江经济的发展，其中农业旅游完美避开了众多不利因素，成为发展最为迅猛的一项产业。黑龙江省利用自身的先天资源发展农业旅游，在为主打产品构建一条完整的产业链的同时，推动了龙江经济的升级转型。

第五章　以多学科交叉融合视角剖析龙江玉米产业

第一节　寒地黑土核心区的玉米产业

一、寒地黑土核心区的玉米产业概述

（一）寒地黑土资源与粮食供给

2021年，中国科学院发布了一份名为《东北黑土地白皮书（2020）》的重要报告。该报告揭示我国东北黑土地总面积已达109万平方千米，其中典型黑土地耕地面积为1853.33万公顷，是我国最重要的商品粮基地。该基地以其丰富的农产品和卓越的品质而享誉世界。东北黑土区玉米的年产量占全国全年总产量的34%~35%，水稻的年产量占全国全年总产量的18%~19%，大豆的年产量占全国全年总产量的44%~45%。东北黑土区60%以上的粮食都可以做商品粮，其中我国商品粮中1/3的可调出商品产自黑土地。

作为"寒地黑土"的核心区域，黑龙江省占据了东北黑土区的50.6%。这里的农产品种类繁多，品质优良，尤其以粮油产品最为著名。单季耕作的模式使得这里每年有超过230天的空闲时间供土地休养生息，相比于每年两季、三季耕作的农产品，其物产自然营养更为充足。

纯净水源灌溉在这里发挥了重要作用。省内山水纯净，水系丰溢，大、小兴安岭上的丰富山产品以及原始森林中多年累积的腐殖质，都富含有机质和微量元素。这些有机质和微量元素经过雨水浸泡和冲刷，汇集成大大小小的河流，滋润着肥沃的寒地黑土。

寒地黑土的价值不仅在于其丰富的农产品，更在于其独特的生态环境。寒冷的气候使得病虫害轻而少，作物生长期也因此变得更长。由于土沃地肥，这里的农产品自然有机，营养成分丰富。

黑龙江省位于"寒地黑土"的核心区，被誉为共和国绿色大粮仓、维护国家粮食安全的"压舱石"的"第一战略资源"。这里每年产出的粮食占全国总量的10%以上，超过2亿亩的耕地是产出优质粮油的天赋宝地。可以说，中国人每9碗饭当中就有1碗来自黑龙江。

（二）玉米产业在寒地黑土核心区的发展目标

2023年6月25日，黑龙江省政府正式出台了《黑龙江省加快推进农产品加工业高质量发展三年行动计划（2023—2025年）》（黑政办规〔2023〕3号）（以下简称《计划》）和《黑龙江省支持农产品精深加工业高质量发展若干政策措施》（黑政办规〔2023〕4号）。两个文件的出台旨在推动该省农产品加工业的快速发展，实现营业收入的大幅增长。根据计划，到2025年，全省农产品加工业的营业收入力争达到4500亿元，比2022年增加1100亿元以上，增幅超过33%。此外，农产品加工业与农业总产值的比例也有望从2022年的0.57∶1提高到1∶1。

为了实现这一目标，《计划》提出了一系列具体的要求和措施。首先，要"做大做强重点产业农产品加工"，其中以玉米、大豆、水稻、乳品、肉类等五大加工产业为重点。这五大产业是黑龙江省的优势产业，具有较高的市场需求和发展潜力。通过科学谋划加工布局、重点方向和发展目标，可以引领农产品加工业实现较快增长。

在玉米加工产业方面，计划重点发展玉米精深加工，并建设多链条衔接、上下游配套的玉米加工集聚区。预计到2025年，全省玉米加工企业的营业收入将达到1100亿元，比2022年增长46.7%。这一目标的实现将为黑龙江省的农产品加工业发展注入新的活力。

除了玉米加工产业外，其他四大重点产业也将得到重视和支持。大豆加工产业将以提高产品质量和附加值为目标，推动大豆制品的研发和生产；水稻加工产业将注重提高加工效率和降低损耗，提升产品品质；乳品加工产业将加强技术创新和品牌建设，拓展市场空间；肉类加工产业将推动规模化养殖和加工一体化发展，提高肉类产品的附加值。

总之，黑龙江省通过制定《计划》，明确了农产品加工业的发展目标和重点任务。通过加大投入力度、优化产业结构、提升技术水平等措施，黑龙江省有望实现农产品加工业的高质量发展，为农民增收、农业增效、农村振兴做出了积极贡献。

（三）玉米产业对寒地黑土核心区经济的贡献

据中国乡村之声《三农中国》栏目报道，我国作为全球主要的玉米生产和消费国，同时在国际玉米贸易中具有举足轻重的地位。玉米产量自2012年首次超过稻谷后，连续多年稳居我国粮食作物产量首位。因此，如何实现玉米产业的高质量发展，自然成了社会各界关注的热点问题。

近年来，随着科技的飞速发展和全球经济一体化的深入推进，农业现代化已经成为各国政府和农业部门共同关注的焦点。在这个大背景下，黑龙江省绥化市以其独特的地理优势和资源禀赋，积极转变玉米产业发展方式，走出了一条产业融合、产出高效的玉米产业创新发展之路。

绥化市素有"北国大粮仓"的美誉。这里地处世界黄金玉米带，是寒地黑土的核心区，全市玉米播种面积达1800万亩，占黑龙江省玉米播种面积的17%。近年来，绥化市以打造"全国鲜食玉米主产区"为目标，推动鲜食玉米产业的发展，为农业地区推进供给侧结构性改革探索出一条新路。

绥化市紧紧抓住产业链和终端市场需求，大力增加鲜食玉米种植面积，从20万亩增至今年的80万亩，产量达到20亿穗。2018年绥化市就实现了全国人均吃上一穗绥化好玉米的目标。为了进一步发挥寒地黑土的价值，绥化市以市场为导向，打造种植、加工、销售多位一体的产业链。

在这个产业链中，绥化市不仅开发了鲜食玉米饮料、鲜食玉米休闲食品等深加工产品，还积极拓展玉米的应用领域。如今，玉米已经成为价值极高的工业资源，从主要商品粮到出口农产品，从优质饲料到轻化工原料，玉米的经济价值正逐渐显现。

绥化市的鲜食玉米产业发展迅速，产值已经从2016年的4.4亿元增长到如今的18亿元。全市较大型的鲜食玉米加工企业已发展到51家，加工能力达到10亿穗，不仅为当地农民提供了丰富的就业机会，还带动了相关产业链的发展，形成了良好的经济效应。

(四) 玉米产业面临的挑战和问题

在寒地黑土核心区，玉米产业一直是农民增收的主要来源。然而，近年来，这个产业面临着诸多问题，如产量下降、病虫害严重、市场波动大等。

首先，产量下降是寒地黑土核心区玉米产业面临的一个主要问题。这主要是由于气候变化和土地资源减少导致的。随着全球气候变暖，寒地黑土核心区的热量条件逐渐恶化，导致产量降低。土地资源的减少也使种植面积受到限制。

其次，病虫害严重也是寒地黑土核心区玉米产业面临的一个重要问题。由于该地区土壤肥沃、气候适宜，玉米种植面积较大，病虫害的发生率较高。这些病虫害不仅会导致玉米减产，还可能对环境造成污染，影响农业生产的可持续发展。

最后，市场波动大也是寒地黑土核心区玉米产业面临的一个问题。由于玉米产量的不稳定和市场需求的变化，玉米价格存在较大的波动性，使得农民在种植和销售玉米时面临着较大的风险，不利于农业的稳定发展。

针对以上问题，可以从以下几个方面采取措施加以解决。

一是加强科技创新，提高玉米产量。通过选育或引进抗病虫、抗旱、抗低温的新品种，以及推广高产优质的栽培技术，提高寒地黑土核心区玉米的产量和品质。

二是加强病虫害防治，保障玉米生产。加大对病虫害防治的投入，推广生物防治、生态防治等绿色防控技术，减少化肥和农药的使用，降低环境污染风险。

三是优化产业结构，拓宽市场渠道。鼓励农民发展多种经营，如种植其他农作物、养殖家禽家畜等，以降低对玉米市场的依赖；同时加强农产品品牌建设，提高农产品的市场竞争力。

四是完善政策支持体系，稳定农户收入。政府应加大对寒地黑土核心区玉米产业的政策支持力度，如提供财政补贴、优惠贷款等；同时完善农产品价格保险制度，帮助农民应对市场价格波动的风险。

总之，寒地黑土核心区玉米产业面临的问题是多方面的，需要从技术创新、病虫害防治、产业结构调整和政策支持等方面入手，共同努力解决这些问题，促进寒地黑土核心区玉米产业可持续发展。

二、寒地黑土核心区玉米产业的资源利用与环境保护

（一）寒地黑土核心区的土壤资源特点及其对玉米生长的影响

黑土的核心区是中国东北地区，气候寒冷，冬季漫长严寒，夏季短暂而温暖。这种独特的气候条件孕育了世界上最肥沃的土壤之一——寒地黑土。这种土壤的主要特点是富含有机质，矿物质丰富，结构疏松，透气性好，保水能力强，温度适宜，是农作物生长的理想土壤。

寒地黑土的核心区土壤资源特点对玉米生长的影响主要体现在以下几个方面。

（1）丰富的有机质。寒地黑土中的有机质含量非常高，为玉米提供了充足的养分来源。有机质可以分解成各种无机盐，如氮、磷、钾等，这些都是玉

米生长所需的重要元素。有机质还可以改善土壤的结构，增加土壤的通气性和保水性，有利于玉米根系的发育和养分吸收。

（2）丰富的矿物质。寒地黑土中的矿物质种类繁多，包括钙、镁、铁、锌等多种微量元素。这些矿物质对于玉米生长具有重要作用。例如，钙、镁可以促进玉米的叶绿素合成，提高光合作用效率；铁、锌可以促进玉米的营养生长，增强抗病能力。

（3）良好的结构。寒地黑土的结构疏松，有利于空气和水分的渗透，有利于玉米根系的发育。同时，良好的结构还可以保持水分平衡，防止水分过多或过少而对玉米生长造成不良影响。

（4）较强的保水能力。寒地黑土具有较强的保水能力，可以有效保持土壤中的水分，防止水分流失。这对于玉米生长至关重要，特别是在干旱条件下，保水能力强的土壤可以保证玉米有足够的水分供应。

（二）寒地黑土核心区的水资源利用现状及优化策略

由于气候寒冷，寒地黑土核心区域的河流、湖泊等水源较少，而且水质也相对较差。居民们主要依靠地下水和雪水来满足生活用水和农业生产的需要。然而，由于地下水资源的过度开采，地面塌陷、盐碱化等问题日益严重；同时，由于气候变化和人类活动的影响，雪水的量也在逐年减少，这些无疑给当地的水资源利用带来了巨大的压力。

面对这样的现状，应该如何优化寒地黑土核心区的水资源利用呢？以下是一些可能的优化策略。

（1）建立水资源管理体系。通过建立完善的水资源管理体系，科学合理地规划和分配水资源，以确保水资源的可持续利用。包括制定严格的水资源管理政策，加大对水资源浪费行为的惩罚力度，以及鼓励和支持节水技术的研发和应用。

（2）发展节水农业。通过推广节水灌溉技术，如滴灌、喷灌等，减少农业用水量。同时，通过改良土壤结构和种植耐旱作物，提高农业用水效率。

（3）利用再生水。通过建设污水处理厂和再生水回用系统，将城市和工业废水处理后用于生活用水和农田灌溉，从而减轻对地下水和雪水的依赖。

（4）保护水源地。通过加强水源地的保护，防止污染源对水质的影响，保证水源的安全。包括加强对工业和农业排污的监管，以及建立水源地保护区等。

（5）提高公众节水意识。通过教育和宣传，提高公众对节水的认识和重视程度，形成良好的节水习惯。

三、寒地黑土核心区玉米产业的技术创新与发展

在全球范围内，环境保护和可持续发展已经成了人类关注的焦点。寒地黑土核心区的玉米产业发展也必须紧跟这一趋势，以实现绿色、可持续发展。

可持续发展是指满足当前人类需求的同时，不损害未来几代人的需求的发展方式，意味着需要在经济发展、社会进步和环境保护之间找到一个平衡点。对于寒地黑土核心区的玉米产业来说，这个平衡点就是在保障粮食安全的同时，减少对环境的影响，实现经济、社会和环境的三重效益。

为了实现这一目标，需要从以下几个方面进行探索。

一是优化种植结构。寒地黑土核心区的玉米产业以大规模、高密度的种植为主，这种模式虽然可以提高产量，但也会对土壤造成严重的侵蚀和污染。因此，需要引导农民采用更适合当地气候和土壤条件的种植方式，如小规模、低密度的种植，以及混种、轮作等种植模式，以保护土壤资源。

二是推广绿色生产技术。在种植过程中，可以采用一些绿色生产技术，如有机肥料的使用、生物防治的方法等，以减少化肥和农药的使用量，降低对环境和土壤的污染。同时，还可以通过精细化管理，提高农业生产的效率，减少对土地的压力。

三是加强环保宣传和教育。通过各种方式向农民普及环保知识，提高他们的环保意识，使他们认识到保护环境、实现可持续发展的重要性。同时，还需要通过政策引导，鼓励农民采取环保的生产方式。

四是建立完善的环保监测和管理机制。建立一套完善的环保监测和管理机制，以确保环保政策的落实。同时，还需要定期对玉米产业的环境影响进行评估，以便及时调整政策，实现可持续发展。

总的来说，基于可持续发展理念的寒地黑土核心区玉米产业绿色发展模式，需要在优化种植结构、推广绿色生产技术、加强环保宣传和教育、建立完善的环保监测和管理机制等方面综合施策。只有这样，才能在保障粮食安全的同时，实现经济、社会和环境的三重效益，为我们的后代留下一个绿色的家园。

（一）寒地黑土核心区玉米产业技术创新现状分析

在全球化的今天，农业技术创新已经成为推动农业发展的重要动力。特别是在寒地黑土核心区，玉米产业的技术创新更是关系国家粮食安全和农业可持

续发展的关键。

必须认识到，寒地黑土核心区的气候条件和土壤特性为玉米种植提供了独特的优势。然而，这些优势也带来了一些挑战，如病虫害防治、抗逆性等。因此，技术创新在这里显得尤为重要。目前，寒地黑土核心区玉米产业技术创新主要体现在以下几个方面。

一是新品种选育。通过科研力量的不断投入，已经培育出一系列适应寒地黑土核心区环境的新品种，如"寒地黄金""黑土303"等。这些新品种不仅产量高，而且抗病虫害能力强，大大提高了玉米的产量和质量。

二是种植技术改进。通过引进和推广先进的种植技术，如精准施肥、覆膜栽培、病虫害综合防治等，有效提高了玉米的种植效率和产量。

三是机械化水平提高。随着农业机械化的推进，寒地黑土核心区的玉米种植已经实现了从人工种植向机械化种植的转变，大大提高了生产效率。

尽管寒地黑土核心区玉米产业技术创新取得了一定的成果，但也存在一些问题和挑战。例如，新品种的推广应用存在一定的困难，部分农民对新品种的接受度不高；种植技术的普及和应用需要进一步加强；机械化设备的更新换代需要大量的资金投入。

因此，需要从以下几个方面来推动寒地黑土核心区玉米产业技术创新的发展。

一是加大科研投入，培育更多适应寒地黑土核心区环境的新品种。

二是加强技术推广，提高农民对新技术的接受度。

三是完善政策支持，鼓励企业和社会资本投入农业机械化设备的研发和更新换代中。

(二) 寒地黑土核心区玉米产业技术创新需求与方向

在中国，寒地黑土核心区的玉米产业占据了重要的地位。然而，随着科技的发展和市场需求的变化，寒地黑土核心区的玉米产业面临着技术创新的需求。

由于地理位置和气候条件的限制，寒地黑土核心区的玉米产量一直受到制约。此外，传统的种植方式也限制了玉米产业的发展。因此，寒地黑土核心区的玉米产业亟须技术创新，以提高产量和质量，满足市场的需求。

1. 寒地黑土核心区玉米产业技术创新的需求

首先，需要提高玉米的抗逆性。由于寒冷的气候条件，玉米的生长周期长，抗逆性强的品种将更有利于玉米的生长。其次，需要提高玉米的产量。随着人口的增长和生活水平的提高，对粮食的需求也在不断增加。因此，提高玉米的产量是寒地黑土核心区玉米产业技术创新的重要需求。最后，需要提高玉米的质量。优质的玉米产品不仅能满足消费者的需求，也能提高农民的收入。

2. 寒地黑土核心区玉米产业技术创新的方向

首先，应该加强基础研究，研发适应寒冷气候条件的玉米新品种。这些新品种应该具有较强的抗逆性和较高的产量。其次，应该推广先进的种植技术，如精准农业、智能农业等。这些技术可以提高农业生产效率，降低生产成本。最后，应该加强玉米产品的深加工，开发高附加值的产品。这不仅可以提高玉米的利用率，也可以提高农民的收入。

总的来说，寒地黑土核心区玉米产业技术创新的需求主要体现在提高抗逆性、提高产量和提高质量三个方面，而技术创新的方向则包括研发适应寒冷气候条件的新品种、推广先进的种植技术和加强玉米产品的深加工。只有通过不断的技术创新，寒地黑土核心区的玉米产业才能实现可持续发展，满足市场的需求。

（三）寒地黑土核心区玉米产业技术创新政策建议

随着科技的发展和市场需求的变化，寒地黑土核心区的玉米产业面临着许多挑战。为了应对这些挑战，需要通过技术创新政策来推动寒地黑土核心区玉米产业的发展。本文将就这一主题提出一些建议。

首先，需要加大对寒地黑土核心区玉米产业技术创新的投入。这包括提供资金支持、建立和完善技术研发平台、吸引和培养高技术人才等。只有通过不断的技术创新，才能提高寒地黑土核心区玉米的产量和质量，满足市场的需求。

其次，需要加强寒地黑土核心区玉米产业技术创新的政策引导。这包括制定鼓励技术创新的政策，如提供税收优惠、设立科技创新基金等。同时，也需要加强对技术创新成果的保护，防止技术泄露和侵权行为。

再次，需要加强寒地黑土核心区玉米产业技术创新的国际合作。这包括与国际上的农业科研机构和企业合作，引进先进的技术和管理经验，提升我国寒地黑土核心区玉米产业的国际竞争力。

最后，需要加强对寒地黑土核心区玉米产业技术创新的研究和推广。这包括对新技术的研发和应用，对新技术进行广泛的宣传和推广，使更多的农民了解和接受新技术，从而提高他们的生产效率和收入水平。

总的来说，寒地黑土核心区玉米产业技术创新政策的制定和实施，对于推动寒地黑土核心区玉米产业的发展，提高我国农业的整体竞争力具有重要的意义。应该从加大技术创新投入、加强政策引导、加强国际合作、加强研究和推广等方面入手，制定出更加科学和合理的政策，以推动寒地黑土核心区玉米产业持续健康发展。

（四）以技术创新推动寒地黑土核心区玉米产业高质量发展的实践案例

近年来，被誉为"中国玉米之乡"的青冈地区，积极响应"粮头食尾""农头工尾"的重要指示精神，遵循黑龙江省委将食品和农产品精深加工发展成为第一支柱产业的战略部署，以及绥化市委推动"都城地"建设向更高质量发展的目标定位的要求，始终将玉米产业作为促进农业增收、推动高质量发展的关键产业。通过充分挖掘和发挥"寒地黑土"这一得天独厚的资源优势，引进龙头企业，建立生产基地，树立品牌形象，全力推进玉米全产业链的发展。

在第 31 届中国鲜食玉米、速冻果蔬大会暨第 3 届绥化（青冈）鲜食玉米大会上，青冈县盛大举办了"青冈玉米品牌战略发布会"，正式推出"青冈玉米"区域公用品牌，并荣获"全国中高端鲜食玉米生产示范基地"。作为全国首个打造并公开发布鲜食玉米区域公用品牌的县域，这一举措不仅开启了青冈玉米品牌建设的新篇章，更象征着青冈玉米产业链进入了一个全新的发展阶段。

青冈县，位于世界黄金玉米带和寒地黑土核心区，总面积 2685 平方千米。这片土地上拥有 256.3 万亩肥沃的良田，使其成为国家重要的商品粮基地和绿色食品生产供应基地。1999 年，青冈引进了亚洲最大的单厂玉米淀粉生产加工企业——黑龙江龙凤玉米开发有限公司。该公司设计的生产能力为每年加工 15 万吨玉米和 10 万吨淀粉，年产值达到 5 亿元。其生产的"尽美"牌系列产品被评为黑龙江名牌产品和黑龙江省免检产品。2002 年，该企业被国家九部委确定为农业产业化国家优秀重点龙头企业，目前总资产已达 29 亿元。

青冈县以龙凤玉米公司为核心，规划建设玉米百亿产业园，重点发展淀粉精深加工和鲜食玉米加工。目前，全县已经形成了从玉米淀粉生产到麦芽糖、麦芽糊精、玉米油、液体葡萄糖、葡萄糖酸钠、饲料加工的全产业发展链条，实现了玉米资源的充分利用。

2017 年，龙凤玉米的投资方——山东诸城兴贸集团与北京粮食集团在青冈合资组建了京粮龙江生物工程有限公司。双方共投资 18.6 亿元，建设了 100 万吨玉米综合深加工及 100 万吨粮食仓储项目。该项目在 2017 年立项、建成和投产,创造了项目招商的奇迹,也为青冈县产业地图增添了浓重的一笔。

受益于多年来青冈优质的营商环境,龙凤玉米公司也在持续加大项目建设力度。其投入资金13亿元,相继开发建设了玉米胚芽油、葡萄糖酸钠、热电联产、10万吨液态葡萄糖和100万吨粮食仓储等项目。主要生产玉米淀粉、蛋白粉、粗蛋白、玉米油、胚芽饼、喷浆玉米皮、麦芽糖、葡萄糖酸钠、液态葡萄糖、麦芽糊精等10余种产品。其中,仅葡萄糖酸钠和液态葡萄糖两个项目的年产值就可达9亿元。产业链条不断延伸,深加工能力和产品附加值显著提升。

目前,青冈龙凤玉米、京粮龙江生物、嘉丰塑业、鑫玉玉米、源发物流、兴贸食品、柏尊饲料等玉米加工及配套企业共有13户,开发建设了玉米综合深加工、压片玉米、葡萄糖酸钠、胚芽油等项目26个,这些项目的总玉米加工能力达到260万吨,淀粉转化能力为30万吨。2018年,玉米产业园实现产值92.97亿元,被评为首批国家农业农村产业融合发展示范园。

四、寒地黑土核心区玉米产业的市场与竞争分析

(一)寒地黑土核心区玉米产业市场现状及发展趋势

近年来,随着农业生产结构的调整以及市场需求的变化,寒地黑土核心区的玉米产业面临着一些挑战。一方面,由于环境保护的要求,过度开垦土地的现象得到了一定程度的遏制,使得耕地面积有所减少,玉米产量也受到了影响。另一方面,随着消费者对食品安全和营养价值的需求提高,对玉米产品质量的要求也在不断提高,对玉米产业提出了新的要求。

尽管如此,寒地黑土核心区的玉米产业依然有着明显的优势和发展潜力。首先,这里的土壤条件优越,适合玉米的生长,可以保证玉米的产量和质量。其次,这里的农业技术水平较高,可以有效地提高玉米的种植效率和产量。再次,这里的农产品加工能力较强,可以将玉米加工成各种具有高附加值的产品,提高玉米的经济价值。最后,这里的市场需求稳定,玉米作为主要的粮食作物和饲料原料,其市场需求量大,市场前景广阔。

寒地黑土核心区玉米产业的未来发展趋势主要体现在以下几个方面。

一是优化农业结构。在保护环境的前提下,合理利用土地资源,调整农业生产结构,发展高效、节水、环保的农业生产方式,提高玉米的种植效率和产量。

二是提高产品质量。通过引进和推广新的农业技术和管理模式,提高玉米

的品质和营养价值,满足消费者对食品安全和营养价值的需求。

三是加强农产品加工。利用寒地黑土核心区的农产品加工优势,开发和推广各种玉米深加工产品,提高玉米的经济价值。

四是拓展市场渠道。通过建立和完善农产品市场体系,扩大玉米的销售渠道,提高玉米的市场竞争力。

(二)寒地黑土核心区玉米产业竞争格局分析

在全球化的今天,农业产业的竞争格局正在发生深刻的变化,特别是寒地黑土核心区玉米产业的竞争格局,更是引人关注。以下将从产业竞争力、竞争优势和竞争策略三个方面,对寒地黑土核心区玉米产业的竞争格局进行深入分析。

首先,从产业竞争力的角度看,寒地黑土核心区的玉米产业具有明显的优势。寒地黑土是世界公认的最肥沃的土壤之一,其富含的有机质和微量元素为玉米的生长提供了良好的条件。此外,寒地黑土核心区地理位置优越、气候条件适宜,使得玉米的生长周期长,产量高,品质优良。这些都使得寒地黑土核心区的玉米产业具有较强的市场竞争力。

尽管寒地黑土核心区的玉米产业具有明显的竞争优势,但也面临着激烈的竞争压力。一方面,全球玉米生产能力不断增强,尤其是一些新兴经济体如印度、巴西等国的玉米产量逐年提升,这无疑给寒地黑土核心区的玉米产业带来了竞争压力。另一方面,随着消费者对食品安全和营养价值的要求提高,对玉米品种的需求也在发生变化,这对寒地黑土核心区的玉米产业提出了新的挑战。

其次,从竞争优势的角度看,寒地黑土核心区玉米产业的竞争优势主要体现在以下几个方面:一是资源优势,即得天独厚的地理环境和土壤条件;二是技术优势,即丰富的农业科技资源和先进的农业生产技术;三是品牌优势,即寒地黑土核心区生产的玉米以其优良的品质和口感赢得了消费者的认可。

最后,从竞争策略的角度看,寒地黑土核心区的玉米产业需要采取有效的竞争策略来应对竞争压力。一方面,应加强科技创新,提高玉米的抗病虫害能力和产量;另一方面,应加强品牌建设,提升寒地黑土核心区玉米的品牌影响力和市场竞争力。此外,还应积极开拓国内外市场,扩大玉米的销售渠道,提高产品的市场占有率。

(三)提升寒地黑土核心区玉米产业竞争力的对策建议

随着全球气候变化和农业竞争的加剧,寒地黑土核心区的玉米产业面临着前所未有的挑战。为了提升这一产业的竞争力，需要从多个角度出发，提出有效的对策建议。

首先，提高科技创新能力是提升寒地黑土核心区玉米产业竞争力的关键。科技是第一生产力，只有通过不断地科技创新，才能提高农业生产效率，降低生产成本，提升产品质量，从而在激烈的市场竞争中脱颖而出。应该加大对农业科技研发的投入，鼓励企业、高校和科研机构加强合作，共同推进寒地黑土核心区玉米产业的科技创新。

其次，优化产业结构也是提升寒地黑土核心区玉米产业竞争力的重要途径。当前，我国农业产业结构存在一些问题，如过度依赖粮食作物种植，忽视了其他经济作物的发展，导致农业产业链条单一、经济效益低下。因此，应该引导农民调整种植结构，发展多元化农业，如发展特色农产品、休闲农业等，以拓宽农业产业链，提高农业经济效益。

再次，加强品牌建设是提升寒地黑土核心区玉米产业竞争力的有效手段。品牌是产品的灵魂，是消费者选择产品的重要因素。应该通过加强品牌宣传，提升产品知名度和影响力，使寒地黑土核心区的玉米成为消费者心中的优质品牌。同时，还应该加强农产品质量监管，确保产品质量，以此赢得消费者的信任和支持。

最后，深化农业供给侧结构性改革是提升寒地黑土核心区玉米产业竞争力的基础。应该通过深化农业市场体制改革、农村金融改革等，激发农民的生产积极性，提高农业生产效率，优化农业资源配置，提高农业经济效益。

总的来说，提升寒地黑土核心区玉米产业竞争力需要从科技创新、产业结构优化、品牌建设和农业供给侧结构性改革等多个方面入手，通过综合施策，全面提升寒地黑土核心区玉米产业的竞争力。

（四）寒地黑土核心区玉米产业国际化发展的机遇与挑战

首先，国际市场竞争激烈，寒地黑土核心区玉米产业需要有足够的竞争力才能在国际市场上立足。这就需要其不断提升产品的质量和产量，提高生产效率，降低生产成本，以满足消费者的需求。

其次，需要大量的资金投入，包括研发投入、生产设备投入、市场推广投入等，这对于许多企业来说是一个重大的挑战。因此，需要寻找更多的投资渠道，如政府补贴、银行贷款、风险投资等，以保证企业的正常运营。

最后，需要解决一系列的技术问题，如如何提高玉米的产量和质量、如何降低生产成本等。这就需要加大科技创新力度，通过引进和自主研发先进的生产技术和管理技术，提高寒地黑土核心区玉米产业的生产效率和产品质量。

面对这些机遇和挑战，首先，寒地黑土核心区玉米产业需要加大科技创新力度，通过引进和自主研发先进的生产技术和管理技术，提高生产效率和产品质量，从而增强其在国际市场上的竞争力；其次，需要积极寻求国内外的投资合作，通过引入外资和技术，加快寒地黑土核心区玉米产业的现代化进程；最后，需要加强与国际市场的对接，通过参加国际展览和交流活动，了解国际市场需求，开拓国际市场。

第二节 多学科交叉融合助推龙江玉米产品开发

一、多学科交叉融合的理论基础

（一）多学科交叉融合的重要意义

在 21 世纪的今天，科技的飞速发展和全球化进程的加快，使得各学科之间的交流与合作日益密切。在这个背景下，多学科交叉融合的概念应运而生，它强调的是不同学科之间的相互渗透、相互促进，从而形成一种新的学科体系。多学科交叉融合不仅能够拓展知识视野，还能够激发创新思维，为解决现实问题提供新的思路和方法。

需要明确多学科交叉融合的概念。简单来说，多学科交叉融合是指在某一特定领域内，通过整合不同学科的知识、方法和技术，形成一种新的研究领域或学科体系。这种融合可以是横向的，即不同学科在同一领域进行合作；也可以是纵向的，即一个学科在发展过程中吸收其他学科的精华。多学科交叉融合的核心是"整合"，即将各种不同的元素组合在一起，形成一个新的整体。

多学科交叉融合的作用和意义，分析和探讨如下。

（1）知识整合。多学科交叉融合要求在研究过程中，充分挖掘和整合不同学科的知识资源。这意味着需要打破传统的学科界限，将各种学科的理论和方法结合起来，形成一个更加完整、更加深入的理论体系。

（2）方法整合。多学科交叉融合强调的是研究方法的创新和整合。在实际研究过程中，需要根据具体问题的需求，灵活运用各种学科的研究方法。

（3）创新思维。多学科交叉融合有助于培养跨学科的创新思维。在面对复杂问题时，需要跳出单一学科的框架，从多个角度进行思考和分析。这种跨学科的创新思维有助于发现问题的新视角，提出新的解决方案。

（4）应用价值。多学科交叉融合的研究具有很高的应用价值。通过对不同学科知识的综合运用，可以更好地解决现实问题，推动科技进步和社会发展。

（二）多学科交叉融合的基本要素和关系

多学科交叉融合是指不同学科之间相互借鉴、相互融合，形成新的学科领域或新的研究方法。下面将从基本要素和关系两个方面探讨多学科交叉融合的特点。

1. 多学科交叉融合的基本要素

（1）学科间的相互渗透。多学科交叉融合首先要求学科间具有一定的联系和渗透性。这意味着不同学科之间存在着共同的研究对象、问题或者方法，通过相互借鉴和融合，可以实现各自领域的优势互补。

（2）跨学科团队的构建。多学科交叉融合需要建立跨学科的研究团队。要求团队成员具有丰富的学科背景知识，能够在不同学科领域之间进行有效的沟通和协作，从而推动多学科交叉融合的深入发展。

（3）创新思维的培养。多学科交叉融合要求研究者具备创新思维能力，能够在不同学科领域之间发现问题、提出解决方案，并将其付诸实践。创新思维是多学科交叉融合的核心驱动力。

（4）跨界交流与合作。多学科交叉融合需要加强学术界、产业界以及政府部门之间的交流与合作。通过跨界交流，可以促进各学科之间相互了解和信任，为多学科交叉融合提供良好的社会环境。

2. 多学科交叉融合的关系

（1）继承与发展。多学科交叉融合是在原有学科基础上的一种发展和拓展。它既继承了各学科的优秀传统，又不断吸收新的知识和技术，推动学科体系不断完善和发展。

（2）共生共荣。多学科交叉融合体现了各学科之间的共生共荣关系。在多学科交叉融合的过程中，各个学科都能够发挥自身的优势，共同推动科学技术的进步和社会的发展。

（3）互补与协同。多学科交叉融合强调各学科之间的互补与协同作用。通过相互借鉴和融合，可以弥补各学科之间的不足，提高研究的整体水平和效率。

（4）动态与变化。多学科交叉融合是一个不断发展和变化的过程。随着科学技术的进步和社会的发展，各个学科之间的界限将变得越来越模糊，多学科交叉融合的内涵和形式也将不断丰富和完善。

总之，多学科交叉融合是当今世界科学技术发展的必然趋势。它不仅能够推动学科体系的完善和发展，还有助于解决现实社会中的诸多复杂问题。

(三) 多学科交叉融合的发展历程

从理论的角度来看，多学科交叉融合的发展历程可以追溯到古代。在古希腊时期，哲学家们就开始尝试将不同的学科知识交叉融合，形成一种全新的思考方式。例如，柏拉图的"理念论"就是将数学、哲学和物理学的知识交叉融合的理论。而真正的多学科交叉融合是在近代才开始的。

从实践的角度来看，多学科交叉融合的发展历程则更为复杂。在科技领域，多学科交叉融合的应用情况和成效评价主要体现在以下几个方面。

一是医学领域，生物医学工程、生物信息学和临床医学的交叉融合，使得能够更好地理解疾病的发生机制，开发出更有效的治疗方法。

二是工程领域，物理、化学、材料科学和工程学的交叉融合，使得能够开发出更耐用、更安全的产品。

三是社会科学领域，经济学、社会学、心理学和行为科学的交叉融合，使得能够更好地理解人类的行为和社会的现象。

四是艺术领域，音乐、绘画、雕塑和电影的交叉融合，使得能够创造出更丰富、更有深度的艺术作品。

总的来说，多学科交叉融合的发展历程是一个从理论到实践的过程。在这个过程中，需要不断地探索新的知识，不断地挑战旧的观念，才能真正实现多学科的交叉融合。同时，也需要对多学科交叉融合的应用情况进行全面评估，以便更好地利用这种新的知识体系来解决实际问题。

二、多学科交叉融合的理论框架

多学科交叉融合的理论框架，是指在某一领域内，通过整合不同学科的知识、方法和技能解决复杂问题的一种创新思维方式。这种跨学科的融合，不仅可以提高问题的解决效率，还可提供全新的视角和思考方式，从而推动各领域的发展。

(一) 多学科交叉融合的理论框架的构成

(1) 问题定义。明确需要解决的问题或挑战，这是多学科交叉融合的基础。一个好的问题定义应该具有一定的复杂性、新颖性和实用性，能够激发研究者的兴趣和动力。

（2）学科识别与选择。根据问题定义，识别出可能涉及的相关学科领域。在这个过程中，需要对各个学科的研究领域、理论体系、方法和技术等方面进行全面了解，以确定哪些学科最有可能为解决问题提供帮助。

（3）学科整合与对话。对选定的学科领域进行整合，形成一个统一的理论框架。这个过程需要研究者具备较强的跨学科沟通和协作能力，能够在不同学科之间建立有效的对话机制，促进知识的共享和交流。

（4）模型构建与仿真。基于整合后的学科理论框架，构建相应的数学模型或仿真模型，以描述问题的发展过程和可能的结果。这个过程需要运用多种学科的知识和方法，如数学、物理、计算机科学等。

（5）结果分析与应用。对模型进行求解和分析，得出问题的解决方案。在这个过程中，可能需要运用各种学科的技术和工具，如数据分析、机器学习、人工智能等。最后，将研究成果应用于实际问题，以实现问题的解决或改进。

（二）多学科交叉融合的理论框架的优点

（1）提高问题解决效率。通过整合不同学科的知识和方法，可以更快速地找到问题的解决方案，提高工作效率。

（2）拓宽研究视野。多学科交叉融合可以从不同的角度和层面审视问题，从而发现新的规律和现象，拓宽研究视野。

（3）促进创新与发展。多学科交叉融合可以激发创新思维，推动各领域的发展和进步。例如，生物医学工程领域的发展，很大程度上得益于物理学、化学、生物学等多个学科的交叉融合。

（4）提高人才培养质量。多学科交叉融合有助于培养具有跨学科知识和能力的人才，满足社会对高层次人才的需求。

总之，多学科交叉融合的理论框架提供了一种全新的解决问题的方式。在未来的研究和实践中，应该更加重视和推广这一理念，以期在各个领域取得更多的突破和发展。

三、多学科交叉融合助推黑龙江玉米产品开发的实践探索

（一）在种植技术创新中的应用场景和实践案例分析

贾森是绥化学院农业与水利工程学院的一位教师，开展了水稻、玉米等大田作物的研究，最先关注的是水果玉米、甜糯玉米、黏玉米等鲜食玉米品种，

然而，她并没有满足于当时的研究范围。随后，她通过调研察觉到爆裂玉米是一个很有研究价值的新方向：我国60%的爆裂玉米依赖进口，因此，自主选育适合东北寒地气候栽培的优良爆裂玉米新品种非常迫切。

贾森深知爆裂玉米在农业领域的潜力。这种玉米品种常用于制作爆米花，具有较高的市场价值。黑龙江省在爆裂玉米种植方面具有巨大的发展潜力，但研究者甚少。她希望能够填补这一研究领域的空白，为我省的农业生产带来更多的经济效益。

爆裂玉米的经济效益是普通玉米的2~3倍，如果农户选择种植爆裂玉米，每亩地的收入可增加300~500元。刚开始研究时，贾森及其团队遇到了许多困难，但她始终鼓励自己和团队："办法总比困难多，遇到困难就要去克服。"为了研究，贾森亲自下乡种植实验地；为筹集经费，她自掏腰包；由于育种周期长，她南北两地奔波，一年当作两年用。正是凭借这种不屈不挠、勇于面对困难的精神，贾森成功研发出了属于黑龙江省的爆裂玉米品种——"绥爆一号"。

自2018年起，"绥爆一号"在黑龙江省多个乡镇进行试验示范推广，其经济效益相较普通玉米有了显著提高。种子对粮食产量的贡献率超过35%，表明培育优质种子是解决农业生产问题最经济、最有效的方法之一。贾森的成功不仅为黑龙江省的农业生产带来了新的机遇，也为广大农民提供了一个增收致富的好途径。

（二）在产品研发和品质提升中的应用场景和实践案例分析

2021年、2022年，黑龙江省的玉米产量都超过了400亿千克，稳居全国首位。依托丰富的玉米资源，黑龙江以"农业主导工业，粮食主导食品"为策略，拓展产业链，提升价值链。产业链的延伸能够带来更高的附加值。如今，绥化市的玉米产量占据全省近1/5，成为该地区的重要支柱产业；新和成、象屿金谷、京粮龙江生物、星湖科技等一批行业领军企业在这里聚集，共同推动玉米精深加工的发展。在这个过程中，玉米新产品不断涌现。

色氨酸、苏氨酸和赖氨酸等氨基酸是无法通过人体自身合成的必需氨基酸，需要从食物中摄取，且这些氨基酸通过化学合成的方式合成成本高、难度大，而以廉价易得的玉米为主要原料通过微生物发酵的方式合成可以实现低成本、高效率的生产，这给玉米产业带来了新的发展机遇。因此，在微生物发酵生产过程及发酵产物分离纯化提取过程中，需掌握一套独特的技术。

目前，绥化象屿金谷生化科技有限公司已建成世界上最大单体氨基酸生产线，使每吨玉米的价值翻了 20 多倍。该公司在色氨酸生产方面处于国内领先地位。2023 年 6 月，公司的色氨酸产能取得新突破，年产能达到 1 万吨，位居全国第一。目前，绥化象屿金谷生化科技有限公司年加工玉米能力达 15 亿千克，拥有亚洲最大单体淀粉和淀粉糖生产线，产品远销美国、俄罗斯、日本、韩国、欧洲等国家和地区，累计营收近 150 亿元。绥化象屿金谷生化科技有限公司未来将加大产品研发力度和产业升级，逐步从初级加工向糖类、醇类、膳食纤维和精制氨基酸方向发展。同时，公司还计划自主发展并与上下游产业联动，逐步打造百亿级生物发酵产业园。

黑龙江省万里润达生物科技有限公司是宝清县最大的粮食收购和加工企业，拥有 4 万吨的仓储容量，足以满足该县 40 亿千克玉米的需求。这家企业深度开发"原字号"，将每一粒玉米都转化为高质量产品，通过发酵技术提升玉米的价值，公司建成了 20 万吨赖氨酸发酵车间，三名工作人员通过自动化生产线，将糖化后的玉米淀粉送入大型发酵罐中，仅需 48 小时便可制成高浓度的赖氨酸液体。赖氨酸年产值可达 11 亿~12 亿元，若仅依赖玉米淀粉产品形式，产值为 6 亿~7 亿元。企业通过深度加工原有玉米，可显著提升利润。除了发酵生产赖氨酸产品外，万里润达的主要产品还包括玉米燃料乙醇，已建设完成并投产了 30 万吨玉米燃料乙醇项目。通过持续优化生产工艺，企业从单一的燃料乙醇发展到包括食用酒精和作为新能源电池溶剂的无水乙醇等多元化产品。此外，他们还生产附属产品干酒糟及其可溶物（DDGS）饲料，在国内市场居于领先地位。

目前，黑龙江省正重点在哈尔滨、齐齐哈尔、绥化等区域发展玉米精深加工，建设多链条衔接、上下游配套的玉米加工集聚区。预计到 2025 年，全省玉米加工产业营业收入将努力达到 1100 亿元。

四、基于多学科交叉融合的黑龙江玉米产品开发模式探讨

（一）建立以需求为导向的产品开发模式和流程设计

在玉米产品开发中，这一原则同样适用。需要深入了解消费者对玉米产品的口感、营养价值、健康效益等方面的需求，以便为他们提供更符合期望的产品。

接下来，将构建以需求为导向的玉米产品开发模式。这一模式主要包括以下几个环节。

市场调查与分析：通过对市场的深入调查，了解消费者对玉米产品的需

求、偏好及消费习惯。同时，分析行业发展趋势、竞争对手的情况，为产品开发提供有力的数据支持。

产品策划：根据市场调查的结果，结合企业自身的优势资源，策划出具有竞争力的玉米产品方案。这一阶段需要充分考虑产品的定位、目标市场、营销策略等因素。

技术研发：在产品策划的基础上，开展技术研发工作，包括原料筛选、生产工艺优化、产品配方设计等。这一环节需要关注产品的口感、营养价值、健康效益等方面，确保产品能够满足消费者的需求。

试生产与测试：在正式投入生产前，开展试生产和测试工作，对产品的质量、口感、包装等方面进行全面评估，确保产品能够达到预期的效果。

正式生产与推广：在试生产和测试通过后，正式投入生产，并通过各种渠道进行推广。这一阶段需要关注产品的市场反馈，及时调整产品的生产策略和方向，以满足消费者的需求。

售后服务与持续改进：在产品上市后，建立完善的售后服务体系，收集消费者的意见和建议，对产品进行持续改进，以提高消费者对产品的满意度和市场占有率。

(二) 利用多学科交叉融合的优势，实现产品创新和优化升级的目标

玉米作为世界上最重要的粮食作物之一，其产量和质量的提高对于保障全球粮食安全具有重要的意义。然而，随着人口的增长和环境的变化，传统的玉米种植方式已经无法满足人们的需求。因此，需要通过创新和优化升级，提高玉米的产量和质量，满足人们的需求。

多学科交叉融合是指不同学科的知识和技能相互交流、相互融合，形成新的知识和技能的过程。在这个过程中，不同学科可以得到互补，从而提高解决问题的能力。例如，生物学可以帮助了解玉米的生长规律和生理特性；化学可以帮助开发新的玉米品种和提高玉米的营养价值；工程学可以帮助开发新的种植技术和管理方法。

然后，需要探讨如何利用多学科交叉融合的优势，实现玉米产品创新和优化升级的目标。具体来说，可以从以下几个方面努力。

加强学科交流和合作：需要打破学科之间的壁垒，加强学科之间的交流和合作。这不仅可以促进知识的共享，还可以激发创新的灵感。

开发新的玉米品种：可以通过基因工程技术，开发出抗病虫害、耐旱、耐盐碱的新品种，提高玉米的产量和质量。

提高玉米的营养价值：可以通过化学工程技术，开发出富含维生素和矿物质的玉米产品，提高玉米的营养价值。

开发新的种植技术和管理方法：可以通过工程学的研究，开发出更高效的种植技术和管理方法，提高玉米的产量和质量。

（三）绥化玉米深加工企业的产品开发案例

2016年，我国取消了玉米的临时储备收购政策，改为"市场化收购"和"生产者补贴"机制。黑龙江利用其较高的玉米产量和低廉的价格优势，抓住这个改革的机遇，制定了玉米产业链图谱，吸引了大量玉米深加工企业。

根据全球玉米深加工的发展趋势、产业链结构、主导产品等，绥化市制定了黑龙江省的第一张玉米产业链图谱，将玉米产业链划分为14个主要链条，主要产品种类从传统的淀粉、酒精扩展到了维生素、辅酶Q10、肌苷等50多种。通过绘制玉米产业链图谱，绥化市首先对已经在绥化的玉米深加工产业链现状进行了研究，编制了绥化玉米产业链家谱，了解了现有产业链的情况；其次将尚未实现加工突破的链条整理为招商图谱，精确锁定目标项目和企业，按照图示进行招商。

以龙头企业为主，绥化市的玉米深加工产能从几年前的每年300多万吨增长到现在的1000万吨。目前，绥化市规模以上的玉米深加工企业有35户，企业数量和加工能力都占全省的三分之一左右。

黑龙江昊天玉米开发有限公司是一家以玉米淀粉、变性淀粉、麦芽糖浆、果葡糖浆、麦芽糊精等为主要产品的农业产业化国家重点龙头企业。经过多年的发展，已经形成了每年加工玉米120万吨的规模，产品销往华北和华南，并出口到多个国家和地区。

与昊天公司相邻的是黑龙江省2017年引进的投资70亿元的新和成玉米生物发酵项目。公司生产的玉米淀粉乳浆通过管道运输，提供给新和成，成为下一级的原料。黑龙江新和成生物科技有限公司总工程师赵德胜说，产业上下游直接联系，原材料供应与加工生产实现了无缝对接。

通过"图谱式招商"的方式，黑龙江从全球视角对玉米产业进行了定位研判，取得了显著的成绩。自2016年以来，以星湖科技、新和成、京粮、象屿、阜丰为代表的一批玉米深加工企业纷纷在黑龙江落户，玉米深加工产品不断丰富，产业链上下游的衔接更加紧密，产业的整体抗风险能力和韧性全面增强，初步呈现出集群发展的态势。

第三节　壮大龙江玉米产业所需的人才

一、壮大黑龙江玉米产业所需的人才需求分析

人才是所有行业发展的关键，尤其是农业这种与国家粮食安全息息相关的行业。因此，黑龙江玉米产业发展不仅需要大量的技术研发类人才，而且需要经营管理类和其他类人才。

（一）技术研发类人才需求

1. 科研人员

科研人员是推动技术创新的重要力量。他们通过不断研究和试验，推动玉米产业的技术进步，提高玉米的产量和质量。他们还需要关注新的种植技术和管理方法，以适应不断变化的环境条件。

2. 技术工程师

技术工程师负责将科研成果转化为实际的产品和服务。他们需要具备良好的技术背景和实践经验，能够解决生产过程中的实际问题。

3. 农业专家

农业专家对玉米产业有深入的理解和丰富的实践经验。他们既可以为政策制定者提供科学的建议，也可以为企业提供专业的指导。

（二）经营管理类人才需求

1. 市场营销人员

市场营销人员负责玉米产品的推广和销售。他们需要了解市场需求，制定有效的营销策略，以提高产品的市场占有率。

2. 企业管理者

企业管理者负责企业的日常运营和管理。他们需要具备良好的领导能力和决策能力，以确保企业稳定发展。

3. 产业链协调员

产业链协调员负责协调玉米产业上下游的关系，促进产业链协同发展。他们需要具备良好的沟通能力和协调能力，以解决产业链中的各种问题。

（三）其他类人才需求

1. 政策制定与执行人员

政策制定与执行人员负责制定和执行有利于玉米产业发展的政策。他们需要具备良好的政策分析能力和执行能力，以确保政策有效贯彻落实。

2. 农民培训师

农民培训师负责对农民进行技术培训，提高其种植技能。他们需要具备良好的教学能力和沟通能力，以确保培训的效果。

3. 劳动力供应与管理人员

劳动力供应与管理人员负责管理玉米产业的劳动力资源。他们需要具备良好的人力资源管理能力，以确保劳动力的合理配置和使用。

总的来说，壮大黑龙江玉米产业需要各类人才的共同参与和努力。只有通过人才的努力，才能推动玉米产业的发展，实现农业现代化，保障国家的粮食安全。

二、提高人才培养质量的策略探讨

（一）加强基础教育与专业教育相结合

21世纪，玉米产业已经成为全球农业经济的重要组成部分，对于保障国家粮食安全、促进农民增收、推动农业现代化具有重要意义。然而，我国玉米产业人才培养质量尚存在一定的问题，如基础教育与专业教育脱节、农业科技教育地位不高、实践教学环节设置不合理等。为了提高玉米产业人才培养质量，下面从加强基础教育与专业教育相结合入手，探讨提高农业科技教育地位、加强实践教学环节设置、建立产学研一体化培养模式等策略。

首先，加强基础教育与专业教育相结合，是提高玉米产业人才培养质量的关键。基础教育是培养人才的基础，专业教育是将学生的知识技能与实际需求相结合。因此，需要在基础教育阶段注重培养学生的基本素质和综合能力，为他们进入专业教育打下坚实的基础；在专业教育阶段，要注重培养学生的专业技能和创新能力，使他们能够适应玉米产业发展的需要。此外，还需要加强基础教育与专业教育的衔接，通过课程设置、教学资源共享等方式，实现两者的有机融合。

其次，提高农业科技教育地位，是提高玉米产业人才培养质量的重要途径。当前，我国农业科技教育面临着重视程度不够、投入不足等问题。为了解决这些问题，需要从以下几个方面着手：一是加大对农业科技教育的政策支持力度，包括财政投入、税收优惠、人才培养项目等；二是改革农业科技教育的评价体系，将学生的创新能力、实践能力等作为重要评价标准；三是加强农业科技教育师资队伍建设，提高教师的教育教学水平和科研能力；四是丰富农业科技教育的教学内容和方法，充分利用现代信息技术手段，提高教学质量和效果。

再次，加强实践教学环节设置，是提高玉米产业人才培养质量的有效手段。实践教学是培养学生动手能力和解决实际问题能力的重要途径。为此，需要在玉米产业人才培养过程中，加强实践教学环节的设计和实施。具体措施包括：一是建立完善的实践教学基地体系，为学生提供丰富的实践教学资源；二是开展多样化的实践教学活动，如实验、实习、课题研究等；三是加强实践教学与企业合作，利用企业的技术资源和人才优势，提高实践教学的质量和效果；四是对实践教学过程进行全程监控和管理，确保实践教学质量。

最后，建立产学研一体化培养模式，是提高玉米产业人才培养质量的有效途径。产学研一体化培养模式是指在人才培养过程中，充分发挥企业、高校和科研机构的作用，实现人才培养与产业发展紧密结合。具体措施包括：一是建立产学研合作机制，促进企业、高校和科研机构之间的资源共享和互动；二是调整人才培养方案，将企业的实际需求纳入课程体系，使学生在学习过程中能够接触到最新的行业动态和技术发展；三是加强师资队伍建设，引进企业专家参与教育教学工作；四是开展产学研合作项目，为学生提供实践锻炼和创新创业的机会。

（二）提升教师队伍建设水平

玉米产业的发展离不开一支高素质的师资队伍。因此，提升玉米产业教师队伍建设水平，加强师资培训与发展机制建设，提高教师待遇与激励机制改革，成为当前玉米产业发展的重要任务。

首先，提升玉米产业教师队伍建设水平是保障产业可持续发展的基础。教师队伍是产业创新和发展的源泉，他们的知识和技能直接影响到产业的发展速度和质量。因此，需要从以下几个方面着手，提升教师队伍建设水平。

其一，增加教育投入，提高教师待遇。政府应加大对农业教育的投入，提高教师的工资待遇，吸引更多优秀人才投身农业教育事业。同时，要建立健全教师职业发展体系，让教师看到自己在产业中的发展前景。

其二，加强师资培训与发展机制建设。定期组织教师参加专业培训和学术交流活动，提高教师的专业素养和教育教学能力。同时，鼓励教师进行科研创新，为产业发展提供技术支持。

其三，优化教师职称评定制度。职称评定制度是激励教师努力工作、提高教育教学质量的重要手段。要完善职称评定标准，确保评定结果公平、公正、公开，提升教师的工作积极性。

其次，加强师资培训与发展机制建设是提高教师队伍素质的关键。通过培训和发展机制的建设，可以使教师不断提高自身教育教学水平和专业素养，为玉米产业的发展提供有力支持。具体措施如下：

其一，开展针对性强的培训。根据玉米产业发展的需要，有针对性地开展各类培训，如种植技术培训、市场营销培训等，使教师掌握最新的产业知识和技能。

其二，建立教师发展平台。鼓励教师参加国内外学术交流活动，拓宽视野，提高自身素质。同时，建立教师成长档案，记录教师的成长轨迹，为教师的发展提供参考。

其三，加强教师团队建设。通过组建教学研究团队、实践教学团队等形式，加强教师之间的交流与合作，共同提高教育教学水平。

最后，提高教师待遇与激励机制改革是激发教师工作积极性的重要途径。通过改革待遇和激励机制，可以使教师更加关注教学质量，为玉米产业的发展贡献更多的智慧和力量。具体措施如下：

其一，建立绩效考核制度。将教师的教学质量、科研成果等纳入绩效考核体系，作为评优、晋升等方面的重要依据。

其二，设立奖励制度。对在教育教学和科研创新方面取得突出成绩的教师给予奖励，激发教师的工作热情。

其三，完善福利待遇。提高教师的住房、医疗等福利待遇，让教师安心从教。

总之，提升玉米产业教师队伍建设水平，加强师资培训与发展机制建设，提高教师待遇与激励机制改革，是推动玉米产业发展的重要举措。只有建设一支高素质的教师队伍，才能为玉米产业的可持续发展提供有力支持。

（三）加强校企合作与产教融合

随着全球经济一体化的加速，玉米产业面临着激烈的市场竞争和技术创新的压力。为了提高我国玉米产业的竞争力，需要加强校企合作与产教融合，建立校企共建共享机制，推动产教融合课程体系开发与应用，加强企业实习实训基地建设与管理，以培养更多的高素质人才，为玉米产业发展提供有力支持。

首先，加强校企合作与产教融合是提高玉米产业人才培养质量的关键。通过校企合作，学校可以更好地了解企业的市场需求，为企业培养更符合实际需求的人才；企业也可以通过与学校合作，将自身的技术优势和管理经验传授给学生，提高学生的实践能力和就业竞争力。此外，产教融合还可以促进教育资源的优化配置，提高教育质量和效益。因此，应该积极推动校企合作与产教融合，为玉米产业发展提供人才保障。

其次，建立校企共建共享机制是推动玉米产业发展的重要途径。通过共建共享机制，学校和企业可以共同参与课程体系建设、教学资源开发和科研成果转化等过程，实现教育与产业的深度融合。这样既可以提高课程的针对性和实用性，也可以为企业提供更多的技术支持和智力支持，从而推动玉米产业的技术进步和创新发展。

再次，推动产教融合课程体系开发与应用是提高玉米产业人才素质的有效手段。应根据玉米产业的发展需求，结合企业的实际情况，开发一系列贴近产业、适应市场的课程体系。同时，要加强课程的教学改革和创新，采用多种教学方法和手段，激发学生的学习兴趣和培养其创新精神，增强学生的实践能力。此外，还要加强课程的应用推广，使之成为学生和企业共同认可的优质课程资源。

最后，加强企业实习实训基地建设与管理是提高玉米产业人才实践能力的关键环节。企业实习实训基地是学生接触实际工作环境、掌握实际操作技能的重要场所。应该加大对企业实习实训基地的投入和支持，改善基地的条件和环境，提高基地的管理水平和服务水平。同时，要加强对学生实习实训的指导和管理，确保学生在实习实训过程中能够真正学到知识、掌握技能、培养素质。

总之，加强校企合作与产教融合、建立校企共建共享机制、推动产教融合课程体系开发与应用、加强企业实习实训基地建设与管理，是提高我国玉米产业发展竞争力的关键措施。

三、加强顶层设计与政策支持力度

（一）建立产业发展规划与目标体系

在当前的农业发展中，建立产业发展规划与目标体系显得尤为重要。要根据国家和地方的发展战略，结合黑龙江省的实际情况，制定玉米产业发展中长期规划，明确产业发展的目标、任务和措施，为玉米产业发展提供科学指导。对于玉米产业，需要从优化产业布局、调整产业结构以及培育核心竞争力等多个方面进行深入的探讨和规划。

首先,优化玉米产业布局是提升产业竞争力的关键一步。需要根据市场需求和资源优势,合理布局玉米产业的生产要素。这意味着需要引导农民和企业向优势产区和产业园区集中,以提高产业集聚度和竞争力。例如,可以通过政策引导,鼓励农民和企业向土壤肥沃、水资源丰富的地区转移,同时,需要建设一批玉米产业园区,提供优质的生产环境和服务,吸引更多的农民和企业入驻。

其次,调整玉米产业结构是提升产业竞争力的重要途径。需要根据市场需求和发展趋势,调整玉米产业结构,发展优质高效、绿色生态的玉米产品,提高产品的附加值和市场竞争力。例如,可以通过研发新技术,提高玉米的产量和质量;通过推广绿色种植技术,减少玉米生产过程中的环境污染;通过开发玉米深加工产品,提高玉米的附加值。

最后,培育玉米产业的核心竞争力是实现产业发展目标的关键。需要加强科技创新和人才培养,推动玉米产业的技术进步和优化升级,培育一批具有核心竞争力的企业。例如,可以通过建立科研机构,进行玉米新品种的研发;通过引进高层次人才,提升企业的技术研发能力;通过提供优惠政策,鼓励企业进行技术创新和产业升级。

总的来说,建立产业发展规划与目标体系,对于优化产业布局、调整产业结构以及培育核心竞争力等都具有重要的指导作用。需要根据实际情况,制定科学合理的规划,以推动玉米产业的健康、快速发展。

(二) 完善财税金融支持政策体系

要加大对玉米产业的政策扶持力度,包括财政补贴、税收优惠、信贷支持等方面,确保政策的针对性和有效性。同时,要加强政策宣传和培训,提高农民和企业的政策执行力。

首先,加大对玉米产业的财政投入是推动其发展的关键。这包括基础设施建设、技术研发、市场推广等方面。基础设施建设是玉米产业发展的基础,只有良好的基础设施才能保证玉米顺利生产和流通。技术研发则是玉米产业升级的动力,通过技术创新,可以提高玉米的产量和质量,满足市场需求。市场推广是玉米产业走向成功的关键,只有通过有效的市场推广,才能让更多的人了解和接受玉米,从而提高其销量。

其次,创新金融支持方式是推动玉米产业发展的重要手段。可以通过发行农产品期货、设立农业产业发展基金等方式,为玉米产业发展提供多元化的金融支持。农产品期货可以帮助农民锁定价格，减少价格波动的风险；农业产业发展基金可以为玉米产业提供长期稳定的资金支持，帮助其进行大规模的技术研发和市场推广。

最后，降低企业成本是保障玉米产业健康发展的必要条件。可以通过减税降费、优化贷款条件等措施，减轻玉米产业链上下游企业的成本负担，提高企业的盈利能力。这不仅可以激发企业的活力，而且有利于吸引更多的投资进入玉米产业，从而推动其发展。

总的来说，加大财政投入、创新金融支持方式、降低企业成本是推动玉米产业发展的三大关键。只有三者有机结合，才能真正推动玉米产业的发展，实现其在社会经济中的更大贡献。

（三）加强知识产权保护与创新驱动政策实施

在知识经济时代，知识产权的保护已经成为推动社会进步和经济发展的重要手段。对于玉米产业来说，加强知识产权保护不仅是提升产业竞争力的关键，更是实现高质量发展的必然要求。

首先，要加强对玉米产业知识产权的保护，打击侵权行为。知识产权是创新者的智慧结晶，是其投入大量时间和精力的结果。如果没有得到应有的保护，创新者的积极性和创造性就会受到严重损害，这对于玉米产业的发展无疑是极其不利的。因此，必须加大对侵权行为的打击力度，严厉查处侵犯知识产权的行为，让创新者看到他们的努力能够得到应有的回报。

其次，要鼓励企业和个人加大研发投入，优化知识产权的质量和数量。研发投入是推动技术创新的重要动力，也是优化知识产权质量和数量的关键因素。只有不断加大研发投入，才能推动玉米产业的技术进步，提高其核心竞争力。同时，还要通过各种方式激励企业和个人进行研发投入，如提供研发资金支持、税收优惠等。

再次，要推动创新驱动发展。创新是经济社会发展的重要推动力，也是实现玉米产业高质量发展的关键。要加大对玉米产业创新的支持力度，包括技术创新、管理创新、模式创新等方面，推动玉米产业实现由要素驱动向创新驱动转变。同时，要建立和完善创新驱动发展的政策体系，为创新提供良好的环境和条件。

最后，要加强对玉米产业人才的培养和引进，提高人才队伍的整体素质和创新能力。人才是推动玉米产业发展的重要力量，只有拥有一支高素质的人才队伍，才能推动玉米产业实现高质量发展。

总的来说，促进黑龙江省玉米产业发展，需要从加强顶层设计、完善政策体系、保护知识产权等多方面入手。只有这样，才能推动黑龙江省玉米产业实现高质量发展，为农民增收、农业增效、农村繁荣作出更大的贡献。

四、推动国际合作与交流互鉴

近年来，黑龙江玉米产业面临着诸多挑战，如市场竞争激烈、技术创新能力不足等。为了推动黑龙江玉米产业的发展，从以下几个方面提出政策建议：

（一）促进国际合作与交流互鉴

首先，要积极参与国际组织和活动，如世界银行、亚洲开发银行等，争取更多的国际合作项目和资金支持。这些国际组织和活动不仅能提供与世界各国交流的平台，还能从中获取最新的科技、政策和管理经验，从而提升发展水平。同时，也要学会用国际化视角看待问题，以开放的心态接受和吸收外来优秀文化和思想。

其次，要举办国际玉米产业交流会、展览等活动，吸引国内外专家学者、企业家参与，分享经验、探讨问题，提升产业发展水平。这样的活动不仅能促进与其他国家在玉米产业领域的交流与合作，还能提升国际影响力，在国际舞台上争取更多的话语权。

（二）拓展国际市场与合作渠道

深入了解国际市场需求：通过市场调研和分析，了解国际市场对玉米品种的需求和偏好，以便研发适合国际市场的玉米品种。

参加国际贸易展览会和农产品交易会：积极参加国际贸易展览会、农产品交易会等活动，展示黑龙江玉米产业的优势，吸引国际买家的关注，扩大国际市场份额。

建立战略合作关系：与国际知名企业建立战略合作关系，共同开发国际市场，实现产业链的延伸和优化，提高产品的质量和竞争力。

引进国外先进技术与管理经验：设立专项资金，支持企业引进国外先进的玉米种植技术和管理经验，以提升企业的技术水平和管理能力。

建立评估机制：建立引进国外先进技术进行评估机制，确保引进的技术符合我国实际需求。通过对引进技术进行评估和验证，确保其可行性和适用性，避免盲目引进带来的风险。

加强与国外农业科研机构的合作：加强与国外农业科研机构的合作，共同开展技术研究和人才培养，获取最新的科研成果和技术进展，推动企业的技术创新和发展。

通过以上措施的实施，将能够提高玉米产品的竞争力，并进一步拓展国际市场份额。这将有助于推动黑龙江玉米产业的发展，实现经济增长和农民收入增加的目标。

（三）加强与其他国家或地区产业协同发展研究

当前，面临着一个重要的任务是深入研究与其他国家或地区的玉米产业的比较，以便找出优势互补的领域，实现产业协同发展。

首先，需要对全球玉米产业的现状有一个全面的了解。这包括了解各国玉米产业的发展历程、现状以及未来的发展趋势。只有这样，才能准确地找出国外玉米产业的优势和劣势，从而找到与其他国家的合作点，实现优势互补。

其次，需要加强与其他国际组织和国家的政策沟通和协调。在全球化的今天，任何一个国家都无法独自应对所有的挑战。需要与其他国家共同面对，共同解决。这就需要有足够的政治智慧和外交手段，能够有效地与其他国家进行沟通和协调。

为了进一步提升的竞争力，推动建立跨国玉米产业联盟是非常重要的。这个联盟可以共享资源、技术和市场信息，从而提升整个产业链的竞争力。这需要有足够的开放心态，愿意与其他国家共享资源和技术，同时也愿意学习他们的先进经验和管理模式。

总的来说，要推动黑龙江玉米产业的发展，需要从多个方面入手。必须注重国际合作与交流互鉴，还需要拓展国际市场与合作渠道，引进国外先进的技术与管理经验，更应该加强与其他国家或地区产业协同发展的研究。只有这样，才能使黑龙江玉米产业在激烈的市场竞争中立于不败之地。

第六章　以多学科交叉融合视角剖析龙江食用菌产业

第一节　寒地黑土核心区的食用菌产业

一、国内外食用菌产业概况

（一）国际食用菌产业概况

食用菌指生长发育过程中菌丝最终分化成体积较大的子实体、可供食用的大型真菌，也称蕈菌、蘑菇、菌子等，其中还有一些食用菌具有较好的药用价值，被列为"药用菌"或"药用蕈菌"。中医将多种食用菌列入了中药，如明代李时珍将木耳、银耳、榆耳、侧耳、茯苓等列入《本草纲目》。世界上已知可供食用的真菌达到2000余种，其中能够人工栽培的有60多种。

食用菌含有丰富的蛋白质和氨基酸，其含量是一般蔬菜和水果的几倍到几十倍。食用菌干品中，蛋白质约占20%，氨基酸种类齐全，尤其是赖氨酸和亮氨酸含量丰富，而食用菌脂肪含量低，其中74%~83%是对人体健康有益的不饱和脂肪酸。食用菌中的维生素B_1、维生素B_{12}含量高于植物，例如，草菇中维生素C含量为辣椒的1.2~2.8倍，是柚、橙的2~5倍。食用菌还富含磷、钾、钠、钙、锌、镁、锰、铜等及其他一些微量元素。

人类对食用菌的营养价值和保健价值认识程度逐渐提高，2012年，联合国粮农组织和世界卫生组织采纳了我国真菌学家卯晓岚的健康饮食理念，联合提出：21世纪人类最佳饮食结构是"一荤一素一菇"，人们对食用菌的消费量日益增大。

20世纪70年代以前，世界食用菌产业主要集中在荷兰、德国、法国、英国、意大利、美国等欧美发达国家，几乎是单一的双孢蘑菇。1974年第九届国际食用菌大会在日本的召开，推出了香菇、平菇、滑菇、金针菇等多种食用菌栽培技术及其产品，欧美独占鳌头的产业格局开始动摇。20 世纪 70 年代末我国食用菌产业快速发展，特别是 1987 年我国香菇产量超过日本后，世界食用菌产业快速向我国转移。从 1990 年占全球总产量的 28.8% 上升到当今的 70% 以上。美国一直保持产量的稳定，年产量保持在 380 万~400 万吨，西欧发达国家由于劳动力成本的不断上升、劳保环保条件要求的不断提高，生产成本升高，导致近 10 年来产量逐年下降，而中欧第二世界国家（如波兰、西班牙）的产量逐渐增加，补充了整个欧洲市场的需求。

"二战"以来的 70 年间，全球食用菌产量和消费市场一直持续增长，从未出现过减产。近年来，全球食用菌产量基本稳定，2022 年全球食用菌产量达到 5629.9 万吨，市场规模为 700.9 亿美元。全球食用菌产业发达的国家大多为经济发达国家，按产量依次是中国、美国、日本、荷兰、韩国、越南、法国、泰国、英国。

(二) 我国食用菌生产概况

1. 我国食用菌生产规模

自 2010 年以来，我国食用菌产量连年平稳增长，食用菌产业已经成为中国农业种植业中继粮食、蔬菜、果品、油料之后的第五大产业。中国是食用菌生产大国，目前规模化栽培的食用菌有 60 多种，主要包括黑木耳、平菇、香菇、金针菇、银耳、毛木耳、杏鲍菇、双孢菇、真姬菇、茶树菇、滑菇、秀珍菇、草菇、鸡腿菇、灵芝、口蘑等。

中国是世界食用菌产量增长最快的国家，食用菌总产量由 1978 年的 5.8 万吨增长至 2019 年 3961.91 万吨，2022 年达到 4175.85 万吨。中国已成为世界食用菌产量最大的国家，占全球总产量的 75% 以上。目前，我国食用菌生产规模不断扩大，是全球最大的食用菌生产国和消费国。

2. 促进我国食用菌产业发展的相关政策

为了促进食用菌产业的发展，我国陆续出台了许多政策，如 2019 年中共中央、国务院发布的《关于坚持农业农村优先发展做好"三农"工作的若干意见》，指出因地制宜发展多样性特色农业，倡导"一村品""一县一业"。积极发展果菜茶、食用菌、杂粮杂豆、薯类、中药材、特色养值、林特花卉苗木等产业。2021 年国务院发布的《"十四五"推进农业农村现代化规划》，指出要发展设施农业，因地制宜发展林果业、中药材、食用菌等特色产业。2023 年中共中央、国务院《关于做好 2023 年全面推进乡村振兴重点工作的意见》，指出要培育壮大食用菌和藻类产业。

(三) 东北寒地黑土核心区的食用菌产业

东北三省的食用菌产业迅猛发展，许多食用菌的产品和文化成为全国瞩目的焦点，逐渐开创全国食用菌产业的新格局。2005年由中国食用菌协会评出的24个食用菌优秀基地县（市）及优秀基地乡（镇）中有6个归属东北地区，占总数的25%。东北地区能有今天的现状，离不开全国食用菌发展的良好大背景，有一定的地理和历史因素，更多的是地区主管部门抓住了机遇，大力发展该产业并建立了产业化链条，树立了品牌和形象，吸引了大批国内知名食品加工商和经销商。下面就东北食用菌产业的发展之路及格局变迁做了简要探究。

1. 发挥地理优势，发展特色品种，产业融入文化

黑龙江省东宁市打造黑木耳产业过程中，是发挥天时、地利优势最好的地区。东宁市拥有"九山半水半分田"的地貌、"龙江小江南"的气候，大小河流160多条，森林覆盖率达88%，为发展黑木耳产业提供了得天独厚的自然条件。21世纪初，中国食用菌协会副会长蒋润浩曾把东宁黑木耳赞为"中华第一品"，凭借着地区知名优势，越来越多的当地居民转行进入黑木耳行业，促使该县产业朝向循环式壮大的发展态势，目前黑木耳产业是东宁农民增收的第一产业，2010年该县黑木耳栽培量已经达8亿袋，成为名副其实的"全国黑木耳第一县"，产量占全国总产量的1/5。目前，东宁县已经发展成为全国知名的最大的黑木耳生产基地县和集散中心。

吉林省敦化市、蛟河市、汪清县等地处长白山脉，依山傍水，凭借当地丰富的林木资源优势和当地一批年轻有为的食用菌专业技术人员提供的先进技术优势，黑木耳产业迅速崛起，无论是产量还是质量都得到社会的认可，成为黑木耳业界备受瞩目的新星。敦化市2010年发展食用菌达3.5亿袋，产量突破60万吨，年产值30多亿元，农民纯收入达3.5亿元，已经发展成为富裕农民的主要产业。蛟河市黄松甸镇经过近十年的发展，种植黑木耳2.2亿袋，发展木灵芝、元蘑、榆黄蘑、猴头菇等菌类2000万袋（椴），干品产量达7000余吨，还于2005年建设了食用菌交易大市场，食用菌产业现在已经成为全镇的主导产业，仅此一项全镇可实现产值4.3亿元。2007年4月，"黄松甸"牌黑木耳被评为吉林省著名商标；2009年黄松甸镇被中国食用菌协会授予"中国黑木耳之乡"称号。"黄松甸黑木耳地理标志保护产品"通过国家质检总局论证。

人们常说的"东北出山珍"，这里所说的山珍就是猴头菇，天然品主要生

长于长白山区，菌肉柔软而清和，颇似瘦肉，色、香、味上乘。如今，这珍贵的菜肴在黑龙江海林市和吉林省长白山区已经实现了代料式大规模人工栽培。海林市位于黑龙江省东南部，地处长白山余脉，冷凉的气候、清新的空气、充足的日照和适宜的昼夜温差，使这里成为猴头菇生长的黄金地带。2010年全市猴头菇生产规模总量突破5000万袋，从业农户突破1000户，有猴头菇标准化示范园区6个，其中国家级标准化示范园区1个，全市猴头菇年产值实现1.54亿元，纯收入1.1亿元。经中国食用菌协会认定，2010年海林市猴头菇鲜品产量达到2.5万吨，产量约占全国总产量的1/4，位居全国第一。

辽宁省的滑菇产业在全国名声遐迩。1974年辽宁省从日本引进熟料箱式栽培技术，是国内最早引进并试种的地区，通过不断摸索和改进，创新了半熟料盘栽培、熟料袋栽等栽培方法，使大规模栽培模式成熟。随后传播到吉林和黑龙江两省，并都得到了大面积推广栽培。目前，仍然以辽宁省栽培面积最大，该省的岫岩县栽培面积最多，全省年产量达3万吨，滑菇产业已成为岫岩、庄河、宽甸、桓仁、本溪、抚顺、辽阳等山区的农村支柱产业。吉林省的磐石市取柴河镇、黑龙江省的林口县也是滑菇的重点产区。我国出口的滑菇几乎垄断了日本市场，近年来还积极开拓了欧洲市场。

2. 食用菌产业逆转山林地区劣势地位

东北虽然沃野千里，但是也有少量山区，这些地区耕地面积少，加之工业和交通的欠发达，20世纪以前，都比较贫穷落后，当地农民还没有找到合适的致富项目。而今，这些地区迅速发展了黑木耳、猴头菇、滑菇等食用菌后，已经纷纷脱贫致富，实现了山林地区劣势地位逆转。山区和林区林木资源丰富，木材加工厂产生了大量的木材废料，如刨花和锯末，这些材料恰好是木腐食用菌生长必需的基质，为发展食用菌提供了邻近、价廉的资源。

现今，东北山区、林区的农民都瞄准了食用菌这一行业，已经从事食用菌多年的农户都乐滋滋诉说着自己的生活一步步走向小康，尚未从事食用菌的农户都计划着转行食用菌。谈到从前，都说种粮粮不收，山区生活艰苦，想外出进城打工。现在局面完全转变，农村发展了食用菌，城市居民都纷纷跑来给农户打工。

据黑龙江政府农业官方网站报道，在"中国黑木耳第一县"的东宁市，黑木耳产业这一劳动密集型产业，制作菌包、摆放菌包、晾晒黑木耳等每个生产环节都需要大量人工。现在，东宁市的黑木耳一年能产"三茬"，即春耳、秋耳和冬耳，使黑木耳产量比往年大幅增加。

我们在调查吉林省蛟河市黄松甸镇产业发展时，镇书记说："本镇邻近山地，土地贫瘠，在发展食用菌前，所属村屯农户种植农作物入不敷出，人民生活水平低下。后来利用林场的废物——锯末种植地栽木耳，经过近10年的发展，在镇政府的大力支持下，现已取代传统种植业成为农户收入的主要来源。"

3. 政府的重视和扶持，给东北地区的食用菌产业注入了持久动力

东北山区，耕地面积少，工业和交通的欠发达，给当地农民寻找一条合适的致富项目曾是令地方政府头痛的大问题。经过考察，发现种植食用菌产业是符合当地自身环境和资源条件的好门路。因此，东北三省普遍重视该产业的发展，当地政府加大对产业的扶持和投入，明确把它作为农民致富增收的重点项目去抓。

黑龙江省绥棱县政府，考察论证了当地发展食用菌产业的必要性，制订了一系列强有力的政策来扶持和规范当地食用菌产业的发展，依托绥化学院食用菌研究所作为技术后盾并签订了长期的技术服务协议，并在绥棱县农委的积极组织管理下，为当地农户定期举办食用菌栽培技术培训，在后头乡、绥中乡和靠山乡等10余个乡镇建设黑木耳标准化种植示范区。目前，开展了采取集中栽培与村民分散栽培相结合的作业方式，随着农户的增加和生产快速发展，将三级菌种的生产环节和菌袋田间栽培环节专业化分工，推进农业向工业化迈进。

吉林省蛟河市黄松甸镇是一个典型的例子，当地政府在恰当的时机，加大国家级万亩黑木耳标准化种植示范区建设、食用菌大市场建设、龙头企业培育、品牌战略实施的力度，做大了食用菌产业。2010年，示范区扩展面积66.7公顷（1000亩），全镇种植黑木耳2亿袋、木灵芝及其他菌类1000万袋；大市场新建门市房10000平方米，新建监控、信息发布、检验检测3个系统。黑尊食品有限公司等食用菌加工龙头企业落户黄松甸，年加工能力达3000吨。

辽宁省岫岩县政府，把扩大规模进而牵动产业发展作为岫岩近几年滑菇产业发展的一大策略，打造并捍卫"全国滑菇第一县"的位置。岫岩依靠石灰窑、杨家堡、大营子等几个乡镇滑菇产业迅速壮大，进而带动周边乡镇的产业发展。该县滑菇产量达3000万盘，占全国总产量的55%，出口量已占全国的70%。2009年石灰窑镇李家堡村招商引资建起一个约8000平方米的滑菇交易中心。招商并扶持建设了鞍山东达食品有限公司、永安集团万吨滑菇生产线、鞍山中通发展有限公司"深山秀"滑菇罐头加工等20多个滑菇深加工厂

家。显然，该县形成了"生产—加工—销售"的良好模式，为深入塑造滑菇文化和形象夯实了基础。

4. 食用菌产业虽起步稍晚，但起点较高

新产区虽然起步晚，但发展起点高，笔者认为有两个主要原因。第一，新产区的发展思路，不易被旧有模式和生产方式的定向思维束缚，不牵扯到抛弃旧设备购置新设备的二次投资，所以自然而然地容易接受新的生产模式和仪器设备。第二，在开辟和建设新的生产基地过程中，新建食用菌生产区往往会引进高校和科研院所的最新科研成果、先进的栽培和管理技术在新区得到示范和推广。

例如，吉林省敦化市黑木耳产业的发展经历了3个阶段：1972年以前，是自然生长阶段，有些农户主要从山林中采摘供自己食用或变卖，并开始探索人工栽培黑木耳技术，少数农户自发选择种植了黑木耳，特点是无政策干扰下的自由发展。1972—1994年为木段生产模式阶段，拾捡或砍伐的柞木枝杈截成段，在木段上打孔接上菌种，堆积发酵生产木耳，特点是半人工半自然生产，产量显著提高，但属于一家一户的小规模生产。1995年至今，是代料栽培模式阶段，特点是用锯末木屑、麸皮、秸秆及其他添加剂装入塑料袋进行发酵出耳，整个生产工艺流程都实现了人工化控制，生产效率高，易于规模化扩大。第三阶段的生产技术之所以发展迅速，除了当地农民的生产的积极性高外，还离不开大量科研技术人员的参与和地方政府的扶持。

为推进产业化、集约化和工厂化的发展，辽宁朝阳市食用菌研究所完成了"食用菌液体菌种菌包机械化生产线"课题、黑龙江绥化学院完成"液体发酵罐原理被改进后有效避免杂菌污染的技术研究"课题，成功将液体菌种技术用于规模化制备黑木耳、香菇、滑菇等食用菌菌种生产，该技术在吉林省和黑龙江省得到广泛推广，极大地促进了东北食用菌产业化发展的进程。黑龙江东宁市组织专家开展"东宁无公害黑木耳菌种厂及栽培示范基地园区、深加工综合建设项目"，为东宁市黑木耳的标准化生产提供了有力的技术支持。吉林农业大学菌物研究所、黑龙江省科学院应用微生物研究所、辽宁省微生物科学研究院等研究机构对提升当地食用菌产业的地位均起到了很大的促进作用。

(四) 东北地区食用菌产业发展的动向和建议

东北三省的食用菌产业总体上由原来的食用菌栽培种类少、产量低、技术落后的局面，迅速扭转，很快发展壮大，成为国内知名的主产区、特色产区。

1. 食用菌产业发展态势

（1）由突出规模向着重质量转变，即黑木耳标准化、生态化生产，以"高产、高效、优质、生态、安全"为标准，全面统一生产菌种，积极推广黑木耳小孔栽培、网架晾晒、热风脱水烘干等新技术，彻底改变了以往黑木耳的"傻、大、黑、丑"形象，呈现出个小、色正、形好、肉厚、味美的优良品质。

（2）由单季生产向周年连作转变，即研究推广春耳秋管、秋耳生产和越冬耳生产等栽培技术，全年都有黑木耳生产。

（3）由农民主导向全民参与转变，即木耳产业不仅仅是山区农民致富的黄金产业，更是林业工人、城镇职工甚至外来民工创业的首选项目。

2. 食用菌产业发展建议

（1）继续坚持走特色化发展之路，要一如既往地发展好黑木耳、猴头菇、滑菇等优势种类，赋予更多的文化内涵，另外，依靠东北地区的寒冷气候优势，大力发展市场潜力巨大的黄灵菇、白灵菇、金针菇等低温型食用菌。

（2）加强食用菌产品的标准化生产和深加工程度，在质量标准体系上与国际、国内标准"接轨"，打造真正具有地区知名度和影响力的食用菌品牌。

（3）重视食用菌的配套行业，保障食用菌产业的生产、供应、营销、加工等产业协调式一条龙发展，带动餐饮、物流、旅游等其他行业共同繁荣。

（五）黑龙江省东宁市发展黑木耳产业的案例

黑龙江省东宁市2021年黑木耳种植规模9亿袋，产量4.15万吨，产值33.2亿元。黑木耳已成为东宁市农村富民支柱产业，直接从事黑木耳生产的农户有2.2万人，占全市农民总数的22%。数据显示，该市已累计建成200亩以上园区39个，各类黑木耳专业合作社89个，注册登记黑木耳相关企业116户。从木屑经销到菌用物资经销，从菌包生产到菌械制造，从废弃菌包利用到木耳加工，形成了比较完善的产业链。

在木耳栽培方面，不同地区因地制宜，分别采用了露天地栽、棚室内吊袋栽培、棚室内挂袋栽培等栽培方式，菌包生产一律采用工厂化标准生产，每个菌包重1.4千克，高22厘米，直径10.5厘米，扎眼数量234个。在产品加工方面，成立了专门的产品研发中心——东宁市食用菌研发中心，除了干货木耳，还研发了木耳酱、冻干脆片、木耳糖、木耳菜肴、木耳粉丝、即食木耳等20余种深加工产品。东宁市食用菌研发中心等6家科研院所的创建，为高端专业研究型人才的引进、乡土人才潜力的挖掘、新技术的研发和储备助益良多。在产品销售方面，在当地设立"雨润绥阳黑木耳交易大市场"，围绕黑木耳设置了展示中心、结算中心、检测中心、生产营销中心、电商直播服务中心等部门，拥有643间门店、1700余位常驻黑木耳经纪人，黑木耳年均交易量超10万吨，交易额超60亿元。

东宁市树立了"标准化、科技化、品牌化、金融化"发展理念，加速产业提档升级，促进了产业稳定健康发展，夯实了黑木耳支柱产业地位，提升了黑木耳产业核心竞争力。东宁因此先后被农业部、中国食用菌协会授予了"全国食用菌十大主产基地县""全国食用菌标准化生产示范县""全国绿色农业黑木耳示范基地县""全国小蘑菇新农村建设十强县""农产品地理标志示范样板县""中国黑木耳第一县"等17项殊荣，并连任中国食用菌协会黑木耳分会会长单位，对全国黑木耳产业的发展发挥了龙头引领作用。

二、食用菌产业发展趋势

（一）食用菌栽培行业

世界范围内，日韩欧美等发达国家非常重视食用菌的机械化生产，工厂化种植模式推进速度非常快，日本、韩国的工厂化食用菌占有率达90%以上。食用菌工厂化栽培模式已成为食用菌行业发展的趋势，也是食用菌产业发展从大到强的必经之路。

我国从事食用菌栽培行业的主体人群是广大农民，食用菌栽培行业是农民脱贫致富的一条好途径，是产业扶贫和推进乡村振兴的重要措施。限于我国国情，当前的食用菌生产仍然以农户、合作社等模式为主，但我国政府也一直鼓励和支持发展食用菌工厂化生产，从而提高生产效率，有利于应对对外贸易技术壁垒，提升国际竞争力。

随着农业结构的不断调整深化，在生产技术和装备制造的推动下，我国食用菌工厂化生产得到了快速发展。拥有技术优势、规模优势、品牌优势的规模化食用菌工厂化企业加速扩充产能抢占市场，提升市场占有率。2020年以来，随着食用菌行业产能的扩张，短期内市场需求的增长无法快速消化新增产能带来的供给增加，工厂化菇类产品利润率总体下滑，加之其他因素对消费、物流等的影响，工厂化菇类销售价格出现波动与下滑。据统计，截至2022年我国工厂化食用菌产量为323.6万吨，工厂化率为7.75%，工厂化生产食用菌企业数量为358家。工厂化生产企业多集中在上海、北京、广州、深圳等大中城市。从我国众兴菌业、雪榕生物、华绿生物和万辰生物这四家工厂化生产食用菌的上市公司经营数据来看，2022年4家上市公司食用菌业务收入与食用菌销量均保持增长态势。

天水众兴菌业科技股份有限公司成立于2005年，位于甘肃天水农业国家科技园，是集食用菌工厂化生产、研发、销售于一体的农业高科技企业，是我国第一家工厂化栽培金针菇的企业。公司相继在陕西、江苏、山东等地成立了4个子公司，现产金针菇280吨，在建项目全部建成投产后，食用菌日产量将达到500吨，年产值将达到11亿元。2011年，公司被农业部等八部委评定为"农业产业化国家重点龙头企业"，被甘肃省科技厅评定为"高新技术企业"。2012年2月通过ISO 9001：2008标准质量管理体系认证，2010年，"羲皇"牌商标荣获"中国驰名商标"称号。公司于2015年6月26日在深圳交易所主板挂牌上市。

上海雪榕生物科技股份有限公司始创于1995年，在上海、成都、长春、德州、惠州、毕节、临洮等地建成7个生产基地，采用智能化、标准化和工厂化栽培金针菇、白玉菇、蟹味菇、海鲜菇、杏鲍菇、香菇、鹿茸菇、灰树花等食用菌。在生产管理方面应用生物育种技术、人工模拟生态环境、智能化控制、自动化机械开展作业，在生产中不使用任何农药和化学添加剂，无残留，从源头上确保了食品安全。在销售领域，入驻盒马鲜生、每日优鲜、叮咚买菜、千鲜汇、食享会、十荟团等生鲜电商头部平台，每日捷配直供电商，让产品快捷直达消费者手中。公司于2016年5月4日在深圳交易所创业板挂牌上市。

江苏华绿生物科技股份有限公司成立于2010年，总部位于江苏省宿迁市泗阳县，是农业产业化国家重点龙头企业、国家高新技术企业。主营产品包括金针菇、真姬菇（蟹味菇、白玉菇）、鹿茸菇、灰树花等，其中金针菇日产能为309.82吨，是国内领先的食用菌工厂化生产企业之一。公司现有江苏泗阳、重庆万盛、重庆南川、河北望都、广西崇左、河南确山、浙江海宁7个生产基地，占地面积2000余亩，产品销往全国和海外。其一子公司年产5.4万吨鲜品金针菇工厂化生产项目已开始试生产，已建成部分最大日产能约为50吨。公司广泛开展校企合作，引进高端研发人才，实行标准化、规模化、机械化生产，公司治理水平、管理水平、生产水平均处于行业前列。公司于2021年4月12日在深圳证券交易所创业板挂牌上市。

福建万辰生物科技股份有限公司成立于2011年，位于福建省漳州。2013年，全资子公司南京金万辰生物科技有限公司成立，坐落于南京国家农高区。

万辰生物是集食用菌研发、工厂化培育、销售于一体的全产业链现代化企业，主要工厂化生产金针菇、蟹味菇、白玉菇、海鲜菇等食用菌鲜品，食用菌栽培基地全部参照 GMP 规范标准实施厂区规划设计建设，并通过物联网管理，产品质量水平全国领先，是国家级大型食用菌工厂化生产研发基地及省级智慧农业园。目前产品主要销往全国各地，出口东南亚、欧美等地区。2020 年 11 月被列入农业产业化国家重点龙头企业，2021 年 4 月在深圳证券交易所创业板挂牌上市。

总体而言，目前我国食用菌市场处于自由竞争阶段，各经营主体平等竞争，共同发展，没有形成企业品牌垄断的格局，但是同区域内的工厂化产品之间的竞争已经开始形成。

(二) 食用菌加工行业

1. 食用菌产品的消费趋向及产品加工

随着我国城市化进程不断推进，中产阶级不断扩大，现代社会生活节奏加快，即食食品和休闲食品消费量在不断增加，人们注重养生，养生类产品市场前景十分广阔。以食用菌为原料加工成的各类产品市场将逐渐扩大，截至 2022 年，我国食用菌消费量为 3404.6 万吨，我国食用菌市场规模为 3279.16 亿元。

因此，要重视食用菌产品的开发，其开发方向要以未来的消费为导向，开发符合食品发展潮流、有市场潜力的食用菌食品。通过调研认为，开发方向应是食用菌休闲食品、速溶食品和保健食品，产品形态包括菌类休闲零食、小吃、半成品、保健品、膳食补充剂、多糖饮料、调味料、汤包、汤料等。方便快捷是未来菌类食品发展的主流趋势。

2. 食用菌产品加工行业的案例

东宁雨润绥阳黑木耳有限公司是雨润集团下属的一家专业生产加工食用菌制品的子公司，雨润集团于 2009 年投资 2300 万元成立，坐落在黑龙江省牡丹江市东宁市绥阳镇，占地总面积 5.9 万平方米，其中生产车间建筑面积 1.24 万平方米，经营范围包括干制食用菌、腌渍食用菌生产、酱腌菜、蔬菜干制品（自然干制蔬菜）、预包装食品批发兼零售。

该公司在食用菌产业的地位及优势分析如下。

(1) 充分调研市场，有针对性开发了一系列产品。研发出木耳酱、冻干脆片、木耳糖、木耳菜肴、木耳粉丝、即食木耳等产品。

(2) 注重产品生产的标准化、规模化及机械化。严格按照出口食品标准设计建造了现代化流水线式作业的洁净厂房，有原包装生产线1条、深加工生产线2条、质量检验检测中心/技术研发中心，具有年加工食用菌2万吨的生产能力，先进的全自动生产线及产品质量管理体系，提高了生产效率及产品安全，在食用菌深加工方面走在行业的前沿。

（三）食用菌物流商贸行业

1. 我国食用菌进出口贸易

中国食用菌进出口贸易以出口为主，进口量较小。根据海关统计数据显示，2019年中国共进口各类食用菌产品0.25万吨，出口各类食用菌产品68.85万吨。2021年1—10月，出口各类食用菌产品252万吨。2022年，我国食用菌及制品累计出口34.62亿美元，同比增长23.29%；出口数量为57.88万吨，同比增长16.77%。2022年，我国食用菌及制品出口额排名前十的国家/地区分别为中国香港、越南、泰国、马来西亚、日本、韩国、俄罗斯、美国、意大利、缅甸，合计占我国该产品出口额的80.12%。2022年，中国香港是我国食用菌及制品出口最主要的市场，出口额为8.56亿美元，同比增长29.52%。

（1）食用菌出口技术性贸易壁垒。技术性贸易壁垒是我国食用菌产品出口贸易发展过程中最主要的障碍。我国食用菌主要出口美国、欧盟、日本等发达国家和地区，由于生产方式和标准指标差异等，我国食用菌产品在出口中往往受到这些国家技术性贸易措施的限制。

食用菌农药残留限量标准是一项重要的技术性贸易壁垒，是我国食用菌出口的主要瓶颈之一。我国食用菌和/或蘑菇（鲜）农药残留控制种类从2种（2003年）、17种（2012年）、20种（2015年），发展到68种（2021年），分为临时和常规限量2种，限量值0.01毫克/千克的33种，占48.5%。中华人民共和国国家卫生健康委员会、中华人民共和国农业农村部和国家食品药品监督管理总局发布的《食品安全国家标准　食品中农药最大残留限量》（GB 2763—2021）中规定了适用于食用菌的农药最大残留限量指标有70项，涉及70种农药，但与欧盟（470项）、日本（草菇236项、花菇238项、其他菇类237项）等国家和地区相比，有残留限量的农药数量明显偏少。我国食用菌分类与欧盟、美国、日本、韩国不同，残留农药的数量、限量值差异明显，整体控制水平高于国际食品法典委员会（CAC）、美国和韩国，与欧盟、日本还存在相当差距。

（2）食用菌出口资质。食用菌种植基地需向海关办理出口食品原料种植场备案，食用菌加工厂和包装厂需向海关办理出口食品生产企业备案，备案通过网上办理（网址：https：//www.singlewindow.cn/；http：//online.customs.gov.cn/）。①出口食品原料种植场备案。具有独立法人资格的出口食品生产加工企业、种植场、农民专业合作经济组织或者行业协会等组织才允许申请"出口食品原料种植场备案"，所需资料包括：出口食品原料种植场备案申请表（原件），种植场平面图（原件），种植场的土壤和灌溉用水的检测报告（复印件），要求种植场建立的各项质量安全管理制度，包括组织机构、农业投入品管理制度、疫情疫病监测制度、有毒有害物质控制制度、生产和追溯记录制度等（原件），种植场负责人或者经营者身份证（复印件），种植场常用农业化学品清单（原件）。②出口食品生产企业备案。申请条件包括：a.中华人民共和国境内拟从事出口的食品生产企业。b.应当建立和实施以危害分析和预防控制措施为核心的食品安全卫生控制体系，该体系还应当包括食品防护计划。c.出口食品生产企业应当保证食品安全卫生控制体系有效运行，确保出口食品生产、加工、储存过程持续符合我国相关法律法规和出口食品生产企业安全卫生要求，以及进口国（地区）相关法律法规要求。申请资料是出口食品生产企业备案申请表（要求填写完整，加盖公章，原件电子版，1份）。

2. 食用菌电商

随着电子商务的兴起，食用菌电商也开始逐渐崭露头角，开辟食用菌产品的网络电子销售渠道是帮助农民增收的一条好途径。食用菌电子商务具有的拓宽食用菌产业发展空间、提高食用菌产品竞争实力、推动我国农业供给侧改革等作用。

随着人们对健康饮食的追求，食用菌的需求量在不断增长，这为食用菌电商的发展提供了广阔的市场空间。从发展趋势角度来看，食用菌电子商务将朝着品质化、品牌化、多元化的方向发展。品质化是指注重产品品质，提高产品的附加值，从而提高消费者的购买体验。品牌化是指注重品牌建设，提高品牌知名度和美誉度，从而提高消费者的忠诚度。多元化是指注重产品多元化，提高产品的种类和质量，从而满足消费者的不同需求。

当前食用菌电子商务处于初期发展阶段，有许多工作有待开展，包括培育食用菌电商专业人才、选择最佳的电子商务模式、培育农村食用菌电商品牌、优化食用菌电商运营环境、健全食用菌智慧物流体系。目前，我国食用菌电子商务出现了C2C、B2C、B2B和第三方平台等模式，黄雅姿等研究认为B2C模式、B2B模式和第三方平台模式更符合我国当下食用菌电子商务发展的需求。

3. 食用菌物流商贸产业的案例

黑龙江省东宁县是中国最大的黑木耳生产基地，被称为"中国黑木耳第一县"。当某个农产品产量巨大而销售环节出现问题，产品滞销和积压必然限制上游生产行业的发展。因此，当地政府大力发展了当地的物流商贸产业，形成"产供销一体化"的产业链的体系。在政府的规划和倡导下，东宁市绥阳镇建成了全国第一个黑木耳菌厂、全国第一家四季生产食用菌菌包并种植黑木耳的企业、全国最大的黑木耳交易集散地——东宁雨润绥阳木耳大市场有限公司（国家级农业产业化龙头企业、国家级牡丹江木耳批发市场）、首个黑木耳博物馆——东宁黑木耳博物馆，绥阳镇入选2022年全国乡村特色产业超10亿元镇，构筑了国内外最大的黑木耳产业集群。

2021年，绥阳雨润黑木耳大市场共有经营商户593户，实现交易额58亿元，交易数量3亿斤。约有15000多农民直接或间接从事黑木耳产业及相关行业协作分工，2000多农民已经转变为股东和工人。这里还活跃着4000多黑木耳销售经纪人，他们经过多年的摸索创立"买全国、卖全国""经纪人+老客"等合作经营模式，助推黑木耳产业的发展。

推进了黑木耳产业发展，拉动东宁农民人均纯收入直线上升，自2009年率先成为全省首个"农民人均纯收入万元县"以来，农民人均纯收入稳居全省第一位，成为全省乃至全国特色产业富民增收的示范样板。

第二节 多学科交叉融合助推龙江食用菌产业发展

食用菌产业的发展，不能局限在栽培生产领域，而应该从产业链的角度进行规划设计。食用菌产业链应该包括生产环节、加工环节、消费环节和研发服务环节四部分。

从农村振兴和农民增收的角度分析，食用菌生产属于劳动密集型产业，是一项集经济效益、生态效益和社会效益于一体的短、平、快农村经济发展项目，发展食用菌产业符合人们消费增长和农业可持续发展的需要，是农民快速致富的有效途径。

从产业生态角度分析，食用菌在自然循环和农业生产循环中处于"枢纽"环节，使食用菌生产在生态农业经济建设中发挥出重要作用。食用菌产业结束了山区和林区农民长期无合适生产项而无法脱贫致富的局面，脱颖而出成为备受关注的新兴行业。发展食用菌可以变废为宝，化害为利，兴菌成业，成为发展农业的支柱产业、致富工程。

发展食用菌产业不仅惠及食用菌上游的栽培行业，而且能带动一大批产业发展。首先是加速木材加工业的发展，使废木料、锯末成为商品卖给食用菌栽培户；栽培过程中需要大量的菌用物资和生产设备，如食用菌批发交易市场、一级菌种生产商、二级菌种生产商、菌用机械设备生产商和经销商、各种菌用耗材生产商和经销商（如菌用塑料袋、菌用豆粕、稻糠、麸皮、玉米、秸秆、菌肥、菌药等）。收获的菌类产品需要加工企业、物流企业、仓储企业、批发和零售商和电子商务等。大批工人、农民和商人涌入食用菌产业，必然带动住宿业、餐饮业和旅游业的发展，构成经济产业链效应。因此，食用菌产业被认定为21世纪的朝阳产业。

一、食用菌产业链的生产环节

20世纪初，在我国食用菌产业主要是农民家庭式的小生产，科技含量低，规模小、利润少。与荷兰、美国、日本等发达国家相比，我国菇类生产的工业化水平、单位面积产量、商品质量及经济效益要低几倍。

我国加入WTO后，国内外市场竞争加剧，发达国家设置新的贸易壁垒（如农残控制），我国食用菌产业的小农粗放式生产模式受到严重挑战。过去我国食用菌生产量的迅速增加是靠扩大生产地区与栽培单位来实现的，现在我国食用菌生产必须尽快由数量型向质量效益型转换，核心是适度扩大一个经济独立核算单位的生产规模。

因此，食用菌的工厂化栽培是未来的主要发展方向。食用菌工厂化栽培是封闭式、设施化、机械化、标准化、周年化栽培，是一种新型的、集现代农业企业化管理的栽培方法。其特征包括：在按照菇类生长需要设计的封闭式厂房中，在不同地域不同气候条件下利用温控、湿控、风控、光控设备创造人工环境；利用机械设备自动化或半自动化操作，高效率生产；通过现代企业管理模式，组织员工有序生产；在单位空间内，立体化、规模化、周年化栽培达到产品的安全绿色（有机）标准的优质食用菌，并通过包装、加工，形成品牌优势，销售到国内外高端市场。食用菌工厂化栽培的目的和意义在于，提高周年复种指数，提高设施和设备的使用效率，提高资金周转使用率，在短时间内获得可观经济效益。

二、食用菌产业链的加工环节

现阶段，我国食用菌产品主要是初级农产品，深加工产品相对较少，开发符合食品发展潮流、有市场潜力的食用菌食品是整个食用菌行业共同面临的问题。开发方向应是食用菌休闲食品、速溶食品和保健食品，产品形态包括各种食用菌类休闲零食、加工半成品、膳食补充剂、菌类饮料等，例如，我们的食用菌产品发开团队先后研发了降脂酥性饼干、降糖饼干、清肠压片糖果、黑木耳蛋白粉、香菇脆、香菇挂面、木耳速食粥、银耳果冻等产品。

随着我国人民生活水平的提高，人们注重养生，养生类产品市场前景十分广阔。食用菌含有多种活性成分，已经发现有真菌多糖、糖蛋白、多糖肽、生物碱、挥发油、核苷类及多种微量元素等，据目前科学研究，这些化学物质具有增强人体免疫的功能，经常食用可以预防多种疾病的发生。尤其是经过科学加工后，可以提炼成医治多种疾病的药物，如在临床上用于解毒、降血压、降低胆固醇、补血、活血化瘀、保肝明目、清肺益气、开胃、润肠等。特别是自20世纪末，已经从多种食药用菌中提取出抗肿瘤和抗艾滋病的有效物质，如真菌多糖、有机酸、有机硒等。以食用菌多糖产品的开发为例，20世纪90年代以来，多种新方法、新技术被应用于多糖物质的研究中，一些不同生理活性的多糖物质被分离、纯化和鉴定，部分研究成果所形成的产品已投放市场，国内外已有很多真菌多糖类的功能性食品和药物应用于肿瘤病人的辅助治疗，如香菇多糖、云芝多糖、裂褶菌多糖、猪苓多糖和云芝肝泰等，并显示出良好的经济效益。现代药理学研究表明，真菌多糖具调节免疫功能、抗肿瘤、抗病毒、抗衰老、降血糖、降血脂、抗辐射、抗氧化、抗肝炎、抗损伤等多种生物学功能，是重要的天然药用活性成分和保健食品。

随着人们对食用菌的了解不断加深，以及对其食用价值和药用价值的不断深入挖掘研究，食用菌的产业链也将进一步延伸。

三、食用菌产业链的消费环节

近年来，由于人们营养观念的提高和安全意识的增强，食用菌产品作为健康美食，在市场上越来越受到消费者的欢迎，市场前景及发展潜力巨大。据市场调研机构统计，2017年中国食用菌市场规模约为1000万吨，比2016年增长3.3%，2016—2021年市场规模年均增长率约为4.5%，市场总价值达到2500亿元。

食用菌电子商务是今后的发展方向，在商业市场中发挥着越来越重要的作用。食用菌的消费群体越来越年轻化，以"80后""90后"为主，这代人的消费观念和消费方式都发生了很大的变化，他们更注重健康、营养、环保等方面，同时也更愿意尝试新的食品种类。这为食用菌电商的发展提供了良好的消费基础。

四、食用菌产业链的研发服务环节

创新是引领科技发展的第一动力，为保障食用菌产业的稳定发展，应加强科研投入、培养现代食用菌产业发展所需的新型人才。2020年中国农学会食用菌分会年会——食用菌产业高质量发展科技论坛，李玉院士做了"迈向十四五的中国食用菌产业"特邀报告，为十四五期间中国食用菌产业的发展指明了方向。

第三节 壮大龙江食用菌产业所需的人才

任何新兴产业的良性发展都离不开高等专业技术人才的支撑。同样，食用菌产业发展到今天需要一大批既懂技术又具备研究水平和创新能力的高等专业技术人才，这不仅是产业结构调整的需求，也是国内外市场客观大环境的要求，是由食用菌生产大国向食用菌强国发展的要求。

一、食用菌菌种研发人才

(一) 驯化及选育食用菌新品种所需人才

世界上的食用菌种类资源有2000多种，而分布于我国的就有700多种，但是仅开发利用了50多种，因此，还有待进一步通过科研攻关开发利用新的食用菌资源。我国大型真菌种类多样、种资资源丰富，从中开发可供食用和药用的新品种是重要的研究开发趋势。

开发食用菌新品种最核心的研究工作是把自然界野生的菌类进行人工驯化。人工驯化工程，需要借助多学科的知识和技术，涉及遗传学、微生物学、生物化学等学科，使用的技术包括无性繁殖技术、有性繁殖技术、无菌操作技术、诱变育种技术、杂交育种技术、原生质体融合技术、PCR分子克隆技术、物种鉴定技术、发酵工程技术等。下面介绍3种重要的食用菌育种技术：一是诱变育种技术。采用物理、化学等诱变剂处理食用菌的孢子，诱变剂通过作用于核酸物质引起菌种遗传物质 DNA 变异，通过孢子悬浮液制备、诱变处理、筛选正突变菌株和栽培验证四个步骤完成育种工作。二是杂交育种技术。通过 2 个或几个亲株的染色体片段的交换或重新组合而获得新性状，通常把 2 个不同品种的营养缺陷型混合接种在基本培养基上，如果它们能生长，就意味着它们可能进行了杂交。对于异宗接合的食用菌，可以利用菌丝的性别来进行杂交，取来自 2 种不同品系的单孢子分离物混合接种在一起，经培养后出现双核菌丝的组合，如能正常结实，就证明能杂交。三是原生质体融合育种技术。通过人工酶解法分别剥除 2 个亲株菌丝细胞的细胞壁，获得 2 个菌丝细胞的原生质体，在高渗环境中使遗传性状不同的 2 个菌丝细胞的原生质体进行融合，通过筛选最后获得兼有双亲遗传性状的稳定重组子，该技术打破了种界界限实现远缘菌株的基因重组。

在食用菌领域，"菌种"是产业发展的关键环节。当前，面临的重要任务是不断探寻食用菌人工栽培的种类，加强食用菌种质资源的保护和利用。通过菌种研究开发，越来越多的食用菌实现了规模化、商业化栽培，例如，在 20 世纪 70 年代，主要有 10 个栽培菌种，80 年代增加到 14 个，90 年代增加到 44 个，如今增加到 50 多个，不仅使农民创造了越来越多的致富项目，也给消费者提供了更多营养美味的菌类食品。因此，需要推进现代种业创新发展，加快种子科技进步，加快现代育种基地建设，研发培育高产的食用菌品种及配套的菌种选育技术。

(二) 菌种选育技术案例

我国菌物学家图力古尔，在东北长白山林区的榆树上发现了一种野生食用菌，发现其味道鲜美，带有水果香味，随后他采集此野生菌子实体带领科研团队开展了驯化研究，把这种新菌种命名为果味菇（掌状玫耳），深入研究了其菌种扩繁及栽培方法。其培育方法介绍如下：试管母种的培养：将装有母种培养基的试管灭菌，在无菌条件下接入掌状玫耳组织块，在 20～22℃条件下培养 20～25 天，得到试管母种；扩大化培养菌种：将试管母种扩大化培养得到扩大化培养菌种；扩大化培养菌种包括固体菌种扩大化培养或者液体菌种扩大化培养；出菇培养：袋栽或者瓶栽扩大化培养菌种，出菇，得到成品。袋栽或者瓶栽出菇方法包括以下步骤：①发菌管理：将营养料装袋或者装瓶灭菌，在无菌条件下接入扩大化培养菌种，22～24℃条件下培养 35～40 天，直至菌丝发满袋或者瓶；②出菇管理：当菌丝扭结产生大量的白色小原基时，马上开袋或开瓶，出菇场所的温度为 16~22℃，湿度为 85%~90%，二氧化碳浓度为 800~900 ppm，光照度为 450~650 lx，当菇体长至 3 cm 以上，控制二氧化碳浓度为 650~750 ppm；小菇蕾形成并分化，采收第一茬掌状玫耳，进入下一茬出菇管理，管理方法同第一茬出菇方法，一共采收三茬菇；营养料由以下重量百分比的原料制成：木屑或锯末 35%~45%、棉籽壳 15%~25%、麦麸 15%~25%、破碎的玉米颗粒 5%~15%、豆粕粉 5%~10%、石膏 0.5%~1.5% 和石灰 0.5%~1.5%，总氮源含量在 35%~40%；制备方法为：将木屑或者锯末用水冲洗排酸，直至红汤水自然排除后料堆流出清水为止，堆积自然发酵 3 个月，期间每 15 天翻堆一次，然后加入其余原料，另外加水，搅拌均匀，pH 值 8.0~8.5，含水量控制在 55%~60%，即得；采收标准为：当菌盖直径为 2~5 cm，菌柄长度为 3~5 cm，菌盖内卷，开伞度为 50%~70% 时采收，去除菇根部残留的营养料，入库预冷，包装。

二、食用菌栽培管理人才

（一）食用菌的栽培朝向标准化、生态化、工厂化发展

食用菌的发展趋势是由突出规模向着重质量转变，逐渐走向标准化、生态化和工厂化，在质量标准体系上与国际、国内标准"接轨"。为满足国家倡导的绿色食品、有机食品生产的目标和要求，也为提高我国食用菌产品在国际上的竞争地位和增加出口创汇，食用菌的标准化栽培和加工生产是必然要求。一方面，在全国大力建设标准化栽培示范村，加强农民的技术培训，引导广大农户逐渐走向标准化生产的道路，产品达到无公害产品标准。另一方面，鼓励一部分人员脱离传统小规模生产转向工厂化栽培生产，应用现代机械流水线生产，有利于标准化技术的实施应用。对一些已经形成地域优势和知名度的食用菌主产区或特色产区，更应加强该地域的标准化生产进程，积极注册地理标志产品，从而稳固其知名度，增加产品竞争力。

（二）培养食用菌专业技术人才

我国农村普遍采用传统落后的食用菌技术，该领域也缺少专业的技术人员，造成农村食用菌产业技术革新困难、产业发展慢、产品质量差，严重制约了广大农村食用菌产业的规模化发展。

食用菌专业技术人才的培养已成当务之急，人才的数量和质量是食用菌行业继续顺利发展的关键。据不完全统计，目前我国食用菌行业直接从业人员有 2500 余万人，该产业需要中高级专业技术人员和专业管理人员在 100

万~150万人以上，每年需更新的专业人员在1万~1.5万人。在这种形势下，迫切要求高等院校开设食用菌专业课程，制订明确的食用菌人才培养计划，以培养更多的、适应产业发展需要的食用菌高级专业技术人才。

三、食用菌营销管理人才

营销人才是指在各类企业市场经营活动中从事市场调研与预测、商品（产品）市场开发、商品市场投放策划、市场信息管理、价格管理、销售促进、广告及公共关系等业务活动的专业人员。

（一）食用菌出口贸易需要大量营销人才

中国既是世界食用菌产量最大的国家，也是最大的食用菌出口贸易国。中国食用菌进出口贸易以出口为主，进口量较小。根据海关统计数据显示，2019年中国共进口各类食用菌产品0.25万吨，出口各类食用菌产品68.85万吨。2021年1—10月，出口各类食用菌产品252万吨。从贸易国家和地区来看，我国的食用菌主要出口亚洲（日本、韩国、马来西亚、越南）、美国、欧洲等国家和地区。因此，需要培养大量的食用菌出口贸易营销人才。

（二）乡村振兴需要大量职业营销人才

人才振兴是乡村振兴的前提，乡村人才振兴为乡村振兴提供劳动力，是乡村工作的组织者，是建设乡村振兴和生态产品的供给者。要把人力资本开发放在首要位置，在乡村形成人才、土地、资金、产业汇聚的良性循环。推进现代农业产业人才振兴计划，培养扎根于食用菌产品销售的营销人员，服务于农业和农村经济发展。

（三）食用菌营销人才培养途径

针对高校的农学、食用菌、市场营销、电子商务等专业，设置食用菌商品学、食用菌营销学课程，培养食用菌产品卓越营销师。革新教育教学内容和方法，明确卓越营销师职业能力培养内容，优化基于校企合作的卓越营销师培养的专业课程体系设置，提升教师教育教学技能，提高教师工作效率。构建面向卓越营销师培养的智慧课堂，大量采用案例式教学，建设校企合作人才培养示范基地，打造基于职业能力导向的高校卓越营销师培养社会网络，培养既能"仰望星空"又能"脚踏实地"的食用菌卓越营销人才。

面向农村和农民，大力开展职业教育与培训，开设农村创业青年新媒体营销人才培训班，邀请高校教师、职业营销师等，对于新型职业农民进行食用菌市场营销领域的培训和实操指导。

第七章　以多学科交叉融合视角剖析龙江中医药产业

第一节　寒地黑土核心区的中医药产业

一、中医药的内在价值及现实意义

（一）中医药及其价值

1. 中医药的概念

中医药是包括汉族和少数民族医药在内的我国各民族医药的统称，反映了中华民族对生命、健康和疾病的认识，具有悠久历史传统和独特理论及技术方法的医药学体系。

我国是最早利用动植物等天然资源用于养生保健与疾病治疗的国家。神农尝百草的传说故事反映了我国古代人民善于专研和实践，他们将实践经验加以总结并形成中医药理论体系，为中华民族创造了宝贵的中医药文化及精神财富。因此，中医药是中华民族的伟大创造，是我国古代科学的瑰宝。

2. 中医药的价值呈现和发展现状

中医药是中华文明的瑰宝，在漫长的历史岁月里保障着中国人民的健康。中华人民共和国成立后，在党中央的大力支持下，中医药的价值被进一步挖掘。党和政府高度重视中医药事业，把保护、传承和发展中医药作为社会主义事业的重要组成部分，推动中医药产业快速发展，中医药在人民群众健康需求和经济社会发展中发挥着越来越显著的作用。

2003 年，我国开展了中药防治"非典"研究，筛选出可在"非典"治疗中发挥一定作用的中成药，引起国际社会关注。同年，《中华人民共和国中医药条例》出台，明确指出国家保护、扶持、发展中医药事业，实行中西医并重的方针，鼓励中西医相互学习、相互补充、共同提高，推动中医、西医两种医学体系的有机结合，全面发展我国中医药事业。

2007年，党的十七大报告提出"中西医并重"及"扶持中医药和民族医药事业发展"。

2012年11月8日，党的十八大报告对于中医药事业的发展延续了党的十七大报告的内容，坚持"中西医并重"及"扶持中医药和民族医药事业发展"，党和政府继续把发展中医药事业摆在突出位置。在中国共产党的指引下，中医药发展政策机制体制日益完善，中医药发展质量稳步提升，中医药事业步入发展的快车道。

2015年，国务院办公厅印发《中医药健康服务发展规划（2015—2020年）》，是国家层面制定的首个中医药健康服务领域专项发展规划；并于同年印发《中药材保护和发展规划（2015—2020年）》，这是我国第一个关于中药材保护和发展的国家级专项规划。

2016年2月，国务院印发《中医药发展战略规划纲要（2016—2030年）》，中医药发展上升为国家战略，同年10月印发《"健康中国2030"规划纲要》，"充分发挥中医药独特优势"为专门篇章。

2017年10月18日，中国共产党第十九次全国代表大会报告中指出："坚持中西医并重，传承发展中医药事业。"中医药事业被提升到新高度，发展中医药成为健康中国行动的核心内容之一。《中华人民共和国中医药法》及两个配套文件《中医诊所备案管理暂行办法》《中医医术确有专长人员医师资格考核注册管理暂行办法》发布并实施，为继承和弘扬中医药，推动和促进中医药事业发展确立了法律依据。

2019年10月，《中共中央、国务院关于促进中医药传承创新发展的意见》印发，明确了中医药传承创新发展的目标方向和具体举措，彰显了党对于"坚持中西医并重，传承发展中医药事业"的决心和信心。同年10月召开了全国中医药大会。

2021年国务院办公厅印发《关于加快中医药特色发展的若干政策措施》。

2022年《"十四五"中医药发展规划》和《关于加强新时代中医药人才工作的意见》出台。

2022年10月，党的二十大报告提出"促进中医药传承创新发展。"中医药工作被赋予了新的历史意义，将迸发新的活力。在开启全面建设社会主义现代化国家新征程、向第二个百年奋斗目标进军的关键时刻，中医药也被赋予了新的责任和使命，在推进健康中国建设、增进民生福祉和提高人民生活品质中发挥关键性作用。

上述这些政策的制定实施为中医药的发展创造了更加良好的环境氛围。

传承创新发展中医药事业，事关健康中国建设，事关中华民族伟大复兴的中国梦，在中华民族伟大征程的史册中，凝聚着无数中医药人的汗水，中医药在我国医疗卫生体系、社会保障体系的建设中发挥了重要作用。

根据观研报告网发布的《中国中医药行业发展趋势调研与投资前景预测报告（2022—2029年）》显示，近些年来我国中医药行业呈现良好的发展态势。中药材生产方面，中药材的产量及质量不断提升，中药材野生变家种及替代品研究取得技术性突破，GAP种植、生态种植加快推广，中药追溯系统应用范围不断扩大。我国中药科技方面，国家中医药管理局、科技部等部门持续加大中药的科技投入，加强道地药材、中药炮制、质量保障、新药研发等方面的研究，并积极建立中医药理论、人用经验和临床试验"三结合"的审评证据体系，进一步激发了我国中医药科技创新的活力，使得中医药市场稳步增长，并逐渐走向世界。

从中医药行业制造市场规模来看，近五年来其整体呈现增长的态势。根据数据显示，2017—2021年，我国中医药制造市场规模从673亿元左右增至753亿元左右，年均复合增长率约为3.1%。2015—2021年我国中成药出口金额整体得到增长，2021年我国中成药出口金额为3.05亿美元，同比增速高达为17.5%。截至目前，全球已经有18个国家和地区将中医药纳入医疗保险，中药先后在俄罗斯、新加坡、古巴、越南等国注册。我国也已经在31个国家建设了中医药服务出口基地，"十三五"期间中药类产品出口贸易总额达到了281.9亿美元。尽管中医药国际化面临大好机遇，但近些年来，中医药在海外的知识产权保护迫在眉睫，包括商标注册、专利、版权等在内的权益都要依所在国的法律申请报批，而且海外中医人临床时代更新和转型、国际中医药教学的互认等都将是我国中医药行业国际化发展道路上的挑战。

（二）中医药的独特性

中医药拥有自己独特的创新性，在世界医药史上无论是从医学角度还是药学角度都做了开创性的工作。

1. 中药本体的独特性

从药学角度来看，其独特性表现为药物药性阐述及分类、配伍组方、药物的炮制加工等方面。

药物药性阐述及分类方面，依据"四气""五味""归经""升降浮沉"

"功效""毒性"等对种类繁多的天然药物进行科学的药性阐述和分类。

例如，我国第一部药学专著《神农本草经》载药365种，所有收载的药物按"上品、中品和下品"三个类别划分，上、中、下三品的分类依据是养命、养性、治病三类功效。首次提出了"君臣佐使"的方剂理论，一直被后世方剂学所沿用，但在使用过程中，含义已渐渐演变，关于药物的配伍情况，书中概括为"单行""相须""相使""相畏""相恶""相反""相杀"，称为七情，指出了药物的配伍前提条件，认为有的药物合用，可以相互加强作用或抑制药物的毒性，因而宜配合使用，有的药物合用会使原有的药理作用减弱，或产生猛烈的副作用，这样的药应尽量避免同时使用。

唐代孙思邈所著的《千金方》共30卷，第一卷为总论，内容包括医德、本草、制药等；后各卷则以临床各科辨证施治为主，计妇科2卷，儿科1卷，五官科1卷，内科15卷（其中10卷按脏腑分述），外科3卷；另有解毒急救2卷，食治养生2卷，脉学1卷及针灸2卷。共计233门，方论5300首。其治内科病提倡以"五脏六腑为纲，寒热虚实为目"，并开创了脏腑分类方剂的先河。

明代李时珍所著的《本草纲目》共52卷，收载药物1892种，药方1万余首，插图1千多幅，综合集成了药物学、植物学、矿物学、化学等多学科知识。各卷内容概述：卷一和卷二为序例，介绍历代诸家本草及中药基本理论等内容。卷三卷四为百病主治，以113种病证为纲，分列主治药物，或于病证下再分若干证，类列药物用法，复设草部、菜部、果木等为小纲，并详其主治。卷五至卷五十二为药物各论，各论均以"部"为纲，以"类"为目分类，分为水、火、土、金石、草、谷、菜、果、木、服器、虫、鳞、介、禽、兽、人等16部，每部之前均有简要论述。各部之下再分若干类，如草部分为山草、芳草、隰草、毒草、蔓草、水草、石草、苔类、杂草等11类，凡60类。每药均标注首载文献出处，若有归类变更或并入某药者，则以校正说明；下设释名、集解、辨题或正误、修治、气味、主治、发明、附方等栏目解说。"释名"下列举别名，并释命名意义；"集解"介绍产地、品种、形态、采收等；"辨疑正误"对历代本草有疑误者予以辨正；"修治"阐述炮制方法；"气味"阐述药物性味及有毒无毒；"主治"包括功效；"发明"侧重阐述药性理论、用药要点及李氏学术见解；"附方"广录以该药为主的主治各科病证的有效方剂。

在总结前人药物分类思路的基础上，结合便于应用、教学的时代需要和目的,当前《中药学》把药物按如下方式分类:解表药、清热药、温里药、理气药、消食药、泻下药、化湿药、祛风湿药、安神药、开窍药、化痰止咳平喘、平肝息风药、收涩药、补虚药、利水渗湿药、活血化瘀药、驱虫药、止血药、解毒杀虫药、燥湿止痒药、拔毒化腐生肌药和其他类别药。

2. 中医基础理论的独特性

中医基础理论是对人体生命活动和疾病变化规律的理论概括,主要包括阴阳、五行、运气、脏象、经络等学说,以及病因、病机、诊法、辨证、治则治法、预防、养生等内容。

中医学的理论体系也表现了中医药的独特性。中医学的理论体系是经过长期的临床实践,在唯物论和辨证法思想指导下逐步形成的,它来源于实践,又指导实践。这一独特的理论体系有两个基本特点:一是整体观念,二是辨证论治。

(1)整体观念。指以整体观念为主导思想,以阴阳学说、五行学说为哲学基础和思维方法,以脏腑、经络及精、气、血、津液为生理病理开展疾病诊察。

(2)辨证论治。辨证论治包括辨证和论治两个过程,是中医认识疾病和治疗疾病的基本原则,是中医学对疾病的一种特殊的研究和处理方法。

3. 中医药应用于疫病治疗的案例

中国5000年文明历史,就是和疫病不断抗争的历程,从西周到清末民国,大疫流行超过500次,基本是数年就有新发疫病流行。恰恰是中医药从伤寒六经辨证、温病卫气营血、三焦辨证、瘟疫表里九传辨证等理论与方法的不断实践与创新,有效地指导了中国人民防疫治病。

二、寒地黑土核心区的中药资源

1. 东北地区中药资源概况

东北地区独特的黑土地和寒温带与温带大陆性季风气候,有平原、山区、半山区、湿地、丘陵、草原等众多地貌类型,积温和无霜期差别很大,因此,赋予了东北种类丰富、独特的中药资源,特别是药用植物资源,是中国道地药材的重要产区。据《中国东北药用植物资源图志》的实地考察统计,东北共有野生药用植物2000余种。

依托天然优质中药资源,东北的道地药材享誉天下,最为知名的道地药材有人参(包括野山参、红参、白参、生晒参、糖参)、甘草、辽藁本、关苍术、关防风、柴胡、细辛、五味子、刺五加、黄柏、龙胆、北黄芩、关黄柏、猪苓、梅花鹿茸、林蛙油等。

2. 黑龙江省的中药资源

黑龙江省位于寒地黑土核心区腹地，有较为原始特征的大森林、大草原、大湿地等丰富多样的地形地貌，生态环境非常好，由于地广人稀，避免工业污染和城市化造成的环境破坏，没有出现过度或破坏性的开采，野生资源相对保护得更好，药材资源也很丰富。

近年来，在黑土地上进行了野生药用植物的人工驯化试验、移植试验，证明了黑龙江省适合人工栽培药用植物，在国际国内中医药行业良好发展态势的背景下，发展中药材的人工培植有很好的前景，是一条挖掘、开发利用当地特有资源的好策略，能从源头带动中药栽培业、中药材加工业、中药制药业和中医药文化业等相关产业的发展。

目前，黑龙江省成为中国最为重要的中药原料供应基地，现有野生中药资源少，直接采挖必然造成资源枯竭和生态环境破坏，越来越多种类的中药实现了人工栽培，主要包括人参、刺五加、五味子、党参、桔梗、黄芩、地榆、龙胆草、牛蒡、防风、苍术、柴胡、升麻、玉竹、白芷、白薇、月见草、穿龙薯蓣、薏苡、远志、牛膝、红豆杉等。

3. 黑龙江省中药产业发展策略及发展成效

（1）黑龙江省中药产业发展策略。为发挥黑龙江省中药资源的优势，做强中药产业，实施了加速产业发展的策略，包括树造品牌、优势区域对接优势品种、延伸产业链、培育龙头企业、多渠道品牌宣传。①树品牌。塑造"龙九味"品牌。树品牌可以产生品牌效应，抢占消费者及大众群体的心智，最大限度地发挥产品内在价值。黑龙江省为打造中药材的特色专业品牌，优选中药品种塑造了"龙九味"。所谓"龙九味"就是指黑龙江省具有地域性优势、应用广泛、综合带动性强、具有完整产业链的刺五加、五味子、人参、西洋参、汉麻（火麻仁）、关防风、赤芍、板蓝根、鹿茸9种市场前景好的优质药材。申报了"寒地龙药"地理标志产品，在强化品牌的同时还加强了产权保护。②优势区域对接优势品种。对中药材道地产区规划与建设，中药材生产持续向优势区域、优势品种聚集，初步形成了"一县一业、一乡一品"发展格局，规划和选定了省级良种繁育基地、中药材示范县、特色小镇、示范强乡、示范强村等。据2022年相关统计数据显示，设置了105个中药材示范县，22个示范强县，26个省级良种繁育基地，35个特色小镇，51个示范强乡，17个示范强村和6个中药材交易市场（集散地），41个中医药特色小镇，23个定制药园，267个专业村。③延伸产业链。围绕"龙九味"品牌延伸产业链，构筑"全产业链"，形成生产—加工—销售链。生产环节，在药材栽培上树立高品质标杆，推广规范化、标准化栽培技术，开展无公害、绿色、有机农产品认证；将规模以上中药材种植基地纳入黑龙江省农产品安全质量追溯公共服务平台，建立全省"中药云"；完善中药材质量体系建设，健全以药效为核心的质量控制模式，提升质量控制水平和品牌效益；配套药材加工，引进制药企业开展产地加工的发展；增加销售渠道，利用互联网借助电商平台开展营销，构建营销体系。④鼓励校、院、所共同参与，增加科技投入，开发新产品。组织引导高校、科研院所参与产业发展，例如，黑龙江省中医药科学院、黑龙江中医药大学、东北林业大学、绥化学院等科研人员通过科技特派员的方式，对接地方生产一线开展技术服务、成果转化应用。探索人参、桔梗、黄精等"药食同源"大健康食品开发，做强道地药材加工业。⑤培育龙头企业。培育了一批龙头企业用于构建具有龙江特色的大品种、大品牌、大产业链，把刺五加作为"寒地龙药"首推品种做大做强，全产业链做长做优。⑥多渠道品牌宣传，招商引资。品牌的传播需要高效的渠道和方式。目前，"龙九味"品牌已借助报纸、微信、网站和商业传媒进行了宣传，品牌知名度显著扩大。

（2）黑龙江省中药产业发展成效。据报道，近年来黑龙江省中药材产业发展态势良好，种植规模持续增大，加工能力和技术水平不断提升。

种植规模快速发展，增速年均70多万亩。2021年，全省中药材种植面积351万亩，同比增长35%，占全国同年新增面积的60.6%。药材总产达70.9万吨，同比新增18.8万吨，增长36.3%，比2018年增加58.1万吨，增长4.5倍。2022年，"一县一业、一乡一品"的规划实施下，"寒地龙药"在田面积408万亩，比上年新增57万亩，同比增长16%，比2018年增长5.5倍。其中，以"龙九味"为主的优势品种面积达到291万亩，占71%，同比增长28.7%，种植面积和产量均跃居全国第一。"六大"优势区域基本形成：大兴安岭高寒区黄芪、金莲花；小兴安岭丘陵区刺五加、五味子；西部平原风沙干旱区关防风、柴胡、板蓝根；张广才岭、老爷岭、完达山半山区人参、西洋参、刺五加。

中药材品质提升。从种植到产地加工环节实行规范化、标准化生产，开展绿色生产模式集成示范，加强产地和产品认证，全省国家地理标识认证总数达25个，累计培育区域品牌163个。林口黄芪的黄芪甲苷是药典标准的5.3

倍、通河人参皂苷是药典标准的 5.8 倍。铁力平贝、清河五味子、方正刺五加、林口黄芪、桦南紫苏等道地药材公共区域品牌影响力明显提升。

中药制药及保健食品企业有所增加，目前已有 145 家，其中规模以上生产企业 61 家，老字号中药企业 11 家，全省中药企业年销售过亿元品种突破 20 个。哈药集团、葵花集团、珍宝岛集团、哈尔滨康隆药业 4 家企业，进入工信部 2019 年度全国中药工业百强企业榜单。2022 年新增中药材产地初加工企业 39 家，总数达 212 家，初加工能力达到 36.8 万吨，分别比 2018 年增长 9 倍、27 倍。

成功引入外省资本投资中药材产业，签约项目 150 个，签约额 212 亿元，已开工项目 36 个，落地资金 61.5 亿元。引进了国药集团、中国中药、华润三九集团、太极集团、修正药业、片仔癀药业等大型医药企业。招商香港商会投资 30 亿元在哈尔滨建设中药材产业园，深圳市和顺堂医药有限公司在伊春建设药材基地。

第二节　多学科交叉融合助推龙江中医药产业发展

由前文对黑龙江省中医药产业发展状况的调查，结合《中国中医中药行业发展趋势调研与投资前景预测报告（2022—2029 年）》可知，国内、省内中医药产业规模呈现增长，产业链正在延伸，显然产业增长需要配套相关学科，需要培养与之相适应的人才。

一、中医药产业链

（一）中医药行业

中医药行业可分为中药制造、中医医疗服务和中医器械三大板块。

中药制造板块包括中药材、中药饮片、中成药、保健食品。

中医医疗服务包括中医医疗及康养、中药药品及保健食品营销。

中医器械包括中医器具、诊断器械、治疗器械。

由于分工不同及市场需求因素的影响，中医药行业各个板块市场份额（价值份额）有较大差异。根据 2020 年华经情报网的统计数据显示，中药制造板块市场占比最大，其市场份额为 70.79%，市场规模达 20000 亿元，同比增长 124.6%。其次为中医医疗服务板块，其市场份额为 28.65%，而中医器械板块占比最少，仅有0.57%。

（二）中医药行业产业链

按产业分工及处所链条的部位，将中医药行业产业链分为上游产业、中游产业和下游产业。

产业链的上游产业包括中药材的种植、药用动物的养殖、药用矿物采集；产业链的中游产业包括中药材、中药饮片、中成药、保健食品的生产加工及产品开发；产业链的下游产业包括中医药产品的流通、中医医疗机构、药店及医药电商。

（三）黑龙江省中药材产业发展典型案例

2022年3月，黑龙江省出台了《黑龙江省"十四五"生物经济发展规划》，明确把中医药产业发展作为重点内容。"十四五"的主要发展目标是：到2025年营业收入达到千亿元，中药加工体系不断完善，化药质量疗效不断提升，生物制药领域不断拓宽，整体竞争力明显提高，进入全产业链高质量发展的新阶段。围绕这个中医药千亿元产业目标，各农区、乡村地区把中药材种植和加工作为主攻方向。

1. 绥化市庆安县中药产业

庆安县地处寒地黑土核心区，九河汇流，拥有大量优质天然湖泊水库，提供了优质灌溉水源，森林覆盖率65%，天然无污染的生态环境显然是巨大优势。境内有人参、刺五加、五味子、党参、柴胡、赤芍、百合、防风等310多种野生中草药。庆安2018年被黑龙江省人民政府评为"省级五味子、刺五加野生药材资源保护区"，总面积2.2万公顷、蕴藏量1.9万吨，拥有良好的发展医药开发产业的基础和优势，丰富多样的天然野生中草药品种为将来转化为人工栽培提供了种质资源宝库，这也是巨大优势。

庆安县以"庆三味"为重点中药材品种发展中药材，"庆三味"即刺五加、人参和北五味子。庆安县政府制定了中药产业规划，提出"四个百亿产业"的发展思路，着力发展"三产融合、产值百亿"的医药开发产业，确立了"医药产业核心区"的目标定位。

中草药的种植推进标准化、规范化，从种苗入手。加强区域品牌保护，培育医药特色品牌。2021年，庆安县中药材种植抚育面积达到24万亩，其中人参种植面积5万亩，形成了以人参、西洋参、刺五加、五味子、关防风、赤芍、鹿茸为主，其他中药材品种为辅的中药材种植、养殖格局。专业合作社养殖马鹿、梅花鹿500多头，年产鹿茸3000多千克。

庆安被黑龙江省农业农村厅评为"道地药材刺五加生产基地"。国有林场管理局金沟林场被评为"黑龙江省级五味子、刺五加野生药材资源保护区"。绥化市庆安县的王全勇是"刺五加种植大王"，2015年成立黑龙江省鑫乐泰农林科技有限公司，开始种植中草药。2018年起，把种植重点放在刺五加的选种、育种和种植上，现已种植刺五加近70000亩，刺五加种苗的年销售量达1000万株。

2. 大庆市大同区板蓝根产业发展案例

目前，黑龙江省板蓝根产量约占全国份额的50%以上，板蓝根是被列入"龙九味"品牌和"寒地龙药"地理标志产品的龙江道地药材。位于黑龙江省大庆市大同区的东北屯和时雨村是板蓝根的重要种植基地，发展板蓝根产业作为农民增收、农业增效、乡村振兴的一项举措。

由于当地土地质地为沙壤土，没有河水和充足的地下水灌溉，因此不适宜种植水稻、大豆等，但是比较适合板蓝根的生长。在此背景下，1998年，东北屯开始试种中药材板蓝根，一亩两亩、一户两户，发展至今，全屯80%以上的耕地、90%以上的村民都种上了板蓝根。据当地一位种植户李洪伟描述其种植经历，他从30亩起步，如今已经发展到2000亩，每亩按照最低150千克，每千克最少20元计算，所得收入为660万元，扣除成本后为330万元。而在2000年之前，每千克卖6~8元，主要原因是无品牌且销路不畅，钱都让药贩子挣了。他与黑龙江龙药云中药材产业互联网平台合作，成立了时雨村板蓝根数字合作社，李洪伟担任社长，选择板蓝根种得好的王伟作为技术员，组织全村板蓝根种植户加入数字合作社，提升种植质量，形成规模优势，增加销售话语权。龙药云产业互联网平台为数字合作社提供模式和互联网平台工具，为合作社对接买家。"龙药云"平台，种植、田间管理、市场行情，"一部手机全部搞定"。目前，李洪伟的板蓝根数字化合作社已经吸纳社员670户，耕地面积达4万亩，合作社采取"六统一"经营模式，种植规模和效益双丰收。2022年，板蓝根产量达1万吨，产值近2亿元。

黑龙江中药材产业互联网平台的搭建者，龙药云数字科技有限公司董事长陈福才，2020年与李洪伟开始筹划数字合作社，把时雨村板蓝根种植户组织起来建设板蓝根共享基地，实施"六统一"（统一种源、种植、农资、加工、仓储和销售），建设专品种"大基地"，推进种植端提质量、上规模、树品牌。数字合作社模式推动中药材种植户跨区域大规模合作，建设专品种大基地，推进种植端提质量、上规模、树品牌。通过数字合作社的规模优势和组织优势，快速做大一产的同时，实现二、三产业的融合发展，形成资源产区产业发展的新模式。

利用"龙药云"平台双向帮助了生产者和购买商，解决了中药材"买卖难"问题，还能促进农民大规模合作，改善生产关系，提高生产力。

可见，新知识、新技术、新经营管理、新营销方式的应用是助力产业发展的推动力，产业融合是当前新业态的发展方向。

二、中医药产业需要配套相关学科

(一) 从产业链的上中下游整体分析

（1）产业链的上游产业。涉及植物资源学、药用植物栽培学、育种学、植物保护学、药用动物的养殖学、兽医学、生物学、遗传学、微生物学等学科。

（2）产业链的中游产业。涉及中药学、中药炮制学、制药工程学、制药工艺学、药剂学、天然药物化学、药理学、药物分析、仪器分析、有机化学、食品科学等学科。

（3）产业链的下游产业。涉及中医学、药事管理学、药品市场营销学、企业管理、经济学等学科。

(二) 中医药产业在国民经济"三产业"的归属

根据其在社会分工体系中出现的先后顺序和与人类需要的紧迫程度的关系，划分为第一产业、第二产业和第三产业。

第一产业主要是指农业和采掘业，是指种植业、林业、畜牧业等直接以自然物为生产对象的产业，是国民经济的基础产业。这些产业是国家经济发展的起点，因为其提供了基本的生产资料和生活必需品。第一产业是国家的经济支柱，因为其提供了就业机会、经济稳定和持续发展的基础。农业是第一产业的重要组成部分。

第二产业是指制造业（通常称工业），建筑业，电力、热力、燃气及水生产和供应业，建筑业，采矿业（不含开采专业及辅助性活动）。

第三产业即服务业，是指除第一产业、第二产业以外的其他行业，包括批发和零售业，交通运输、仓储和邮政业，住宿和餐饮业，信息传输、软件和信息技术服务业，金融业，房地产业，租赁和商务服务业，科学研究和技术服务业，水利、环境和公共设施管理业，居民服务、修理和其他服务业，教育、卫生和社会工作，文化、体育和娱乐业，公共管理、社会保障和社会组织、国际组织,以及农、林、牧、渔业中的农、林、牧、渔专业及辅助性活动,采矿业中的开采专业及辅助性活动,制造业中的金属制品、机械和设备修理业。

由上述分析可知,社会化的大生产伴随社会化大分工,分工的趋势是呈现日益细化,各个产业阶段需要不同的知识结构的专业人员做支撑,派生出不同的职业。

产业链上游的职业分工是负责提供原材料,通常对应第一产业,主要职业是农民,需要完成的任务是种植出优质的中药材、养殖出药用动物。

产业链中游的职业分工是生产加工、开发中药材、中药饮片、中成药、保健食品等。

产业链下游的职业分工是管理监督、运输中医药产品、销售中医药产品(药店及医药电商)、使用中医药产品(中医医疗机构)、科学研究及技术开发(中医药科研机构及人才培养机构)。

第三节 壮大龙江中药产业所需的人才

由前面的对中医药行业产业链及其需要配套相关学科的叙述可知,产业逐渐朝向第一产业、第二产业和第三产业相互融合的方向发展,需要科技和创新驱动,需要多学科知识交叉融通,因此,就需要一批具备多学科知识交叉融合型人才,新业态必须由与之相适应的新型人才做支撑。

一、服务于中药质量提升工程所需的人才

根据《中药材产业高质量发展蓝皮书》,我国有药用资源1.6万余种,其中药用植物1.4万余种,药用动物2000余种,药用矿物百余种。2022年1—9月,中药工业实现营业收入5138.1亿元,同比增长5.8%;利润598.4亿元,同比增长4.8%。2022年中药材种植规模达6400万亩,2020年国内中药材生产产能达541.49万吨。

2023年2月,国务院办公厅发布《中医药振兴发展重大工程实施方案》,指出中药材的质量关系中医药产业的高质量发展,只有不断提升中药材质量,才能切实为人民健康提供有力保障。

当前人才培养应围绕中药质量提升工程开展,中药材质量的工作任务和内

容如下。

1. 全国中药资源普查成果转化

完善全国中药资源普查数据库及中药资源动态监测数据，建设重点区域常态化管理机制。

2. 中药材种质资源保护和发展

支持国家药用植物种质资源库建设。加强道地药材良种繁育基地建设。

3. 中药材规范化种植提升行动

加快中药材品种培优、品质提升、品牌打造和标准化生产，集成推广中药材标准化种植模式。开展适宜品种林下种植示范研究，形成生态种植技术体系。建设一批道地药材标准化生产基地。

4. 中药智能制造提升行动

研发中药材种植、采收、产地加工装备，中药饮片自动化、智能化生产装备，以及中成药共性技术环节数字化、网络化生产装备，提高中药生产智能化水平。

二、服务于中药生产和应用的人才

（一）中药材规范化种植

1. 中药材规范化种植的重要性

随着"回归自然"的世界思潮和中医药"治未病"、防治重大疑难病症的独特优势，国际上逐渐开放了中医药市场，制定了相关的草药管理办法。中药产品在基础研究、剂型、质量控制等诸方面都比较落后，而国际市场对于中药质量的要求愈加严格。为保证中药产品安全、有效、质量可控，促进中药标准化、国际化，急需建立健全中药质量控制方法和标准。中药材生产管理规范是中药质量控制的第一步，国际上正在积极探索"良好农业生产规范"（Good Agricultural Practices，GAP）的实施。

2. 中药材规范化种植的发展历程

GAP 最早由欧共体于 1998 年 3 月提出，称为《药用植物和芳香植物种植管理规范》。随后，欧盟、WHO 相继制定了《药用植物种植和采收质量管理规范》（GACP），美国、日本等国家纷纷成立了中药天然药物研究所，制定了相应的 GACP，建立了中药质量标准。我国 1998 年 12 月开始由当时的国家药品监督管理局组织 GAP 的起草，2002 年 6 月 1 日发布实施《中药材生产质量管理规范（试行）》（以下简称《规范（试行）》），2003 年 9 月，印发了

《中药材生产质量管理规范认证管理办法（试行）》及《中药材GAP认证检查评定标准（试行）》。《规范（试行）》的实施，推动了我国中药材生产的规范化、规模化及现代化进程。2016年3月18日，为适应国家政府职能的转变，落实国务院要求，原国家食品药品监督管理总局发布公告，明确不再开展中药材GAP认证。2022年3月1日，我国发布新版中药材GAP，新版的GAP按照延伸检查制的方式来实施。延伸检查制是将对象从原来的药材生产企业，变成中药生产企业，省级药监部门在检查中药生产企业时，认为有必要对原料基地进行检查，开展了延伸检查中药材企业。总体上看，中药材的GAP推行影响深远，GAP的理念已深入人心，中药材栽培理论和方法不断完善，中药材规模化种植面积不断扩大。

3. 中药材规范化种植的典型案例

绥化学院王斌老师指导明水县东方中药材种植有限公司、黑龙江百草园中药材开发有限公司开展柴胡的规范化种植，制定了柴胡的规范化种植标准操作规程（SOP）。

柴胡（*Bupleurum chinense*）为伞形科多年生草本植物，以干燥根入药。《中华人民共和国药典》收录柴胡品种分别为柴胡（*Bupleurum chinense* DC.）和狭叶柴胡（*B. scorzonerifolium* Willd），前者习称北柴胡，后者称南柴胡。柴胡具有解表和里、疏肝解郁、升提中气之功能，经药理与临床证实其具有保肝、解热、抗菌、抗病毒、消炎、镇咳、预防消化道溃疡等作用。临床证明柴胡注射液对于感冒、流感及病毒感染等引起的发热有较好的退热作用；治疗病毒性肝炎效果较好。此外，对肥胖病、高血压、动脉硬化、心肌梗死等用大柴胡汤相当有效。

以下是柴胡规范化种植操作规程（SOP）具体内容。

1 选地整地

1.1 选地

柴胡适应性较强，喜稍冷凉而湿润的气候，较耐寒冷、耐旱、忌高温和涝洼积水，宜选择比较凉爽的气候条件，要求土壤深厚、疏松、肥沃且排水良好，土壤pH 6.5~7.5，土质以腐殖土、沙壤土、夹沙土为好。

1.2 细整地深施肥

柴胡是根系药材，种子小，整地要细，深翻细耙，亩施土杂肥3000千克，过磷酸钙30千克，均匀撒入地面，然后深机耕25~30厘米，耙细整平。据北京市中药综合研究所试验，深翻和高垄栽培比平畦栽培能显著增产。因深翻使土壤疏松，保水保肥的能力增强，有利于柴胡吸收养分和根系生长。高垄还可以提高地温，增大昼夜温差，对柴胡生长有利。

2　处理种子，提高发芽率

柴胡花期和果期时间较长，故种子的大小和成熟度差异较大，一般发芽率约50%，在适宜条件下播种后20~25天出苗。为了提高发芽率，播种前应进行种子处理。

处理方法：①沙藏处理。将种子用30~40℃温水浸泡1天，除去浮在水面上的瘪籽，将1份种子与3份湿沙混合，置20~25℃下催芽10~20天，当一部分种子裂口后，去掉沙土播种。②激素处理。用0.5~1毫克/千克细胞分裂素浸种1天，取出种子，用水冲洗后播种。③药剂处理。使用0.8%~1%高锰酸钾浸种，取出冲洗净后播种。以上3种方法可任选一种。

通过对柴胡种子发芽特性研究表明：①用1.0毫克/千克赤霉素处理柴胡种子，发芽率较高。②无论是否采用前处理，播后种子不发芽的时间都在13天以上，采用前处理，发芽时间则有不同程度地提前，从而为种子发芽创造了条件。③柴胡种子的发芽高峰期均集中在播后25~35天，因而人工种植宜选择秋播，并应注意保持土壤墒度。④隔年柴胡种子已丧失发芽力，因而人工种植必须选用当年的种子。

播种时间：春播于3—5月上旬，秋播10月至结冻前进行，用种2.5~3.0千克/667平方米。

3　种植方法

春播应采用处理过的种子，亩播量2千克为宜，行距25厘米开沟，沟深2厘米，将种子均匀撒入沟内，覆土0.50厘米，稍加镇压，盖草保墒。柴胡播种至出苗前一段时间保持土壤墒情，满足种子发芽对水分的需要十分重要。墒情好不浇水，墒情差可用喷壶洒水。春播15天后可出苗，秋播翌年春天出苗，苗出齐后选阴天将盖草去掉。

播种方式上还可选用同春播玉米同时播种，柴胡种子套种在玉米田空行中，玉米行距60厘米，中间套种2行柴胡，行距20厘米，播种量不减，第一年玉米收后，将玉米秸秆带出田外，第二年柴胡地再不能种玉米，使柴胡形成宽窄行，有利于田间管理。柴胡套种技术比育苗移栽和大田直播技术优点多，主要表现在：①省工省时，节省人力；②很好解决了柴胡苗期遮阴保湿的难题，利于保全苗；③柴胡套种不影响当年套种作物的产量，既确保了年年有收益，又合理利用了土地。

4 田间管理

4.1 间苗、补苗

幼苗高约 10 厘米时进行间苗、补苗；株行距 10 厘米×15 厘米。定植后要浇透定根水。

4.2 控茎、促根

柴胡以根入药为主，地上部分茎秆较细弱，遇风雨易倒伏，因此注意控茎、促根，注意中耕除草和根部培土。待株高 40 厘米时需打顶，防徒长。同时还要不断除去多余的丛生茎芽，促使根部迅速生长，提高产量与质量。

4.3 中耕松土

生长期适当增加中耕松土的次数，有利于改善柴胡根系生长环境，促根深扎，增加粗度，减少分支。一般在生长期要进行 3～4 次中耕，特别是在干旱时和下雨过后，进行中耕十分有效。

4.4 摘心除蕾防抽苔

一年植株细弱，生长缓慢，多以叶茎丛生，一般不抽苔开花，二年生开花，7—8 月是柴胡开花期，应在开花前及时摘心除花蕾，防止抽苔开花，及时打苔是提高柴胡产量和质量的有效措施。除留种田外，要进行保花增粒。

4.5 追肥

苗期管理宜以培育壮苗为主，结合中耕施人粪尿，长到第 2 年配合施过磷酸钙 15 千克/667 平方米、硫酸铵 10 千克/667 平方米。在摘心后要及时追肥浇水，追肥以尿素为主，用量 10 千克/667 平方米，结合浇水施入。施肥都要开沟施肥，施后盖土，并及时中耕和搞好排灌工作。

5 病虫害防治

5.1 防病

根腐病：多发生于高温多雨季节，发病初期，个别支根变褐腐烂，后逐渐向主根扩展，主根发病后根部腐烂，只剩外皮、全株枯死。防治方法：①增施磷、钾肥提高抗病力。②积极防治地下害虫及线虫、真菌。③雨季注意排水。发生于高温多雨季节，发病初期，只是个别支根和面根变褐腐烂。

5.2 防虫

播种前结合整地，每亩喷放甲敌粉 2 千克或甲拌辛 1∶10 细土混合撒施，防治地下害虫。在 6 月旺长季节，亩喷施乐果乳油 800 倍液或功夫乳油 600 倍液，防治地上害虫危害。①蚜虫：多发生在苗期和开花季节，危害叶片花朵，常聚集在嫩叶上吸食汁液。用敌杀死 800～1500 倍液，或速灭杀丁 800～1500

倍液喷洒。②赤条椿象（臭屁虫）：6—8月靠一根吸管吸取嫩枝、叶柄、花蕾的汁液，使植株生长不良。除人工捕捉外，用90%敌百虫800倍液喷洒。

6 越冬管理

柴胡植株生长到9月下旬，地上叶片开始枯萎黄化，进入越冬休眠状态，此时管理好坏会直接影响来年春季返青。

6.1 浇越冬水

为了保证来年春季返青有足够的土壤水分，于封冻前浇一次越冬水，对柴胡根系发育和生长十分有利。育苗田同样浇一次封冻水越冬。

6.2 严禁放牧

柴胡越冬休眠状态，一般地上干枯茎叶突出于地表面，会引起放牧人员的青睐，一定要加强管理，禁止放牧，以防各种牲畜的侵害和践踏。

7 收获加工

7.1 采收

采收柴胡以2年生的产量为高，一般亩产干货250千克（地下部的根茎），地上茎150~250千克。采收时先割去地上部茎，再挖出根。现代科学证明，在含有效成分最高季节采收药用价值最高。根据柴胡皂苷含量的动态变化研究结果表明：柴胡最佳采收期为9月下旬至10月上旬。采挖根部时应注意勿伤根部和折断主根，抖去泥土，把残茎除净以备加工。

7.2 加工

随收获，随加工，不要堆积时间过长，以防霉烂。把采挖的根用水冲洗干净进行晒干即可。当晒到7~8成干时，把须根去净，根条顺直，捆成小把再继续晒干为止。商品规格要求身干、折断有松脆声、残茎不超过1厘米、无须毛、无杂质、无虫蛀和霉变。

（二）中药现代化及中药制药

1. 中药现代化的概念和任务内容

中药现代化（Modernization of Traditional Chinese Medicine）是以现代科学技术为依托，吸收利用现代科学技术成果，发展中医药，找到合适的方法使中医与西医进行有机结合。我国中药材存在盲目引种，粗放种植、化肥、农药、植物生长调节剂滥施等问题，需推广无公害中药材精细栽培和优质药材"三无一全"（无公害、无硫加工、无黄曲霉毒素、全程质量追溯）品牌品种，提升中药材质量和品牌价值，保障中药材产业健康发展。同时，应注重中成药的二次开发。针对临床定位宽泛、药效物质不清、作用机制不明、制药工艺粗放、质控水平低下等制约中成药做大做强的共性科技难题,开展中成药的二次开发研究。中医药产业发展要坚持自主性,走出一条既符合药品监管科学规范,又体现中医药特点的中药科学监管之路;要坚持时代性,中药监管科学研究要以人民健康为核心,服务中药质量提升,保证药品安全、有效、可及,推动中药现代化、产业化发展;要坚持科学性,守正创新,促进中药生产走向绿色制造、精益制造、智能制造;要坚持系统性,中药监管政策的制定需要统筹协调,重视上下游关系,让监管政策更具权威性,产生积极作用。

2. 开展中药现代化的重要性

随着"健康中国"战略的深入推进,人民群众对健康美好生活需求的提升,对于中医药高质量发展也有了更高的期盼;中医药作为中国原创科技、文化与产业的交汇点,"一带一路"倡议对于中医药走出去提出了更迫切的需求。"大疫出良方",这是中华民族几千年来与疾病做斗争的实践经验总结。近年来,中药新药研发的创新性和质量明显提升,对带动产业升级,提高中医药市场竞争力,形成新的经济增长点贡献巨大。《"健康中国 2030"规划纲要》和《国民营养计划(2017—2030)》等产业的兴起,以及人们对于"治未病"意识的增强,生活水平的提高和科技的发展,提示我国健康产业出现重大机遇。

近年来,随着"北药开发"的不断深入,黑龙江省中药材种植养殖、生产加工、商贸流通、研发应用和健康服务等全产业链全面发展,中医服务能力水平显著提升;龙江中药品牌建设取得明显成效,以刺五加、五味子、人参、西洋参等为重点的"龙九味"品牌享誉全国,形成一批营业收入超百亿的中药企业。随着大健康产业的发展,中药的应用范围将由传统治疗向食品、保健、美容等更多领域拓展。

3. 中药现代化研究方向

(1) 建立种子种苗的质量标准。"药材好,药才好",要想有效提高中药的质量,必须从源头进行控制与管理,而中药材是中药饮片、中药制剂、提取物等的原材料。中药材良种繁育水平较低,栽培药材良种推广率不足10%,基本以"自繁自育自用"为主;种源不纯,种子混杂,种质退化等问题较为普遍。在药材种子质量方面,缺乏完善的质量标准。中药材质量控制监管主要采用《中华人民共和国药典》和各地方炮制规范的二级强制标准,但都是合格性标准,生产上存在"就着标准生产药材"现象普遍,出现了"高合格率而低品质"的情况,指标性成分不能全面反映药材品质问题突出,故建立完善、有效、可控的药材种子质量标准可从技术层面加强中药"源头"的质量控制。

（2）对古方、经方、验方进行二次开发。新的中药注册分类体现了鼓励二次开发的导向，传承精华，注重整体观和中医药原创思维，促进中药守正创新，除改变给药途径和改变剂型外，还提供了增加主治功能、工艺和辅料重大改变等注册路径。除上述研究方向外，还可以考察古代经典名方关键信息考证信息，设立攻关项目，确保经典名方转化的科学性和严谨性，重点考察具有显著治疗优势的中成药；具有辅助治疗作用，可明显改善疾病症状以及患者生活质量的中成药；与化药联合应用可明显提高治疗效果或减少不良反应发生的中成药；具有经济学优势的中成药；较目录内原有药品具有明显比较优势的中成药。通过古方、经方、验方论证，中药配伍论证，选择地产道地药材中食药同源药材，经精细加工技术，在最大限度保留有效成分的前提下，去除灰尘、重金属残留、农药残留，实现回归自然、本真的养生、保健方式，在满足基本技术要求的前提下，着力提升产品的科技竞争力。①古方关健信息考证。传统医药经验是经典名方新药研发的依据与基石。是建立在经典名方的处方药味、炮制方法、用量、煎煮方法以及服用剂量的基础之上。古方关键信息的考证尤其要重视古方当时历史年代的药材基原品种、用药习惯、炮制方法以及度量衡的变化，并且反映医家从事医疗活动的地域特征以及疾病人群的体质特点。同时，也要用发展的视角厘清古方沿革应用的演变过程。明确新药研发的核心依据。②改变原剂型或给药途径的二次开发。改变剂型的二次开发当属按新药申报方式最多的一类新药，制备工艺源于经典（汤剂为基础），利用与疗效安全关联的质量标志物，把握从标准汤剂到产业制剂的疗效物质基础的传递，保证质量传递性。成功的范例有很多，如复方丹参滴丸，还有最早的双黄连注射液、藿香正气制剂，现已成功改成口服液、胶囊、滴丸等剂型。通过新技术、新工艺以及体现临床应用优势的新剂型，改进已上市中药品种，优化已上市中药变更技术要求。③基础研究中融入现代技术和科学发展成果，提高产品的可控性、丰富中药科学内涵。以不断深入的单味药研究工作为基础，从各药味的有效成分入手，辅以现代分离和分析技术手段，与药理及毒理研究成果相结合，进一步选择、确定相应药味的专属性指标控制产品质量，以实现中药质量的规范化和现代化。比如，江苏康缘药业股份有限公司就对其生产的桂枝茯苓胶囊从药材、半成品、成品的指纹图谱标准进行工艺筛选工作，完善了相关质量控制指标，已被美国 FDA 批准进入临床试验阶段。

（3）利用药食同源药材搞保健食品研究与开发。①古方中食药同源方保健作用的利用。目前关于中药保健食品大多是建立在中药功效基础之上的中药类保健食品的研发，在研发、质量检测过程中融入现代的科学技术。充分挖掘古医籍精华及丰富经验，并与现代中药保健功能及研究相结合，建立中药复方保健食品数据库并开展数据挖掘。②保健食品质量评价方法的完善。目前关于中药的质量控制，多是以《中国药典》中规定的成分为指标，但这些指标有时候并不是中药保健食品的功能指标，不能反映其保健功能，因此可以建立基于功效特点的中药保健食品质量控制体系，从而以保健功能来反映其活性物质，推动中药保健食品发展。

（4）"药食同源"药材直接综合加工利用。①功能性食品开发：以中药材原型为主，在食品药学理论的指导下，采用现代科学与食品制造加工技术生产出的功效成分明确、质量稳定、效果可靠、顺应消费者生理和心理需求的一类功能性食品。以刺五加为例，可以开发成刺五加袋泡茶等。②药膳开发：另外，根据《中华人民共和国食品安全法》第三十八条，生产经营的食品中不得添加药品，但是可以添加按照传统既是食品又是中药材的物质。

（5）利用药用植物加工天然化妆品。天然化妆品具有护肤、美容、润肤、防衰老等功效。充分利用东北地区特有的药用资源，结合现代制剂技术，开发天然化妆品。

（三）中药经营销售

1. 中药经营销售涉及的法规

对中药销售环节，国家重视其专业性、规范性，制定了相应的法规——《药品经营质量管理规范》，它是根据《中华人民共和国药品管理法》《中华人民共和国药品管理法实施条例》制定的，规范的目的和宗旨是加强药品经营质量管理，规范药品经营行为，保障人体用药安全、有效。对于从事药品销售的企业，应当在药品采购、储存、销售、运输等环节采取有效的质量控制措施，确保药品质量，并按照国家有关要求建立药品追溯系统，实现药品可追溯。

2. 从事药品经营管理工作人员的职业要求

企业负责人应当具有大学专科以上学历或者中级以上专业技术职称，经过基本的药学专业知识培训，熟悉有关药品管理的法律法规及规范。

企业质量负责人应当具有大学本科以上学历、执业药师资格和3年以上药品经营质量管理工作经历，在质量管理工作中具备正确判断和保障实施的能力。

企业质量管理部门负责人应当具有执业药师资格和 3 年以上药品经营质量管理工作经历，能独立解决经营过程中的质量问题。

从事质量管理工作的，应当具有药学中专或者医学、生物、化学等相关专业大学专科以上学历或者具有药学初级以上专业技术职称；从事验收、养护工作的，应当具有药学或者医学、生物、化学等相关专业中专以上学历或者具有药学初级以上专业技术职称；从事中药材、中药饮片验收工作的，应当具有中药学专业中专以上学历或者具有中药学中级以上专业技术职称；从事中药材、中药饮片养护工作的，应当具有中药学专业中专以上学历或者具有中药学初级以上专业技术职称；直接收购地产中药材的，验收人员应当具有中药学中级以上专业技术职称。

3. 中药经营销售及执业中药师

销售药品要严格遵守有关法律、法规和制度，正确介绍药品的性能、用途、禁忌及注意事项。销售药品时，处方要经执业药师或具有药师以上（含药师和中药师）职称的人员审核后方可调配和销售。对处方所列药品不得擅自更改或代用。对有配伍禁忌或超剂量的处方，应当拒绝调配、销售。必要时，需要原处方医生更正或重新签字方可调配和销售。审核、调配或销售人员均应在处方上签字或盖章，处方按有关规定保存备查。

执业中药师是销售环节的重要岗位，主要负责中药的销售、调配、监管等工作。工作内容具体包括：

在中药店工作。执业中药师需要根据顾客的需要，进行中药的推荐、销售。在此过程中，他们需要充分了解每种中药的功效、用法、禁忌证等，以便做出正确的推荐。同时，他们还需要负责中药的监管、存储、购进等工作。

在中医院门诊或者医院的中药房工作。执业中药师需要配合专业医师完成中药的调配。他们需要审核医师开出的处方，当处方不符合实际调配时，还需要及时联系医生。执业中药师可以根据处方内容进行正确调配，并向患者指导用药。

在中药厂、医药公司或者是中药企业工作。执业中药师主要负责中药的生产流通、经营销售以及质量管理等工作。在此过程中，需要了解每种中药的生产流程、质量要求等，确保每种中药都符合国家标准。同时，他们还需要与相关部门合作，确保中药企业的合法性和规范性。

可见，执业中药师的工作复杂多样、职责重大，执业中药师需要具备扎实的理论基础和实践经验。只有不断学习、提升自己的专业水平，才能更好地为患者服务，为中医药事业做出更大的贡献。

（四）中医保健、中医康养及保健产品开发

1. 中医保健与中医康养

中医保健是通过各种方法达到致中和的理想状态。其思想、理论和方法来自中医用精气学说、阴阳学说和五行学说，使人体与周围环境达到相互适应，达到天人合一的境界。《黄帝内经》记载了中医保健的理论和方法。2023年4月26日，国家中医药管理局发布《中医养生保健服务规范（试行）》。

中医康养是基于中医理论，针对亚健康、慢性病、病后愈后人群，开展康复护理、心理干预、养老服务、养生保健等服务。

我国的中医康养产业正在快速崛起，医疗与文化旅游、养老事业逐渐融合发展。例如，绥化市的中医康养产业发展态势很好，地处寒地黑土核心区的绥化市，在政府的倡导下打造"寒地黑土之都、绿色产业之城、田园养生之地"，绥化田园养生之地包含宜居城市、美丽乡村以及田园风光、乡土民俗、农事体验、野奢度假、休闲运动、医疗康养、心灵修禅，以及辽金历史、满族风情、猛犸象地质观光博览等丰富内容。产业布局规划为"城乡统筹—村庄规划—民居设计"体系，建设"精品村、美丽庭院、精品旅游路线"和具有野奢特性、休闲特性、慢生活特性及综合康养特性的特色小镇。

2. 行业发展前景

研究表明，当人均GDP超过3000美元时，将有3种需求被释放，即"旅游需求、房车需求和健康需求"。社会整体的消费模式将从注重衣食无忧转变为讲求生活质量，从而大大加速营养健康产品和服务的推广，而2021年我国人均GDP已达80976元，超过世界人均GDP水平。中国医药保健品进出口商会副主任张中朋指出，我国对健康行业的巨大需求正在被释放和激发。"当前，中国是全球营养健康产业最活跃的地区之一，也将是最重要的地区之一。"2016年起，我国保健食品行业进入高速发展时期，销售额已达4000亿元，年均增幅10%~15%，激发保健食品市场持续不断发展的是我国健康需求的巨大刚需。

3. 保健产品开发

20世纪80年代以来，我国保健产品研制逐渐兴盛。经过40多年的发展，我国的保健食品厂已有近千家，已有2000种保健功能食品问世，总销售额达25亿元，进行功能食品的研发与开发大有前途。

（1）保健食品的概念及特性。保健食品是指具有特定保健功能或以补充维生素、矿物质为目的的食品。

保健食品特性包括：具有调节机体功能，即适宜于特定人群食用，不以治疗疾病为目的，并且对人体不产生任何急性、亚急性或慢性危害。

（2）保健食品的研究与开发。保健食品的研究是一个多科学交叉的综合性研究课题，它涉及食品科学、营养学、中医学、中药学、天然药物化学、工程学等多门学科。因此，研究人员专业知识结构必须合理搭配。

保健食品的研究和开发，还要遵循国家法规。我国 2016 年 7 月 1 日开始实施《保健食品注册与备案管理办法》，宗旨是强化研发主体责任，提高对保健食品研发水平和可溯源性要求，提高技术审评要求和效率，严格市场准入门槛。

保健食品管理将正式从以前的单一注册制转变为"双轨制"，即注册与备案相结合。

对于注册的保健食品将会更加注重前期的各项研发工作，内容要求很多，追踪溯源。需要做成品的各项试验（动物毒理、动物功能试验、功效成分、卫生学、稳定性试验、兴奋剂检测、人体试食试验），对原料的安全性要求更加严格，必要时也需要进行原料的安全性评价试验。研发结束后，需要送到国家认证许可的机构做注册检验，再整理材料，国家局受理，技术审评，补充意见，动态核查，行政审批，获取批文。

（3）保健食品研发趋势。从保健功能选择来看，根据 2013—2020 年已注册备案保健食品的功能统计数据分析，可以看出，2017 年以前，已注册备案的保健食品产品以营养补充剂和增强免疫力类为主，其中营养补充剂类保健食品占总产品数量的 41%，增强免疫力类产品占总产品数量的 25%。近两年增强免疫力、缓解体力疲劳、有助于促进骨健康、耐缺氧、辅助改善记忆、有助于改善睡眠等功能类保健食品渐渐成为主流。前几年较火的有助于调节肠道菌群、有助于消化、辅助保护胃黏膜、有助于调节体脂、有助于改善黄褐斑、有助于改善痤疮、有助于改善皮肤水分状况、清咽润喉、改善缺铁性贫血、补充 β-胡萝卜素等 10 类功能的保健食品。近几年也存在产品数量较少，甚至几年都没有产品审批的情况，这与我国保健食品消费者消费更偏理性、保健食品监管趋严等原因直接相关。

从原料选择来看，开发的原料持续增多。除微量元素和维生素外，其他的功效成分按照相应的化学结构分为脂肪酸类、糖类、蛋白、多肽及氨基酸类、益生菌类、提取物类等 6 类，其中脂肪酸类功效成分有 11 种，糖类功效成分有 17 种，蛋白质、多肽及氨基酸类功效成分有 17 种，益生菌类功效成分有 6

种,提取物类功效成分有 68 种。提取物主要是植物（中药材）提取物,占比最高,对此类人才需求量也大,技术要求比较高,运用现代分离、提取、纯化、培养及制造技术,从植物中分离提取其中的有效成分并最大限度地保存其生物活性,然后根据不同人群的需求,以植物提取物为原料,进行科学配制,通过合理的加工工艺,生产出一系列真正科学意义上的保健食品,加快我国开发第二代、第三代保健食品的步伐。第二代保健食品是指必须经过动物和人体实验,证明具有某些生理调节功能的食品。第三代保健食品是指应该具有明确的有效成分、含量可测定、作用机理、保健效果肯定的食品。随着保健食品的的发展,各种食品制作的新工艺、新技术应运而生。

从技术角度,开发需要越来越多的科学知识和技术,多科学交叉日益重要。基础理论研究和应用技术的研究均需要学科交叉来促进,需要将食品科学、生理学、营养学、医学、药学等学科的理论与技术有机结合起来,深入研究保健食品中用到的植物提取物的活性成分及其调节生理机能的机制和量效关系等。根据不同人群、不同生理条件的不同需求,以及营养膳食原则和生理功能调节原理,有针对性地设计出具有不同营养保健功能的食品配方,而且经过大量的实验来证实这些不同配方制成的食品的确有各自要求的功能特性。在此也强调要继承发扬中华医药宝库中的宝贵经验,并运用先进的科学技术,加以科学验证,阐明其所以然,提供其功能性原理。

4. 中医康养案例

以绥化学院食品与制药工程学院王斌带领的研发团队为例,研发团队立足龙江及绥化市的中医康养的现状和发展前景,再结合学校制定的科研导向,聚焦已列入国家"药食同源"目录且黑龙江省有独特资源优势的品种,提出了"增品种、提品质、创品牌"的研究方向和工作任务。

（1）增品种。充分挖掘已列入国家"药食同源"目录且黑龙江省有独特资源优势的品种在古医籍应用的精华及丰富经验,在中药功效基础之上,进行中药类保健食品、功能性食品、药膳的研发。

保健食品质量评价方法的完善。建立基于功效特点的中药保健食品质量控制体系,从保健功能来反映其活性物质,推动中药保健食品发展。

功能性食品开发。在食品药学理论的指导下,以中药材原型为主,采用现代科学与食品制造加工技术生产出的功效成分明确、质量稳定、效果可靠、顺应消费者生理和心理需求的一类功能性食品。

药膳开发。根据《中华人民共和国食品安全法》第三十八条,食品中不得添加药品,但是可以添加按照传统既是食品又是中药材的物质。通过特殊的工艺进行科学系统的定量配比,结合黑龙江省粮食大省的特点,形成特色产品。积极与黑龙江中医药大学、佳木斯大学、黑龙江中医药科学院等合作,资源共享,学科交叉,推进协同研发。

研究编制药食同源特色产业链图谱。构建以"北药""寒地黑土"农业有机结合的药食同源食品产业链,满足残疾人、亚健康群体、老年人等差异化群体的个性化营养健康需求。对药食同源产品技术和工艺进行研究,促进药食同源加工企业和当地经济建设的发展。

(2)提品质。推动"产学研"融合。以"药食同源"为切入点,汇集梳理省内食品科研成果转化需求和企业相关产品创新需求,建立"双向"需求库,筹划开展线上线下对接交流活动。

相关科研人员联合相关企业进行有针对性科研攻关。力争解决一些共性关键技术,开发新技术与新产品,帮助企业向精深加工发展,提升企业核心竞争力,提升黑龙江省生物健康产品的质量安全和效益水平。

(3)创品牌。建立全省药食同源产业协会或先行设立专业委员会。辐射到市(区)、县。

对相关企业和政府管理人员进行品牌建设的培训。

打造具有中医药文化特点的特色小镇。最终形成以天然药食同源种植、研发、生产、销售于一体,延伸休闲娱乐的康养体系。

5. 保健产品开发案例

这里以绥化学院食品与制药工程学院王斌老师研发了一系列中药保健枕为例。王斌、张腾霄老师作为研究项目的负责人,带领制药工程、食品科学与工程专业的15名学生开展了研究。为培养学生多学科交叉应用能力、创新思维能力发挥了很好的示范性作用。

研究过程中开设了"开放性实验项目"2项,组织学生团队参加了黑龙江省互联网+大学生创新创业大赛获得铜奖,组织学生团队参加了2023年食品与制药工程学院第二届"博学笃行"职业技能竞赛竞赛参赛获得一等奖。

申报国家发明专利1项,下面介绍一下发明内容。

发明名称:
一种持久芳香安神助眠枕芯填充材料及其制备方法
技术领域:
本发明涉及一种持久芳香安神助眠枕芯填充材料及其制备方法。

背景技术：

枕头几乎是人人必备的睡眠用品，枕头通常由枕芯和枕套构成，枕芯中的填充材料出现了较多种类，比如天然棉、人造丝绵、海绵、植物种子、谷壳、塑料颗粒、硅胶、乳胶等，这些枕芯填充材料虽然赋予了枕头特定的厚度和柔韧性，但没有明显的安神助眠的功能。

为了让枕头实现助眠的功能，研发者的主要研发思路包括两个：研发思路1：通过设定枕头特定的形状构造，对头颈部进行按摩或支撑发挥作用，例如：①专利号为202220167350.7的实用新型公开了一种头部按摩中医睡眠保健枕，其主体呈波形构造，中间区域为平躺头部区，两侧为侧躺头部区，其主体具有两种不同的软硬度，当使用者睡姿不同时，选择不同的软硬区域可以有效促进颈部以及脑部血液循环，起到按摩作用；②专利号为202220611116.9的实用新型公开了一种助眠用保健枕，其中间设有网格布，其上方的右侧设有乳胶垫，其左侧的内部开设有连通槽，网格布下方安装有橡胶内框，橡胶内框设置有发热贴和中药袋。研发思路2：枕头中填充特定功效的材料，例如：①专利号为202110170129.7的发明专利公开了一种助眠乌发保健枕，其枕芯内填充了侧柏叶和柏子仁皮；②专利号为00110732.1的发明专利公开了一种中药保健枕，其枕芯料由车前子果壳和中草药组合炮制而成，车前子果壳占95%，中草药占5%，其中中草药成分包括刺五加、五味子、菊花、荆芥穗、灯心草、薄荷，经过煎、蒸、浸三种炮制方法使中草药的有效成分渗入车前子果壳中，起到清头明目、益智安神等保健作用；③专利号为202122001325.X实用新型公开了一种有利于颈椎与睡眠的保健枕，由本体和储药包构成，通过储药包、承载布、第一魔术贴、第二魔术贴以及覆盖布实现储药包的拆卸，进而更换储药包内的药物，但是该实用新型没有说明使用什么药物及药物的搭配方案；④一些论文文献报道了某些含有多种中药混合而成的枕芯填充材料，比如用决明子、黄荆子、薄荷叶、艾叶、竹叶、薰衣草、玫瑰花等材料。上述基于第二种研发思路研制的助眠保健枕，发挥助眠的关键核心在于枕芯填料所选用中药的种类、性质和形态。随着其被消费者的使用逐渐暴露了现有含有中药成分填充材料的缺点，其缺点包括：①容易发霉腐烂，在空气潮湿的地区或在多雨季节，再加上人体汗液的蒸发，空气中的水蒸气非常容易被中药吸收，成为霉菌生长繁殖的温床，而滋长的霉菌加速了中药的腐烂变质，功效急速降低，霉菌释放的毒素和孢子给使用者带来危害；②有效期短，一般使用1~2个月后有效成分挥发和分解殆尽，助眠效果随之大幅下降，如要维持有效的助眠作用需要频繁更换。

中医中药是我国的瑰宝，是必须传承和发展的民族文化，在治疗某些慢性疾病和养生保健方面有显著优势。开发利用地方中药资源是有意义的研究课题。东北地区有独特的丰富的中药和植物资源，我们从中筛选出含有可挥发芳香性成分且具有安神助眠效果的的中药作为制作枕芯的原材料，采用多类性质不同的成分重组、黏合、重塑、分割、定型等加工方式最终研制了一种持久芳香安神助眠枕芯填充材料。

发明内容：

本发明的目的在于解决现有含有中药成分枕芯填充材料存在容易发霉腐烂、有效期短、需要频繁更换的缺陷，提供一种持久芳香安神助眠枕芯填充材料及其制备方法。

本发明的一种持久芳香安神助眠枕芯填充材料最终制备的成品形态特征为空心圆柱体，所述的空心圆柱体的柱体长度为6~30毫米，所述的空心圆柱体的外壁圆截面直径为5~12毫米且相应的内壁圆截面直径为3~6毫米，空心圆柱体越粗对应的柱体壁越厚。

本发明的一种持久芳香安神助眠枕芯填充材料最终制备的成品是由植物主料、中药辅料、微生物抑制剂、黏合赋形剂四类原辅料组成，四类原辅料的质量百分比分别为：植物主料占成品总质量的55%~70%、中药辅料占成品总质量的20%~35%，微生物抑制剂占成品总质量的1%~3%，黏合赋形剂占成品总质量的3%~12%；所述的植物主料是云杉枝叶、油松枝叶、黑松枝叶和赤松枝叶其中一种或多种组合，所述的中药辅料是防风根、刺五加根、刺五加茎、紫苏叶、花椒其中一种或多种组合，所述的微生物抑制剂是山梨酸、山梨酸钾、苯甲酸、苯甲酸钠、丙酸钙其中一种或多种组合，所述的黏合赋形剂是乙基纤维素、羟丙基纤维素其中一种或两种组合。

上述的一种持久芳香安神助眠枕芯填充材料的制备方法按下列步骤进行：

（一）原辅料预处理

根据原辅料的原始含水量分别对植物主料、中药辅料、微生物抑制剂、黏合赋形剂四类原辅料进行干燥，并且使干燥后的各类物料含水量≤14%，其中植物主料和中药辅料的干燥方式适宜选用30~45℃气流干燥；干燥后分别对四类原辅料进行粉碎和筛分，对植物主料、中药辅料的筛分要求是将粉碎后获得的物料粉末用筛子筛选出粒径小于250微米的粉末，即筛选出能通过65目标准药筛的粉末；对微生物抑制剂、黏合赋形剂筛分要求是将粉碎后获得的物料粉末用筛子筛选出粒径小于180微米的粉末，即筛选出能通过80目标准药筛的粉末。

（二）称量、配比及混合

按上述四类原辅料的质量百分比组成分别称取步骤一预处理之后的各类物料，即植物主料占总质量的55%~70%、中药辅料占总质量的20%~35%，微生物抑制剂占总质量的1%~3%，黏合赋形剂占总质量的3%~12%，然后将上述配比称量后的各类物料混合均匀，所得混合物命名为干混物。

（三）黏合、制团块

向步骤二制备的干混物中缓慢均匀加入浓乙醇液，浓乙醇液的加入量为干混物质量分数的20%~45%，所述的浓乙醇液是指乙醇体积百分比浓度≥70%的乙醇和水的混合液；所述的向上述干混物中缓慢均匀加入浓乙醇液的实现方式为：将干混物置于螺旋桨式搅拌机中，将浓乙醇液置于喷雾器中，干混物一边被持续搅拌的同时一边喷雾式加入浓乙醇液，即当开启搅拌机的搅拌功能后间歇式向搅拌机中处于翻腾状态的干混物喷洒浓乙醇液；当浓乙醇液完全喷洒加入完毕后，继续搅拌5~10分钟，所得湿软黏团状物料命名为团块。

（四）制空心条、切段及干燥定型

将步骤三制备的团块采用连续挤压成型设备制成空心条；然后，将空心条切割成小段并干燥定型，切割后所得的小段长度为6~30毫米；所述的切段及干燥定型包括两种实现方式：①切成小段后干燥定型，即从连续挤压成型设备出来的空心条引入传送带，传送带上方设置有脉冲升降式切割刀，空心条在传送带输送过程中切割刀切割成小段，然后把小段用烘干设备干燥定型，得到空心圆柱体成品；②切成大段干燥定型后再切成小段，即从连续挤压成型设备出来的空心条引入传送带，空心条在传送带输送过程中被切割成长度为10~80厘米的大段，然后把大段用烘干设备干燥定型，再把大段用切割设备切割成小段，得到空心圆柱体成品。所述的干燥定型要求达到干燥程度为干燥后所得空心圆柱体成品的含水量≤14%，干燥方式适宜选用30~45℃气流干燥。

所述的植物主料选用云杉枝叶、油松枝叶、黑松枝叶和赤松枝叶，主要原因包括三个方面：第一，这些材料中的天然萜类可挥发芳香性成分含量高，具有优良的助眠效果；第二，这些材料中含有多种抗菌物质，自身具备防腐能力；第三，这些材料取材于东北地区广泛人工种植及山林中广泛自然分布的树种，每年例行的修剪旁侧枝、矫正树姿过程均会产生大量的枝叶，因修剪而产生的大量枝叶作为废物垃圾处理，具有材料廉价易得的优点。

所述的中药辅料选用防风根、刺五加根、刺五加茎、紫苏叶、花椒，主要原因包括两个方面：第一，这些材料富含天然可挥发芳香性成分，具有优良的助眠效果；第二，防风根、刺五加根、刺五加茎所取材的中药防风和刺五加在黑龙江省广泛人工种植，且是被当地政策鼓励发展的中药品种，对于专利申请者而言具有取材方便、符合地方产业发展规划的优点。

所述的黏合赋形剂选用乙基纤维素、羟丙基纤维素，主要原因包括三个方面：第一，这两种材料均有优良的黏合细微粉末态物料的作用，最终能将所述的四类原辅料粉末黏合赋形为适宜强度的空心圆柱体；第二，这两种材料几乎没有吸湿性，在空气潮湿的地区或在多雨季节材料也不会吸收空气中的水分，能保持材料自身及枕芯处于干爽状态；第三，这两种材料均有较好的醇溶性，遇到浓乙醇液即可发挥黏合作用且不会导致植物主料、中药辅料含水量升高，而如果使用水则会增加植物主料、中药辅料中的游离水，从而阻碍可挥发芳香性成分的释放，促进微生物的繁殖而加速材料霉变腐败。

所述的空心圆柱体作为制备的成品形态，并对柱体长度要求为6~30毫米，主要原因包括三个方面：第一，构建了有效成分的缓释体系使植物主料和中药辅料所含挥发芳香性成分的释放速度达到最佳状态，如果释放速度过慢导致助眠效果不佳，如果释放速度过快则导致产品有效期缩短；第二，特有的孔隙结构、较大的比表面积，有利于所含可挥发芳香性成分的充分释放，相比传统和现有技术把中药制成的碎片或颗粒形态的填充材料，可挥发芳香性成分的释放率提高1.5倍以上，从而实现长效、持久的效果；第三，填充于枕芯后，空心圆柱体之间有适宜的静摩擦力，既能赋予枕芯可变的形态，又能实现对人头部的支撑强度。

步骤一、步骤四均选用30~45℃气流干燥，既能达到目的干燥程度，又能减少植物主料、中药辅料中可挥发芳香性成分的损失。

步骤三选用浓乙醇液用于制作团块，既能配合黏合赋形剂发挥黏合作用，又能在后续的团块干燥定型阶段快速蒸发，缩短干燥定型时间，从而减少植物主料、中药辅料中可挥发芳香性成分的损失。

本发明的先进性表现在以下几点：

（1）对于枕芯填充材料，本发明设计出全新的形态构造和制备方法，所用全部原辅料实现了均一混合、结构重塑，最终制备形成特有的形态构造——空心圆柱体，而传统及现有的枕芯填充材料对中药和植物加工成的形态为碎片、颗粒、碎屑和短杆等；研发重点和主要差别体现在枕芯内部设置不同区域、层次和不同种类的填充材料在枕芯内部的位置分布。

（2）本发明所制备的枕芯填充材料所含可挥发芳香性成分高，芳香助眠作用的有效期长，是其他同类产品的2~3倍。传统及现有的枕芯填充材料以不含可挥发芳香性成分的物料为主要材料（所占比例大于70%）用于实现对人头颈的支撑，而含可挥发芳香性成分的物料仅为次要材料（所占比例小于30%），而且其所用的某些物料虽为中药但几乎不含可挥发芳香性成分（比如决明子、五味子、栀子、荞麦、薏苡等），这些物料被枕套、枕巾阻隔后，其所含的非挥发性药用成分既不能通过人头颈部皮肤吸收而发挥作用，也不能被人呼吸道黏膜吸收。只有枕芯填充材料中含有大量可挥发芳香性成分才能发挥助眠作用，因为可挥发芳香性成分易被人呼吸道黏膜充分吸收。

（3）本发明所制备的枕芯填充材料不容易发霉、腐烂。本发明采用多种抗菌材料组合搭配，即植物主料中含有多种天然抗菌物质，再外加微生物抑制剂，构成里应外合的双重抗菌防腐作用，因此即使在空气潮湿的地区、多雨季节也能正常使用，扩大了应用场合和范围。

具体实施方式

实施例一

由植物主料、中药辅料、微生物抑制剂、黏合赋形剂四类原辅料组成的持久芳香安神助眠枕芯填充材料（标记为"材料甲"），植物主料由云杉枝叶和油松枝叶按等质量组合，植物主料占成品总质量的55%；中药辅料由防风根、刺五加根、花椒按等质量组合，中药辅料占成品总质量的35%；微生物抑制剂由山梨酸、苯甲酸、丙酸钙按等质量组合，微生物抑制剂占成品总质量的3%；黏合赋形剂是乙基纤维素，黏合赋形剂占成品总质量的7%。

安神助眠枕芯填充材料的制备方法按下列步骤进行：

（一）原辅料预处理

用 35℃ 左右气流分别对上述植物主料、中药辅料进行干燥，用 50℃ 烘箱分别对上述微生物抑制剂、黏合赋形剂进行干燥，使干燥后的各类物料含水量≤14%；将植物主料、中药辅料置于粉碎机中粉碎，然后用 65 目标准药筛筛选出能通过此药筛的粉末；将微生物抑制剂、黏合赋形剂置于粉碎机中粉碎，然后用 80 目标准药筛筛选出能通过此药筛的粉末。

（二）称量、配比及混合

按上述四类原辅料的质量百分比组成分别称取步骤一预处理之后的各类物料，即植物主料占总质量的 55%，中药辅料占总质量的 35%，微生物抑制剂占总质量的 3%，黏合赋形剂占总质量的 7%，然后将上述配比称量后的各类物料混合均匀，得到干混物。

（三）黏合、制团块

向步骤二制备的干混物中缓慢均匀加入 95% 乙醇，95% 乙醇的加入量为干混物质量分数的 25%，具体加入方式为：将干混物置于螺旋桨式搅拌机中，将浓乙醇液置于喷雾器中，开启搅拌机的搅拌功能后间歇式向搅拌机中处于翻腾状态的干混物喷洒 95% 乙醇；当 95% 乙醇全部喷洒完毕后，继续搅拌 5 分钟，得团块。

（四）制空心条、切段及干燥定型

将步骤三制备的团块采用连续挤压成型设备制成空心条；然后将空心条切割成小段后干燥定型，即从连续挤压成型设备出来的空心条引入传送带，传送带上方设有脉冲升降式切割刀，空心条在传送带输送过程中被切割刀切割成 6~30 毫米小段，再把小段用温度设定为 35℃ 左右气流干燥设备干燥定型，至其含水量≤14% 结束干燥定型，得到空心圆柱体成品。

实施例二

由植物主料、中药辅料、微生物抑制剂、黏合赋形剂四类原辅料组成的持久芳香安神助眠枕芯填充材料（标记为"材料乙"），植物主料由黑松枝叶和赤松枝叶按等质量组合，植物主料占成品总质量的 67%；中药辅料由刺五加茎、紫苏叶按等质量组合，中药辅料占成品总质量的 20%；微生物抑制剂由山梨酸钾、苯甲酸钠按等质量组合，微生物抑制剂占成品总质量的 1%；黏合赋形剂是羟丙基纤维素，黏合赋形剂占成品总质量的 12%。

安神助眠枕芯填充材料的制备方法按下列步骤进行：

(一) 原辅料预处理

用40℃气流分别对上述植物主料、中药辅料进行干燥，用50℃烘箱分别对上述微生物抑制剂、黏合赋形剂进行干燥，使干燥后的各类物料含水量≤14%；将植物主料、中药辅料置于粉碎机中粉碎，然后用65目标准药筛筛选出能通过此药筛的粉末；将微生物抑制剂、黏合赋形剂置于粉碎机中粉碎，然后用80目标准药筛筛选出能通过此药筛的粉末。

(二) 称量、配比及混合

按上述四类原辅料的质量百分比组成分别称取步骤一预处理之后的各类物料，即植物主料占总质量的67%，中药辅料占总质量的20%，微生物抑制剂占总质量的1%，黏合赋形剂占总质量的12%，然后将上述配比称量后的各类物料混合均匀，得到干混物。

(三) 黏合、制团块

向步骤二制备的干混物中缓慢均匀加入75%乙醇，75%乙醇的加入量为干混物质量分数的40%，具体加入方式为：将干混物置于螺旋桨式搅拌机中，将浓乙醇液置于喷雾器中，开启搅拌机的搅拌功能后间歇式向搅拌机中处于翻腾状态的干混物喷洒75%乙醇；当75%乙醇全部喷洒完毕后，继续搅拌10分钟，得团块。

(四) 制空心条、切段及干燥定型

将步骤三制备的团块采用连续挤压成型设备制成空心条；然后将空心条切成大段，干燥定型后再切成小段，即从连续挤压成型设备出来的空心条引入传送带，空心条在传送带输送过程中被切割成长度为10~80厘米的大段，然后把大段用温度设定为40℃左右的气流干燥设备干燥定型，当干燥至其含水量≤14%再把大段用切割设备切割成6~30毫米的小段，得到空心圆柱体成品。

对上述实施例一、实施例二制备的成品（"材料甲""材料乙"）进行使用效果测试，共有12位绥化学院食品与制药工程学院的教师和学生作为产品的受试者，将制备所得持久芳香安神助眠枕芯填充材料1.2千克左右替换装入受试者枕头的枕芯中，分别在使用至第5、第10、第15周时反馈使用感受和助眠效果，反馈效果的评定有如下三个等级可选：A为无效、B为效果一般、C为效果很好。

试验结果如表7-1所示。

表 7-1 试验结果

受试者编号	材料标记	第 5 周评定结果	第 10 周评定结果	第 15 周评定结果
1	材料甲	B 效果一般	C 效果很好	C 效果很好
2	材料甲	C 效果很好	C 效果很好	C 效果很好
3	材料甲	A 无效	B 效果一般	B 效果一般
4	材料甲	B 效果一般	B 效果一般	B 效果一般
5	材料甲	B 效果一般	C 效果很好	C 效果很好
6	材料甲	B 效果一般	C 效果很好	C 效果很好
7	材料乙	B 效果一般	C 效果很好	C 效果很好
8	材料乙	B 效果一般	B 效果一般	B 效果一般
9	材料乙	B 效果一般	C 效果很好	C 效果很好
10	材料乙	B 效果一般	C 效果很好	C 效果很好
11	材料乙	B 效果一般	C 效果很好	C 效果很好
12	材料乙	C 效果很好	C 效果很好	C 效果很好

试验结果表明，12 位受试者中有 7 位给出了一致的助眠效果评定结果（均为第 5 周效果评定结果为 B，第 10 周效果评定结果为 C，第 15 周效果评定结果为 C），这说明大多数受试者随着使用时间的延长所感觉到效果渐强；其中有 2 位在使用至第 5、第 10、第 15 周时对产品的效果评定结果均为 C；其中有 2 位在使用至第 5、第 10、第 15 周时对产品的效果评定结果均为 B；其中有 1 位在使用至第 5 周时给出的效果评定结果为 A，至第 10、第 15 周时给出的效果评定结果均为 B。所有受试者使用产品至第 15 周时（时间超过了 3 个月）均保持有效状态，仍然能明显感受到从中散发的芳香气味；在使用至第 5、第 10、第 15 周时对产品的理化性质、形态进行检验，所有受试产品均未出现软化、碎裂、霉变和腐化。

由此可见，本发明制备的持久芳香安神助眠枕芯填充材料具有良好的助眠效果，使用者伴随自然呼吸而缓缓吸入从枕芯填充材料中散发出的芳香类化合物，从而达到理想的缓解大脑皮层中枢神经紧张、减轻抑郁心情、安神助眠的效果。

三、服务于中医药文化的人才

党的二十大报告中提出,坚守中华文化立场,提炼展示中华文明的精神标识和文化精髓。中医药作为打开中华文明宝库的钥匙,承载着民族精神与中华文明,是传承、弘扬中华优秀传统文化的重要载体,在坚定文化自信、建设社会主义文化强国中发挥着不可替代的作用。党的二十大作出"促进中医药传承创新发展"的重要部署,为指导中医药事业发展,充分发挥中医药文化特色优势,推动中医药文化繁荣兴盛。

（一）中医药文化面临的工作任务

1. 加强中医药文化研究和传播

深入挖掘中医药精华精髓,阐释中医药文化与中华优秀传统文化的内在联系。加强中医药学与相关领域协同创新研究。实施中医药文化传播行动,推动建设体验场馆、培育传播平台,丰富中医药文化产品和服务供给。推动中医药文化贯穿国民教育始终,进一步丰富中医药文化教育。加强中医药机构文化建设。加大对传统医药类非物质文化遗产代表性项目的保护传承力度。加强中医药科普专家队伍建设,推动中医医疗机构开展健康讲座等科普活动。建设中医药健康文化知识角。开展公民中医药健康文化素养水平监测。

2. 做大中医药文化产业

鼓励引导社会力量通过各种方式发展中医药文化产业。实施中医药文化精品行动,引导创作一批质量高、社会影响力大的中医药文化精品和创意产品。促进中医药与动漫游戏、旅游餐饮、体育演艺等融合发展。培育一批知名品牌和企业。

3. 发展中医药博物馆事业

开展国家中医药博物馆基本建设,建成国家中医药数字博物馆。促进中医药博物馆体系建设,强化各级各类中医药博物馆收藏研究、社会教育、展览策划和文化服务功能,加强数字化建设,组织内容丰富的中医药专题展览。

（二）中医药文化的内涵价值及挖掘

1. 中医药文化的内涵价值

中医药植根于中华传统文化,弘扬中医药文化要深入挖掘中医药文化的历史内涵和时代价值。中医药文化的内涵价值可以概括为五个维度。

一是生命观。中医的生命观首先是贵生,认为生命是最宝贵的。《黄帝内经》提到"天覆地载,万物悉备,莫贵于人",药王孙思邈的《千金要方》强调"人命至重,有贵千金",由此可见,中医尊生、贵生,崇尚生命的生命观是一以贯之的,"人命至重"作为对中医药学生命观的高度概括,充分体现了中华文化"以人为本"的精神特质。其次,中医学以天人合一的观念为指导,运用阴阳五行理论,考察生命活动的运变规律,把人体生命看成形、气、神三位一体的整体。《淮南子·原道训》有言:"形者,生之舍也;气者,生之充也;神者,生之制也。"认为从人体生命的构成而言,人是由形、气、神三个要素构成的,并且这三个要素是相互关联、相互影响的一个整体。三者相互协调,共同构成人体生命活动。这一认识体现了中医注重整体,崇尚和谐的生命观。

二是医德观。中医医德观是中华传统文化的突出展现,深受儒家"仁"的理论、道家"无为自然"的观念、佛教"慈悲为怀"等思想的影响。其中,孙思邈的《大医精诚》《大医习业》篇就是最典型的体现,指出"不读五经,不知有仁义之道",作为医者要"无欲无求",行"忠恕之道""发大慈恻隐之心""一心赴救",从仁者爱人、医乃仁术的道德观念出发,强调对病人要有恻隐之心、仁爱之心。千百年来,中医医德的优良传统可归纳为以下几个方面:对待病人普同一等、仁爱为怀;对待名利淡泊自然、安贫乐道;对待治学精勤不倦、严谨求实;对待自身谦虚谨慎、无愧于心。

三是生态观。生态学是研究生命系统与环境相互关系的科学,其认为生物与环境存在统一性,人是生态体系的重要成员。而中医以天人相应、五运六气为代表的理论与生态学从自然整体环境来研究生物和无生命物质间的关系,有异曲同工之妙。如五运六气学说是以"天人相应"的整体观作为指导,以阴阳五行为基础,来推论天象、气候、季节及人体生理、病理的变化,以探索自然现象与生命现象的共有周期规律,从而寻求疾病的发病规律及相应的防治方法。而且,中医认为人体是一个有机整体,构成人体的组织器官,在结构上相互沟通、功能上相互协调、病理上相互影响。这些认识充分展现了中医文化中认为天地万物是有机统一整体,生命与环境互相联系、互相影响的生态观。

四是辩证观。中医是在长期医疗实践的基础上形成和发展的,其植根于实践,以疗效为评价标准,天然受到古代唯物论和辩证法思想的深刻影响,在理论体系中始终贯穿着唯物辩证的观点。如"人禀天地之气而生"的论述,体现了朴素的唯物观点,即物质是生命的基础。《素问·上古天真论》"故能形与神俱,而尽终其天年",实际上体现的是物质与精神的关系。形体是第一性的,精神是第二性的。中医学认为,一切事物都不是一成不变的,也不是孤立的，它们之间是相互联系、相互制约的，需要辩证地去认识，所以区分阴阳的矛盾统一理论，标本缓急的主次观念，寒热虚实的二元认识，同病异治、异病同治的特殊与一般的方法论，均体现了中医贯穿始终的辩证观。

五是自然观。自然观是人们对自然系统的性质、构成、发展规律以及人与自然关系等方面的根本看法。中医自然观是与中医学相适应的系统自然观，是中医学在人与自然的实践中形成的对自然和生命的总体性认识，如《道德经》提出"人法地，地法天，天法道，道法自然"，这是中国人理解最广泛的自然观。中医关于"气"的认识对中医自然观的形成具有重要影响，《周易·乾凿度》云："夫有形生于无形……故有太易、有太初、有太始、有太素。太易者，未见气也；太初者，气之始也……"这体现出气为宇宙之源的认识，《素问·天元纪大论》言："故在天为气，在地成形，形气相感而化生万物矣"，这体现出以气作为构成自然之本体的认识。《素问·宝命全形论》："人以天地之气生，四时之法成。"这体现出气是生命之源的认识。以上认识系统展现了中医对自然系统的总体性认识和根本看法。

2. 构建现代中医药文化体系

中医药文化的传承创新发展需要构建科学完善的体系，从顶层设计层面进行擘画和构建，实现中医药文化的全面振兴。

在学科体系层面。自"九五"以来，部分学者开始尝试构建"中医文化学"学科体系，"中医文化学"作为一门新兴学科便应运而生。目前，安徽中医药大学、山东中医药大学等高校的中医文化学学科先后被评为国家中医药管理局重点学科。部分中医药院校也设立了中医文化学硕士点，推进学科体系建设和人才培养迈上了快车道。未来，要聚焦中医文化的形成发展历史，结合中外医学史、中医文化与传统文化等，对中医文化的内涵、外延、内容、特点、形成发展规律以及现代传播与诠释等进一步开展研究，构建具有自身特色的中医文化学科理论体系。

在教育体系层面。教育部和国家中医药管理局近年来高度重视，多措并举推动中医药文化知识进校园、进课堂、进教材。启动了"中医中药中国行——中医药健康文化推进行动"，印发了《中华优秀传统文化进中小学课程教材指南》；此外，还修订了《普通高中课程方案（2017年版2020年修订）》，出版了《中小学生中医药科普读物》《中医药文化》等系列教材，并在历史、生物学、体育与健康等学科课程标准中融入中医药文化教育内容，进一步丰富了中小学的中医药文化教育。今后要继续将"中医药文化进校园"

作为重要内容加以部署推动，鼓励各地各校结合实际，挖掘当地历史文化资源，开设与中医药相关的地方课程、校本课程，将中医药知识普及与基础教育拓展性课程有机衔接，不断增进青少年对中医药文化的认同和了解。

在服务体系层面。从2012年开始，中央财政每年投入经费建设中医馆，截至目前已累计投入建设3.67万个，截至2020年底，85.38%的社区卫生服务中心设置了中医馆。这些中医医疗机构都是传播弘扬中医药文化的基地和窗口，在满足群众就医需求的同时，为群众了解中医、体会中医、认识中医勾勒出一幅日益完善的服务网络图。我们要充分利用这些资源，并积极整合图书馆、中医文化馆、博物馆等公共文化资源，面向大众，提供更广泛、更贴近群众的文化服务。地方政府、学校要积极开展中医药文化传承活动，为中医药文化知识传承营造良好的氛围，如在乡镇卫生院、社区、群众活动场所等建设中医药健康文化知识角，帮助群众了解中医药养生保健知识。

在传播体系层面。国家中医药管理局、中央宣传部、教育部、国家卫生健康委、国家广电总局共同制定了《中医药文化传播行动实施方案（2021—2025年）》，加大中医药文化保护传承和传播推广力度。其中提出要深入挖掘中医药文化精髓，提炼中医药文化精神标识，加强中医药文化资源梳理，加强中医药文化时代阐释。要推动中医药融入生产生活，建设中医药文化传播平台，举办中医药文化传播活动，加强中医药题材文艺创作，讲好中医药故事。

3. 在实践中促进中医药服务与文化融合发展

中医药的生命力在于实践，中医药文化也只有在实践中才能绽放出最绚丽的光彩。所以，要推动中医药文化实现更高的认可度、更强的吸引力，必须在中医药教育、医疗和服务百姓健康的全程中有机融入文化元素，推进中医药文化与中医药实践一体融合发展。

一要与教育融合。《"十四五"中医药人才发展规划》提出，持续深化院校教育、毕业后教育、继续教育有机衔接，师承教育贯穿始终的中医药人才培养体系。无论是哪个环节的中医药教育都离不开中医药文化的融合贯穿。在院校教育方面，通过设置发展中医药文化学科，建立中医药文化研究团队，设置中医药文化课程，将知识学习与文化熏陶有机结合。在毕业后教育方面，住院医院规范化培训作为其中一个重点，不能只关注执业技能的培训学习，也要将人文和文化元素融入教学全过程，才能培养出更高质量、德才兼备的中医人才。在继续教育方面，乡村医师培训、"西学中"培训中也要将中医药文化类课程作为培训的重要内容，提升中医的认可度和培训实效。中医药师承教育是独具特色、符合中医药人才成长和学术传承规律的教育模式，其教育形式本身就蕴含着浓厚的中医文化特色。师承教育中教师对学生的影响，不仅在于知识经验的传承，还在于医德、文化和思维。融入传统文化和中医经典的跟师学习，将传统中医思维、临床实践能力与现代生命科学知识并重，并强调悟性培养和人格塑造，形成了集重经典、重人文、重实践协同于一体的中医教育模式，对于促进中医药文化传承意义重大。

二要与医疗融合。中医医疗的过程也是中医药文化传承的过程，其中，中医医院作为承担医疗服务的主要载体，要将文化传承作为医院发展的一项重要内容，予以发扬推广。一是要融入医德文化，将"人命至重""大医精诚"的理念融入医院管理和医德教育中，并转化在医务人员的言行上，加深患者对医生的理解和信任，做到身心同治，治心育人。二是融入服务文化，中医药文化中的天人合一、阴阳平和的理念，蕴含着和谐的哲学，在处理医患关系中，这种"和"的理念、"和"的认识、"和"的氛围更加重要，要从加强医风建设、提升服务质量入手，努力营造和谐的文化氛围，在医患之间构建相互理解、"和"与"合"的良好关系。三是要融入环境文化。诊疗环境是医药文化内涵最直观、最强烈的外化展示，它不仅能体现中医药的特色，更能增进人们对诊疗的认可和信心。所以，要在中医诊疗场所应用传统建筑风格，选用有中医元素的装饰，再加之以中医药科普宣传、图画展示、实物展览等，凸显中医药传统文化底蕴，让医生和患者在潜移默化中再次接受文化的教育和熏陶。

三要与企业（文化）融合。企业是中医药传承创新发展的重要力量，企业文化也是社会文化的重要组成部分。中医药企业在市场中发挥促进中医药产业化作用的同时，其独特的企业文化对弘扬中医药文化也起着积极的作用。近代以来，中国出现了一些有着特点鲜明、社会影响力广泛的中医药企业，如号称"北有同仁堂，南有庆余堂"的两个老字号企业，二者既有悠久的历史、知名的产品，又有着富有特色的企业文化，同仁堂的"同修仁德，济世养生"、胡庆余堂的"戒欺"，均体现着浓厚的中医药文化特色。可以说，两家企业既是经济实体，也是文化载体。它们能历经百年传承至今，除了行业特点、管理机制外，其广博而厚重的企业文化也是极为重要的因素。中医药文化历经数千年的历史沉淀，带有厚重的文化内涵和广泛的社会认知，与从实验室里走出来的西药产业差异很大，推广弘扬有中医药特色的企业文化本身就是提升企业凝聚力、增强市场竞争力的绝佳利器。

4. 讲述中医故事、传播中医药文化

党的二十大报告提出，要"坚定历史自信、文化自信，坚持古为今用、推陈出新"，中医药文化蕴含着深厚的文化内涵和时代价值，加大中医药文化保护传承和传播推广力度，对于促进中华优秀传统文化创造性转化、创新性发展，提升历史自信、文化自信有着积极的意义。

一是推动国内传承。中医药作为中华文明瑰宝，要充分发挥其作为"钥匙"的代表意义和传导功能，必须构建完善的传播体系，从而提升其对中华文化传承的贡献度。要挖掘中医药精华，丰富中医药文化产品和服务供给，加大对传统医药类非物质文化遗产代表性项目的保护传承力度。要完善学术传承制度，加强名老中医学术经验、老药工传统技艺传承，实现数字化、影像化记录。要使中医药成为群众促进健康的文化自觉，推动融健康养生知识、养生保健体验、休闲娱乐于一体的中医药文化体验和宣传教育基地建设。要加强中医药科普工作，建设中医药博物馆，推动中医医疗机构开展健康讲座等科普活动。要发展中医药文化产业，鼓励开展中医药专题文艺创作，创作一批承载中医药文化的创意产品和文化精品，促进中医药与影视、旅游餐饮、体育演艺等融合发展，提升中医药与文化产业融合发展水平，以文化促进中医药事业的传承发展。

二是促进国际传播。《中国国家形象全球调查报告2020》显示，有30%的海外受访者接触或体验过中医药文化，超过80%的体验者对中医药文化持有好印象。由此可见，中医药已经是展示中华文化独特魅力、提升我国文化软实力的重要内容。促进中医药文化的国际传播，要深化中医药交流合作，将中医药纳入构建人类命运共同体和"一带一路"国际合作重要内容，实施中医药国际合作专项，在大力发展中医药服务贸易的同时，推动中医药文化海外传播。要创新中医药文化国际传播新范式，通过建立中医孔子学院、设立海外中医医院、招收留学生等建立文化沟通的多元渠道，让中医药成为中外人文交流的亮丽名片。

第八章　寒地黑土核心区地方高校多学科交叉融合型农林人才培养

第一节　新时代农业革命及农业转型发展的人才问题

一、新时代面临一场新的农业革命

(一) 第一次农业革命和第二次农业革命

历史上第一次农业革命发生在英国，而英国也是最先完成第一次工业革命的国家，可见，农业革命孕育了工业革命，是工业革命发生和发展的重要基石。英国率先完成第一次工业革命，工业革命首先发生在英国不是偶然而是由多种因素综合作用的结果，其中英国近代农业领域的变革和创新是重要因素。英国的农业革命始于16世纪，农业的技术层面和制度层面都在变革，例如萝卜和芜菁等新作物的引进、牲畜品种的改良、诺福克四茬轮作制的创立、议会圈地运动、租地农场兴起、土地私有权的确立等，这些技术性和制度性的"双向变革"使英国农业发生巨大变化，农业劳动生产率大大提高，人口增加，为工业革命提供了劳动力、原料、资金和市场。农业革命早于工业革命，并与工业革命相伴发展，使英国从农业大国转型成为工业强国。

第一次工业革命之后的近现代，先进的农业生产技术、高效率的农业机械、大批农业科技人才投入农业领域，不仅增加了开垦的耕地面积，各种农作物的产量也大幅提升。英、法、德、意、美等国家率先将工业革命的成果和经验应用于农业，实现了农业生产的工业化，成为首批世界粮食出口国，同时也掌控了世界粮食贸易的主导权。这些发达国家大力发展规模化、集约化、机械化农业，这种农业模式称为"第二次农业革命"。

(二) 我国农业现代化应该走什么道路？

美国的农业发展道路是在殖民地上演化的大农场式农业现代化，依托于人少地多的资源禀赋优势获取了大农场式农业现代化的成功。

欧洲国家的农业发展之路是资本体制下演化的中小农场式现代化，是欧洲国家曾经通过海外殖民扩张，转移本国大量人口，同时从殖民地掠夺大量资源，海外收益为国家产业资本、金融资本的积累提供了支撑，也形成了欧洲本土人地关系较为宽松的资源环境，从而演化成中小农场经营模式（相对于殖民地上演化的大农场式农业而言）。

这里有一个值得思考和讨论的问题——我国的农业现代化必须要走集约型大农场化吗？必须完全依赖于机械化的普遍覆盖吗？

以"人多地少"型资源禀赋现状的同类型国家作为对比参考，调查此类国家的农业发展方向，我们发现，日本、韩国尽管高度现代化，但是日韩的农业仍然是小农经济。欧洲的许多国家也停止了大农场化，虽然他们曾经一度追求集约化、规模化。为什么呢？因为大农场化型的农业污染环境过于严重，显然不是环境友好型的，也不是资源节约型的。因此，我们不应该始终热衷于搞规模化农业，应该适当集约化和规模化，把控好尺度。事实上，当前我国在发展大型农业的过程中已经造成了污染，这是不可回避的现实，如果继续保持这种模式则有悖于当前国家制定的"生态化"政策，也无法保障"绿水青山就是金山银山"。

我国的国情决定了国家的农业发展不能照搬欧美国家农业发展之路，必须探索新的发展路径。

新时代已经来临，谁来开创和定义"第三次农业革命"？

我们认为，"第三次农业革命"应该是集"绿色、有机、生态、数字化"多维有机融合于一体的农业，即生态型智慧农业，这是多学科交叉融合后才能实现的农业模式，也是我们中国未来农业要走的发展之路。

二、宏观视角下剖析我国农业转型发展的时代特征

（一）城镇化背景下从事农业生产主体的变换

进入 21 世纪以来，伴随着农业生产水平的提高、工业的快速发展，农民大量剩余劳动力不断转移至城市，大大加速了我国的城镇化。城镇化是现代化的必由之路。党的十八大报告提出"加快改革户籍制度，有序推进农业转移人口市民化"，随后制定了《国家新型城镇化规划（2014—2020 年）》。2022 年，国家发展改革委印发《"十四五"新型城镇化实施方案》，继续把推进农业转移人口市民化作为新型城镇化的首要任务，推进户籍制度改革。

城镇的扩张势必使耕地面积减少，进而影响国家粮食安全。为保护耕地和生态环境，应控制建设用地的发展规模，减少新增建设用地计划指标。因此，统筹研究城镇化带来的人口、资源和生态环境问题也将成为重要研究课题。

城镇化带来的另外一个问题是从事农业的人群缩小，大量农民脱离农业，农业劳动力逐渐匮乏。当前仍在从事农业生产的农民绝大多数是留守在农村的老年人，而"老农民"知识陈旧，普遍缺乏先进的技术和管理，劳动效率低、经济效益低。再加上单户农田面积小、农用物资价格上涨、生产成本增加等多种原因，有些农民放弃了耕种，农村大量农田弃耕撂荒。

可见，当前我国农业、农村和农民显露了负面性"三农"问题，一场新的农业改革必然开启。这场新的农业改革显然应该调整农业土地政策、改革农林教育培育"新农人"，推进农业科技进步，促进农业科研成果转化、推广和应用。

（二）农业土地政策的调整

我国的农业土地政策是根据经济发展状况的变化而不断革新和调整的。

中华人民共和国成立时期，首先废除地主土地所有制，实行农民土地所有制，进而建立农业生产合作社，实行农村土地集体所有制，以生产队为单位进行农业生产和物质分配。这些土地政策，废除了封建剥削土地制度，适应当时的国情，得到了广大人民的拥护。改革开放后，逐步推行家庭联产承包责任制，调动了农民生产积极性，解放了农村生产力，推动了农业的发展，新政策的调整也为我国的工业发展拓宽了道路。

新的产业格局下，2018年开始实行农村土地"三权分置"，其革新的核心在于土地经营权可以流转，此政策可以让有精力、有能力务农者安心搞农业，又可以让无精力务农的农民放心流转土地经营权而去进城务工，新型农业经营主体可以集中管理大片土地，放心投入、扩大生产，改善农田设施条件，有利于形成多种形式的适度规模经营，推进中国特色农业现代化。

三、我国农业转型发展的所需要的人才问题

（一）培养适应"第三次农业革命"的新型人才

第二次农业革命模式中的现代农业，虽然具有能减少对劳动力的依赖以及对自然条件的依赖、满足高效率、高产量的时代需求的优点，但是生产实践中引发了一系列严重问题，包括重开发轻保护、重产量轻质量、重效益轻环保，还引发了环境污染问题、食品安全问题、可持续差问题等。也就是说，这种农

业现代化的模式属于"非可持续发展型"。

我们必须意识到这些问题，今后必须要"创建生态文明，走可持续发展之路"。因此，高校应该通过多学科交叉融合的方式培养适应"第三次农业革命"的新型人才。

（二）培养适合我国"三产融合"的新型人才

中华文明在农耕文化的根基上产生和发展而来，中国传统文化发源于农业，绚丽的民族风俗传承活跃于乡村，丰富多样的生态文明分布于田园。因此，立足乡村多元发展"农耕文明文化"相关的产业，让文化传承与经济发展互融联动，比如，在有农耕文化积淀的乡村发展旅游观光业展现出顽强的生命力，借助优美的农村景观和民宿推动农旅结合是一个比较好的发展思路。

站在新农村建设的台阶上，2015年中央"一号文件"提出农村一二三产业融合发展，其核心思路是拓展农业生产、生活、生态功能，促进农业经济和产品、环境与生态保护、文化传承与发展、休闲旅游与研学等多元化功能的综合开发利用，推动农业与农产品初级与精深加工、流通、乡村旅游与农事体验、传统文化、康养等产业深度有机融合。

可见，"三产融合"是实现农业农村现代化和乡村振兴的有效途径，高校应该通过多学科交叉融合的方式培养适合我国"三产融合"的人才。

（三）培养学农知农、爱农为农、甘于吃苦、勤于劳动的学生

农业事关国家粮食安全，关系社会的稳定，一定要招收和培养有高度"责任感""使命感"的高素质学生，培育学生"学农知农、爱农为农"的精神。

我国是农业文明古国，有着悠久的农耕文化，农耕文化是我国优秀传统文化的重要组成部分，所以要定期开展我国农耕文化的培训会和研讨会，务必让学生信仰我国优秀传统文化、传承我国优秀传统文化。

从事农业要甘于吃苦，从事农业要勤于劳动，只有"学农知农、爱农为农"的精神还不够。只有具备上述综合知识、素养和精神的新型学科交叉型人才，才能堪当大任。

高校对涉农专业高等人才的培养，要优化涉农学科专业结构，推进农林教育供给侧改革，加快专业的调整、优化、升级与新建，增强学科专业设置的前瞻性、适应性和针对性。

第二节　寒地黑土核心区地方应用型高校涉农本科专业的人才培养

一、寒地黑土核心区农业发展所需人才

"寒地黑土"分布于我国的东北平原，其核心区位于黑龙江省。20世纪50年代前，这里基本处于未被开垦的荒原地带，被称为"北大荒"，在党中央的规划部署下，以生产建设兵团复转军人为主体，再由知识青年、农民、工人和科技人员组成的开垦者一批又一批来到这片荒原，他们用勤劳和智慧逐渐把"北大荒"变成了"北大仓"，已成为国家重要的商品粮基地、粮食战略后备基地，成为维护国家粮食安全"压舱石"。垦荒者为我们树立了以奉献精神、开拓精神为精髓的"北大荒精神"。

然而，曾经的垦荒大军现已年老并逐步退出农业，青年人从事农业的人数不足。为解决此问题，要引导新一代青年积极投身现代农业，需要培养适应"三产融合"的、为农业产业链服务的新型人才，包括乡村基础领导干部、农企管理人员、一线生产技术人员、行政管理人员、农产品深加工技术人员、营销人员，培育他们"知农、爱农"的情操，培育他们"甘于吃苦、勤于劳动"的精神。

二、寒地黑土核心区的地方应用型高校的责任与使命

由上面的分析可知，从事农业的主体人群正经历新老接替的特殊时期，"乡村人才振兴"是首要的基础性工作。针对涉农本科教育的提质升档，教育部提出"新农科"建设，其核心思想是运用现代科学技术改革现有的涉农专业，围绕乡村振兴战略和生态文明建设，推进课程体系、实践教学、协同育人等方面的改革，培育适应新时代农业变革所需的新型人才，特别是多学科交叉融合型农林创新人才，显然需要涉农高校担此重任。

新农科建设的任务不局限于名牌和重点高校，也需要地方应用型本科高校贡献力量。地方高校是推动乡村全面振兴的重要力量，不仅需要服务于乡村和融入乡村发展，更需要将各类资源要素多维度嵌入其中。

绥化学院是一所地方应用型本科高校，办学宗旨是服务地方，肩负着培育

地方农业转型发展和乡村振兴所需人才的使命,而绥化市地处寒地黑土的核心地区,绥化市因农而立、因农而兴,是国家重要的粮食主产区和绿色食品生产供应基地。笔者有针对性的立项"寒地黑土核心区地方高校多学科交叉融合型农林人才培养模式创新实践",立足特色地域提出项目改革的思路,并进行了探索式创新实践,培养适应地方农业发展需求的懂技术、用得上、留得住的应用型农业人才,为推进粮食主产区农业向现代智慧、绿色、生态型农业转型提供人力资源。

三、培养多学科交叉融合型农林人才的必要性和紧迫性

(一) 培养多学科交叉融合型农林人才的必要性

由前面的分析可知,新时代农业转型发展是必然趋势,需要培养适应"生态型智慧农业"所需的人才,其实现方式是"多学科交叉融合"。

位于松嫩平原腹地的绥化市拥有独特的寒地黑土资源和农产品,但有待高水平开发以扩大知名度及拓展国内外市场。传统的单一学科知识体系培养的农林人才难以在农业资源利用和产品开发方面创新及持续革新,也难以发展自动化、智慧型、生态绿色为主题的现代农业。

(二) 多学科交叉融合型农林人才稀缺的成因

成就学生的"大发展",需要高校教育的"大融合",以融合为特质的高校育人方式更利于学生的全面发展和核心素养发展,高校需要发生一场从分离到融合的育人方式变革。目前,我国高校传统农学类专业存在如下问题:发展固化、培养单一、学生解决复杂问题能力欠缺。部分高校还没有充分重视多学科交叉融合型农林人才的培养,相对完善的、成体系的人才培养方案尚未制订,有各个交叉学科簇专业知识和技能的教学团队的组建方式与方法尚未积累提炼出成熟的法则,培养的人才考核评价体系也没有成熟的条文可供借鉴和参考。因此,急待围绕此问题开展新培养模式及新培养方案研究,组建跨学科跨专业的教学团队,构建与之适应的考核评价机制。

(三) 学生对新时代现代农业认识存在误区,观念需要转变

首先,学生对新时代我国农业发展总布局和大趋势认识不足,现代农业已显著区别于传统农业,其显著特征概括为生产技术科学化、生产过程机械化、增长方式集约化、经营管理市场化、生产组织社会化、劳动者智能化等"六化",现代农业所对应农民的职业特点为科技含量高、效益高、收入高、社会地位高和国家重视程度高等"五高",现代职业农民承载着推进我国农业现代

化、实现农业强国的重大历史使命。其次，学生普遍存在"跳出农业农村为荣，踏入农业农田为耻"的不良心理和风气。

事实证明，现代农业大有可为，融入创新元素的农业项目仍然是大学生绝佳的创业项目。学生对现代农业的认识不足、错误的观念、学习热情不高及创新热情不够，需要高校给予引导以转变观念，需要高校给予激发和培养。

四、多学科交叉融合型农林人才培养模式的实践探索

（一）深入调研，精心设计

人才培养模式的改革思路和理论创新，以广泛且深入调查、比对、分析、总结和推理为前题和基础，不能仅狭隘地停留在表面的规划和设想。对于地方高校的教育革新，既要考虑前瞻性和创新性，又要兼顾时代需求和地域特征。为彰显高校革新的地方性，需要将学科专业链与地方产业链有效对接；为实现地方高校的区域服务价值，需要构建学科—专业—产业链。通过调研、检索等方式掌握国内、国外农业发展现状，找出国内外关于多学科交叉融合型农林人才培养领域的成功案例，结合本地域实情，选择性加以借鉴、吸收和实施，制定"初步方案制定与试运行→发现问题及时补充修正、逐步完善"两步走的策略。

（二）树立专业人才培养核心理念

以"三融合"作为新农科专业人才培养的核心理念，即立德树人与乡村振兴紧密融合、多学科交叉融合型与应用型人才培养紧密融合、高校人才培养改革与地方产业行业紧密融合。人才培养以立德树人为根本，以强农兴农为己任，通过专业思政、课程思政与人才培养的交叉融合，引导学生走进农村、扎根农业，实现爱农业、爱农村、爱农民的情怀与思想境界的升华；通过传统农科与新兴学科知识交叉融合，提升学生的高阶思维技能，获取学术成功的基本技能，掌握智慧、绿色、生态农业的知识和技能；通过高校人才培养与地方产业行业的融合，让学生明晰工作和职业发展方向，掌握"三农"实践知识与技能，具备分析、设计、实施、解决"三农"实际问题的能力。"三个融合"相互支撑、相互促进，贯穿成脉络体系，见图8-1。

（三）修订完善人才培养方案

修订完善人才培养方案，以彰显地方农业特色、解决地方农业发展困境、发挥地方农业资源优势作为指导原则。为契合指导原则，修订工作的实施路径为：第一，把产业趋势、行业和企业需求引入人才培养方案的修订中；第二，

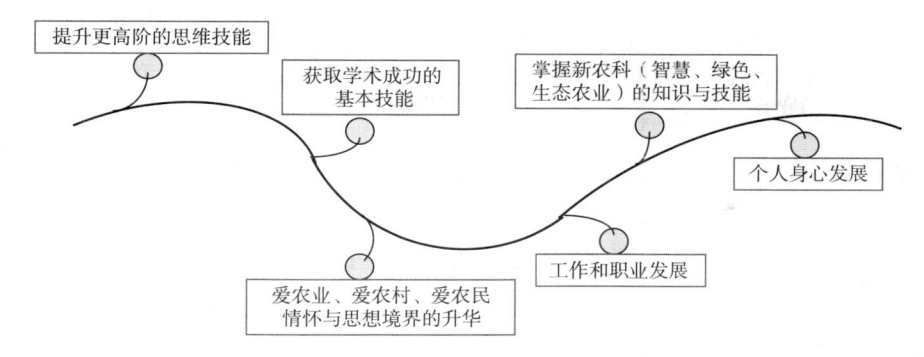

图 8-1 农学类专业人才培养的核心理念脉络体系

确立多学科渗透交叉融合型人才培养模式，植入成果导向教育（OBE）教育理念，构建多学科渗透交叉人才培养的体制；第三，厚基础强应用，搭建"通识教育—学科基础—专业必修—专业选修及产业课程—实践教学"金字塔架构的学科群，增设智慧农业模块和实用技术模块，以"绿色生态智慧农业"为中心，打造新农科专业课程体系。基于上述修订原则和教育理念，绘制农学类专业培养方案课程地图，如图 8-2 所示。

	第一学年	第二学年	第三学年	第四学年
实践教学	专业认识实践	学科竞赛、行业讲座、寒暑假专业实践	大学生创新、创业实践项目	毕业实习 毕业论文、毕业设计
选修及产业课程			智慧农业模块： 农业生产机械化 农业电气自动化 农业技术推广 实用技术模块： 食用菌栽培 稀特蔬菜栽培 花卉栽培	智慧农业模块： 设施园艺学 灌溉排水工程 农业生态 实用技术模块： 食用菌工厂化生产 农产品品质检验
专业必修		作物栽培学 耕作学	作物育种学 种子学	
学科基础	专业导论、寒地黑土 无机及分析化学、有机化学 高等数学	生物化学、植物生理学 田间试验统计、遗传学 农业微生物学		
通识教育	军事理论、思想道德修养 中国现代史纲要、形式与政策 体育、大学外语、计算机基础	创新创业基础、体育马克思主义基本原理形式与政策	职业发展与就业指导 形式与政策	

图 8-2 农学类专业培养方案课程地图

(四)组建涉农交叉学科簇和教学团队

培养多学科交叉融合型人才的前提条件是各个高校需要聚拢并组建一批从事该方面教育的教师团队。而当前的高校教师大多从事本专业课程的教学和本专业学生的培养，涉及外专业的知识非常少，其弊端就是形成了学科之间的专业壁垒，很难实现学科之间的沟通联系、融合以及教学资源的共享，不仅浪费了大量资源，更阻碍了培养多学科交叉融合人才的进度。

因此，为了培养多学科交叉融合型人才，无论是教师还是学生，逐步打破学科专业壁垒、消除学科专业界限，高校的教务管理部门和科研管理部门共同商讨，在学校层面制定政策鼓励不同学科、不同专业的师生相互听课学习，共同研讨科研课题和交叉共担科研项目，逐渐形成一旦有解决当地农业相关的"产学研"问题，协作团体即可高效响应的机制，聚拢一批多学科交叉融合的师生参与进来，既有所分工又相互协作。绥化学院农学类专业积极进行整合优质教学资源，加强课程教学资源建设，跨学科组建多学科交叉的师资队伍，涵盖本校农学、生物学、电气工程、信息技术、食品科学、制药工程专业的教师及黑龙江省农业科学院绥化分院、北大荒农垦集团有限公司、庆安县鼎实现代农业科技服务有限公司、绥化象屿金谷生化科技有限公司、黑龙江昊天玉米开发有限公司、黑龙江新和成生物科技有限公司等行业人员，以学校为主导，以项目形式跨学科创建寒地黑土智慧农业教育实践基地。

(五)优化课程体系，构建"四位一体"学科交叉融合教学模式

着力构建"四位一体"学科交叉融合教学模式，精心设计符合地方农业发展需要的学科交叉融合案例作为革新教学模式的突破口，将科学知识、实践技能、创新思维、思政育人四个育人目标有机融合。

从课程角度，抓好课程知识的整合和优化，课程内容反映新农科的专业特点和时代需求，融入地方行业先进的核心理论和科技成果，融入多学科知识和思维，自建兼外引高质量在线教学资源，搭建线上线下紧密衔接、内容互补、师生交互的课程平台。从课堂角度，将灵活多样的教学方法与内涵丰富的思政元素交叠组装，使课程不仅成为学生学习的主场所，也成为育人的主渠道。"课程思政"是一种涵盖思想政治教育目标的新型教学体系，在课程教学中加强生态文明教育，引导学生树立和践行"绿水青山就是金山银山"的理念。注重培养学生的"大国三农"情怀，引导学生以强农兴农为己任，增强学生服务农业农村现代化、服务乡村全面振兴的使命感和责任感，培养知农爱农创新人才。立足教学大纲，细分教学目标，根据课程内容，梳理本专业各门课程

的思政融入点，从以下几个方面进行：①农业行业励志素材引入乡村振兴、脱贫攻坚中涌现的先进励志事迹，邀请当地企业精英及优秀毕业生开展讲座。②农耕文化的经典故事素材：挖掘和整理当地的农耕文化，赋予传统农耕文化新时代的内涵。③农业农村的发展成就素材：介绍农业农村发展现状，以及无人机、遥感技术等农业科技的应用。④课程教学的实践素材：增加紧跟区域经济发展需要，按农业相适应的要求组织开展实践教学案例。总之，从课程的复习、导入、讲授、小结、作业各个环节找准切入，全面加强耕读教育、劳动教育，聚焦学生为中心，遵循学生的认知规律，关注学生求知欲和获得感，弘扬我国耕读优秀传统文化，把课程思政贯穿学科体系、教学体系、教材体系、管理体系等专业建设的各个体系中。

下面介绍本团队设计的以"龙江第一苗插苗仪式+绥化庆安绿色水稻文化节"为主题的学科交叉融合教学案例，设计理念及运作示意图见图8-3。绥化市庆安县是黑龙江稻米核心产区之一，是国家级生态示范区、国家有机食品认证示范创建区和中国好粮油示范县，已连续多年成功举办"龙江第一苗插苗仪式"和"绥化庆安绿色水稻文化节"，提升了绥化庆安及其有机绿色大米产品的知名度，庆安大米品牌价值达280.99亿元。教学案例以水稻各个生产环节为贯穿脉络，从产业链、学科链和人才链互联互助角度立体化揭示现代化农业生产需要的高端技术人才需要掌握的遗传育种学、耕作栽培学、植物保护、电气工程、农业机械、信息技术、食品科学、艺术设计、市场营销等多学科知识和技能。

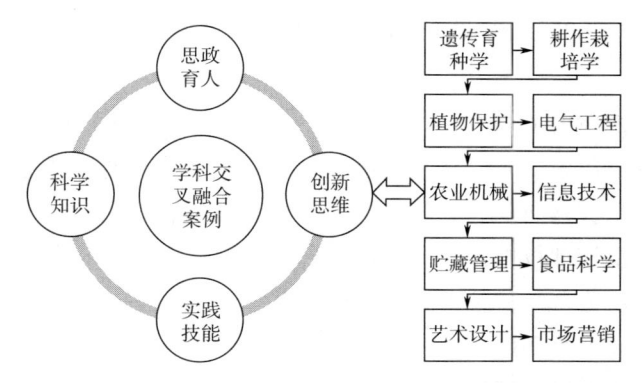

图8-3 "四位一体"学科交叉融合教学案例设计理念及运作示意图

案例的教学设计及脉络逻辑：

脉络节点1 水稻育种：头脑风暴（BS）法组织学生开展袁隆平杂交水稻

研究育种原理与杂交育系迭代创新的大研讨，沐浴洗礼科学家精神；介绍绥化当地涌现的一批育种专家，选育出适应当地气候条件的优良稻米新品种，激励和引导学生对优良传统和文化继承和发扬。

脉络节点2 育苗育秧：针对当前育苗基质和育苗用土匮乏难题的解决，展示本校教师的科研创新成果——张腾霄老师团队研发的益生菌发酵型育苗基质和有机肥成功应用于水稻育苗，将食用菌栽培废料变废为宝，一举解决了农业废物污染、育苗缺基缺土、苗期病害等一系列难题，开创了"菌-稻生态互利新模式"，为生态建设和环境保护做出了贡献；展示本校教师的科研创新成果——金凤有老师团队研发的育秧纸肥成功应用于水稻育苗，将作物秸秆制成育秧盘兼可降解肥料，解决秸秆还田的创新实践；展示庆安县现代化育秧温室和育秧机械设施，讨论分析哪些创新技术实现了缩短育苗育秧周期，进而阐释"超早钵育栽培技术"背后的育苗原理及创新实践。

脉络节点3 插秧定植：指导学生查阅资料文献，讨论机械插秧与人工插秧，分析插秧机械的革新进步历程，把握农业机械化、标准化的重要性和发展大趋势。

脉络节点4 田间管理：BS法组织学生开展"鸭稻共作"新型种养结合模式原理和优势的大研讨。问题导向（PBL）法引导学生思考大型农场、合作社大面积稻田的怎样精细管理，怎样连续准确检测农作物面积、长势情况、产量估算、土壤墒情等作物信息。引导学生查阅和思考《黑龙江绥化市A级绿色食品水稻生产技术操作规程》制定和实施的现实意义。讲述电气工程学院付兴烨老师带领学生开发"智慧农业设备及配套软件"，感知学科交叉的重要意义。

脉络节点5 病虫害防治：PBL法引导学生思考如何应用现代科技对农作物的病虫害监测、预警、防控，实现高效率、高精度实施作物监测、智慧植保。以此为切入点，教师向学生介绍新方法、新技术、前沿科技，包括遥感技术、农用无人机智慧管理技术、害虫诱捕及密度监控技术，学生分成若干小组开展主题汇报及创新式多学科技术交叉应用路演。

脉络节点6 采收和加工：PBL法引导学生思考怎样科学采收和加工稻米，怎样处理生态化处理秸秆和稻壳，对大米的深加工有什么设想。

脉络节点7 产品包装销售：挖掘绥化寒地黑土的品牌优势，与艺术设计学科交叉通过文字和图案创新设计赋予有机绿色大米产品文化属性，打造地方品牌，提升产品的知名度。以黑龙江东禾农业集团有限公司打造的"庆禾香"

牌中国十大好吃大米为典型案例，引导学生分析庆安大米品牌价值成长之路。

脉络节点8水稻文化节的举办：传承和发展我国农耕文化，以"龙江第一苗插苗仪式"和"绥化庆安绿色水稻文化节"为导引，分析我国的稻作文化遗产所蕴含的生态价值，启发学生在前人耕作智慧的基础上融入现代技术从而重构新型生态农业。

案例融入了PBL法、BS法等教学方法，让每位学生畅所欲言，开展集体讨论，以达到让学生参与课堂、爱上课堂、享受课堂的目的。通过显隐相结合的方式融入思政元素，培育学生精思善辨的开拓创新精神，激发学生科技报国的家国情怀和使命担当。

（六）强化实践教学，构建五维涵盖本科生四年全阶段的实践教学模式

建立"实验平台教学+校内专业认识实习+寒暑假校外专业实践+大学生创新创业项目+导师科研平台实践教学"五个维度涵盖本科生四年全阶段的实践教学模式，涵盖课程实验、课程实习、专业认知实习、创新创业训练、毕业实习、毕业论文（设计）等各个实践环节。紧扣教学大纲，分层次开展实践教学。依托农村相关企业开展教学。立足农业需求，开展科学研究。在项目实施实践方面，联合专业从事农业技术研究和生产的单位为学生提供了有力的实践保障，搭建了使学生由创新理论转化为创新产品的平台，为高校与科研院所、高校与企业联合培养创新性农林人才提供了保障。

在实践过程中，本项目承担单位与协作单位开展协同育人机制创新实践，学生不仅在校园学习，还经常走进黑龙江省农业科学院绥化分院、北大荒农垦集团有限公司、庆安县鼎实现代农业科技服务有限公司等校外实践基地，亲身体验现代化农业项目的研发设计、建设和运行，学科知识体系的应用形成一条龙、整体观，把推进并实现高校与科研院所、企业联合协同育人做充实。培养出一批多学科渗透交叉融合型农林人才，将地方农业升级改造为数字化、信息化、智能化的现代化农业模式。

利用寒地黑土智慧农业教育实践基地，教师指导学生完成创新项目，利用创新成果争取创业项目。寒地黑土智慧农业教育实践基地分为土壤种植区、基质栽培区、无土栽培区、食用菌栽培区和综合活动区5个部分，各个部分协调配合构成智慧农业运作系统，此系统为师生联合开展创业实践搭建了平台，指导教师带领多支学生团队获得了多项省级和国家级创新创业大赛的奖项。多个专业的学生在教师指导下完成温室智能化运作的设计、建造和运营。室内全部采用现代物联网技术进行自动控制，例如，通过安装在温室内部的环境参数传

感器和安装在温室外部的气象传感器来检测环境数据,并且合理地控制相关设施,使温室内部成为作物生长的最佳环境;采用先进的灌溉技术,通过安装在作物根部的土壤湿度传感器来检测土壤含水量,针对不同的作物,分别采用喷灌、滴灌、喷淋、喷雾等方式对作物进行灌溉;采用文丘里式水肥一体化设备,通过管道电磁阀可将水溶肥准确地运送到需要施肥的作物根部,达到了节水节肥的目的。

同时,积极引导学生融入教师科研项目。多学科的交叉融合创新需要教师引导学生根据需求有目的、有选择地学习补充跨专业的知识,以便催生有实效、有应用价值的项目,特别是国家非常重视推进的现代化农业、智慧化农业,需要一大批多学科交叉融合型农林人才。在此方面也已积累了一些成功经验,例如,师生联合研究高科技含量的创新农业项目,获得了"用食用菌废料发酵制备育苗基质和有机肥的方法""用食用菌废料秸秆和牧草发酵制备动物益生菌饲料的方法""一种新型食用菌培养基及其制备方法""用蔬菜和水果发酵制备风味保健饮料的方法""一种大棚种植智能光照系统""双层食用菌栽培袋""食用菌防脱组合套环"等多项发明专利、实用新型专利,上述科研成果已实现成果转化。

(七)创新考核评价机制

在实践中形成趋于完善合理的、与之适应的考核评价机制。突出"以学生为中心"的理念,坚持成效导向,提升学生在质量评价中参与的广度和深度。制定新的学生课程选课和课程学分关联体系。根据上述新培养方案筛选及设定的涉农学科簇、课程簇,划分出必修课、限选型选修课、任选型选修课,并赋予合理的课程学分,建立以学分制为核心的教学管理制度。

打破学科专业的限制,允许学生自选课程,鼓励学生开展跨学科专业的开放性实验并给予学分,鼓励学生参与教师的科研项目并给予学分,鼓励学生参与发明创造申报发明专利或实用新型专利并给予奖励,鼓励学生参加各种跨学科的比赛并给予奖励。从而调动学生学习的积极性,为多学科交叉融合人才培养及学生的多样化学习提供制度保证。

参考文献

[1] 刘田. 中华文明社会结构变迁与文明新形态的生成——基于社会结构理论对中国近现代史相关研究的述评［J］. 兵团党校学报, 2021 (5): 102-112.

[2] 周琪琛. 农耕文化融入高校思想政治教育研究［J］. 农村·农业·农民（B版），2023（7）：51-53.

[3] 杨其坤，胡恒钊. 中华农耕文化融入涉农高校大学生思想政治教育研究［J］. 兵团教育学院学报，2023，33（3）：22-27，61.

[4] 高原. 乡村振兴视域下中华传统农耕文化的创造性转化创新性发展［J］. 奋斗，2023（13）：21-23.

[5] 曾德贤，杨渐雨. 将农业文明、工业文明的有益成分融进生态文明［J］. 三峡大学学报（人文社会科学版），2021，43（5）：106-109，116.

[6] 宋成. 立足寒地黑土 实现高质量发展［J］. 奋斗，2022（19）：40-41.

[7] 张福银，柳鑫苗. 农业区域品牌传播的创新——以绥化市"寒地黑土"为例［J］. 现代农业，2022（2）：67-70.

[8] 杨鑫波，刘慧娟，王凤格，等. 寒地黑土优质农产品区域品牌建设策略探索［J］. 商场现代化，2021（21）：12-14.

[9] 张福银，孟小媛，柳鑫苗，等. "寒地黑土"文化品牌传播策略研究［J］. 新闻世界，2022（2）：24-27.

[10] 金凤有，王可答，刘丹，等. 寒地黑土保护与投入补偿机制建设与对策研究［J］. 农业灾害研究，2021，11（11）：148-149.

[11] 赵洪利，姜健民，李传斌. 浅谈八五二分公司寒地黑土保护措施及效果［J］. 现代化农业，2021（12）：35.

[12] 李丹丹，陈明. "耕地中的大熊猫"——寒地黑土［N］. 中国矿业报，2021-05-28（004）.

[13] 程子龙，李燃. 解码寒地黑土上的农业振兴［N］. 经济参考报，

2021-07-06（004）．

［14］刘乔斐，王健，杨松杰，等．新农科视域下地方院校农林类专业创新创业教育提升路径［J］．中南农业科技，2023，44（6）：222-225．

［15］教育部．教育部办公厅关于印发《新农科人才培养引导性专业指南》的通知［EB/OL］．（2022-09-05）［2023-07-16］．http：//www.moe.gov.cn/srcsite/A08/moe_740/s3863/202209/t20220919_662666.html．

［16］教育部．教育部办公厅等四部门关于加快新农科建设推进高等农林教育创新发展的意见［EB/OL］．（2022-11-28）［2023-07-16］．http：//www.moe.gov.cn/srcsite/A08/moe_740/s3863/202212/t20221207_1023667.html．

［17］教育部．新农科建设八大行动举措［EB/OL］．（2019-10-31）［2023-07-16］．http：//www.moe.gov.cn/jyb_xwfb/xw_fbh/moe_2606/2019/tqh20191031/sfcl/201910/t20191031_406255.html．

［18］李金星．基于乡村振兴的农业创新创业型人才培养思考［J］．农家参谋，2020（16）：13．

［19］罗兴录．基于乡村振兴的农业创新创业型人才培养思考［J］．农学学报，2019，9（12）：92-95．

［20］苗雨君，占家浩．乡村振兴背景下黑龙江省农村产业融合问题研究［J］．现代农业，2023，48（3）：9-12，18．

［21］周娟．社会行动理论视域下农村产业融合发展路径研究［J］．南方农机，2023，54（14）：125-127．

［22］程慧，高凤．乡村振兴背景下农村产业融合的瓶颈及破解研究［J］．中国农业文摘：农业工程，2023，35（4）：57-60．

［23］黄东浩，周丽丽，杜鹏飞，等．东北黑土区小流域土壤侵蚀泥沙来源研究［M］．北京：中国农业科学技术出版社，2022．

［24］刘晓冰，张兴文，隋跃宇，等．中国黑土：侵蚀、恢复、防控［M］．北京：科学出版社，2022．

［25］李志忠，戴慧敏，汪大明，等．天眼透视黑土光谱诊断良田——东北黑土地地质生态科普纪实文集［M］．北京：中国地质大学出版社，2022．

［26］王寅，李晓宇，王缘怡，等．东北黑土区农业绿色发展现状与优化策略［J］．吉林农业大学学报，2022，44（6）：647-656．

［27］成建宇．高校多学科交叉的创新实践平台建设微探——以工程教育为例

［J］．重庆电子工程职业学院学报，2023，32（3）：75-80．

［28］费强，李爱朋，马英群，等．生物化工领域多学科交叉融合培养创新人才的探索与实践［J］．化工高等教育，2023，40（3）：14-18，70．

［29］季艳龙．农业革命与19世纪美国农业的发展［J］．农业与技术，2022，42（2）：178-180．

［30］李慧强．美国农业政策转型经验对我国粮食产业发展的启示［J］．农业研究与应用，2022，35（6）：65-70．

［31］陈潇．美国农业现代化发展的经验及启示［J］．经济体制改革，2019（6）：157-162．

［32］许浙景，杨进．法国农业教育的发展和特色［J］．世界教育信息，2019，32（15）：44-49．

［33］张晓敏，张俊．法国农业农村发展对我国乡村振兴的启示［J］．山西农经，2021（20）：76-78．

［34］贺丽娟．论16—18世纪法国农业经济的发展［J］．衡阳师范学院学报，2019，40（5）：120-125．

［35］周丕东，黄婧．欧美发达国家促进农业产业集群发展的主要做法及经验：以美国、法国、荷兰为例［J］．农技服务，2019，36（6）：101-102．

［36］朱立志，丁声俊，方兴．德国农业发展的现状与趋势［J］．世界农业，2011（6）：26-29．

［37］肖红利，王斯佳，许振宝，等．德国农业4.0发展经验对中国农业发展的启示［J］．农业展望，2019，15（12）：117-120，124．

［38］胡媛媛，万红先．德国农业合作经济组织的发展研究及对我国的启示［J］．红河学院学报，2011，9（4）：62-64．

［39］何迪．美国、日本、德国农业信息化发展比较与经验借鉴［J］．世界农业，2017（3）：164-170．

［40］温铁军．发展农业4.0版的现代化［J］．农村工作通讯，2015（24）：51．

［41］温铁军．中国农业怎样从2.0升级为4.0？［J］．环境与生活，2015（12）：53-54．

［42］许占伍，杨玉飞，李耀，等．荷兰农业发展经验及其对国内现代农业的启示［J］．安徽农学通报，2022，28（7）：13-15．

［43］郭晓鸣．荷兰农业为何能够创造奇迹［J］．江苏农村经济，2020

（2）：67-68.

[44] 王丹萱. 浅谈荷兰高效生态农业的发展对我国的启示［J］. 上海农业科技，2022（6）：4-6.

[45] 马铁成. 美国农业发展新战略分析［J］. 世界农业，2016（9）：105-109.

[46] 孙彤彤. 美国农业国际竞争力研究［D］. 长春：吉林大学，2021.

[47] 伞景娟，于彦波，曹凤军，等. 农业信息化技术在大田玉米高产栽培中的应用［J］. 农业工程技术，2023，43（5）：35-36.

[48] 马富裕. 大田作物生产设施化发展成就与展望［C］. 中国作物学会第十九届中国作物学会学术年会论文摘要集，2020.

[49] 李帅. 我国智慧农业内容、问题及对策研究［J］. 国土与自然资源研究，2017，169（4）：62-63.

[50] 《全国现代设施农业建设规划（2023—2030年）》发布实施［J］. 水产科技情报，2023，50（4）：270.

[51] 韩述源，崔鹏飞. 利用设施农业技术提升农业种植效益的措施［J］. 南方农机，2023，54（13）：74-77.

[52] 常钦. 植物工厂拓展农业生产边界［J］. 甘肃农业，2023（2）：1.

[53] 林霞. 全球首座无人植物工厂探秘［N］. 福建日报，2023-06-18（004）.

[54] 李雨浓，刘男，季方，等. 全光谱LED植物工厂中水培油菜的最适红蓝比［J］. 农业工程技术，2023，43（8）：125.

[55] 隋丽娜，房健. 大数据在农业无人机上的应用研究［J］. 山西农经，2020（8）：105，107.

[56] 廖晨阳，黄佳豪，林洋. 六旋翼智能农业无人机［J］. 中外企业家，2019（27）：111，114.

[57] 孙亚荣，李旭，郭英涛. 南疆地区农业遥感应用现状及展望［J］. 南方农业，2022，16（19）：90-92，97.

[58] 郭玲玲. 温室番茄滴灌水肥一体化高产栽培技术研究［J］. 种子科技，2023，41（12）：4-6.

[59] 赵玉秀. 农田高效节水灌溉常见问题及提升措施［J］. 大众标准化，2023（14）：124-126.

[60] 贾超. 农业节水灌溉设备的应用及相关技术分析［J］. 农业开发与装

备，2023（5）：35-37.

[61] 刘郡，吕佩林．浅析渔菜共作在生态农业中的应用与实践［J］．农业与技术，2021，41（12）：1-4.

[62] 韩伟豪，张长青，马延东．稻虾共作种养生态农业模式及技术应用探究［J］．湖北农机化，2019（14）：31.

[63] 聂文芳．稻鸭共作生态农业集成技术研究［J］．安徽农学通报，2018，24（14）：30-31.

[64] 章家恩．近10多年来我国鸭稻共作生态农业技术的研究进展与展望［J］．中国生态农业学报，2013，21（1）：70-79.

[65] 陶蓉蓉．乡村旅游业升级中的艺术介入研究［D］．南京：南京艺术学院，2022.

[66] 杨丹．智慧农业实践［M］．北京：人民邮电出版社，2019.

[67] 李道亮．农业4.0即将来临的智能农业时代［M］．北京：机械工业出版社，2018.

[68] 中国新闻网．中国科学院发布国内首部东北黑土地白皮书［EB/OL］．（2021-07-09）［2023-07-16］．https：//www.chinanews.com.cn/cul/2021/07-09/9516499.shtml.

[69] 黑龙江省工业和信息化厅．黑龙江省人民政府办公厅关于印发黑龙江省加快推进农产品加工业高质量发展三年行动计划（2023—2025年）的通知［EB/OL］．（2023-06-27）［2023-07-16］．http：//gxt.hlj.gov.cn/gxt/c106952/202306/c00_31644105.shtml.

[70] 尤新．玉米深加工技术［M］．2版．北京：中国轻工业出版社，2018.

[71] 马涛．玉米深加工［M］．北京：化学工业出版社，2008.

[72] 刘开昌，龚魁杰．鲜食玉米优质栽培与加工［M］．北京：中国科学技术出版社，2018.

[73] 杜丽红，王鹏，马雪，等．黑龙江省玉米发酵产品开发利用进展［J］．发酵科技通讯，2022，51（1）：52-56.

[74] 张腾霄，王斌．食用菌栽培学［M］．哈尔滨：黑龙江科学技术出版社，2013.

[75] 王斌，张腾霄，李艳芳．食药用菌活性成分研究及产品开发［M］．哈尔滨：黑龙江科学技术出版社，2018.

[76] 李长田，李玉．食用菌工厂化栽培学［M］．北京：科学出版社，2023.

[77] 黄雅姿, 颜廷武, 许燕青. 基于电子商务平台的食用菌产业发展路径分析 [J]. 食药用菌, 2023, 31 (4): 239-245.

[78] 董娇, 邰丽梅. 国内外食用菌农药残留限量标准比较分析 [J]. 中国食用菌, 2017, 36 (5): 1-5, 30.

[79] 冯英财, 王洪武, 郗存显, 等. GB 2763—2021 食用菌中农药种类和最大残留限量变化及与 CAC 和欧美日韩国家标准比较分析 [J]. 农药科学与管理, 2022, 43 (4): 24-38.

[80] 图力古尔, 李中魁. 一种掌状玫耳、果味菇及其培育方法 [P]. 河南省: CN113079945B, 2022-02-01.

[81] 图力古尔. 食用蘑菇 50 种 [M]. 哈尔滨: 东北林业大学出版社, 2016.

[82] 罗信昌, 陈士瑜, 等. 中国菇业大典 [M]. 北京: 清华大学出版社, 2010.

[83] 戴玉成, 周丽伟, 杨祝良, 等. 中国食用菌名录 [J]. 菌物学报, 2010, 29 (1): 1-21.

[84] 王杰, 钟武杰. 食用菌产业专业化人才培养模式的探索 [J]. 微生物学通报, 2016, 43 (7): 1612-1615.

[85] 牛贞福, 国淑梅, 董仲国, 等. 基于食用菌产业转型升级的创新型人才队伍培养 [J]. 山东农业工程学院学报, 2016, 33 (1): 45-47.

[86] 吴奕. 新农业发展背景下食用菌产业的技术型人才培养路径 [J]. 中国食用菌, 2020, 39 (9): 111-113, 117.

[87] 张其成, 刘理想, 李海英. 近十年来中医药文化发展回顾 [J]. 中医药文化, 2009, 4 (1): 22-26.

[88] 桑滨生.《中医药发展战略规划纲要（2016—2030 年）》解读 [J]. 世界科学技术: 中医药现代化, 2016, 18 (7): 1088-1092.

[89] 黄璐琦, 陆建伟, 郭兰萍, 等. 第四次全国中药资源普查方案设计与实施 [J]. 中国中药杂志, 2013, 38 (5): 625-628.

[90] 陈士林, 苏钢强, 邹健强, 等. 中国中药资源可持续发展体系构建 [J]. 中国中药杂志, 2005 (15): 1141-1146.

[91] 陈静锋, 郭崇慧, 魏伟. "互联网+中医药": 重构中医药全产业链发展模式 [J]. 中国软科学, 2016 (6): 26-38.

[92] 张倩, 韩星星, 毛春芹, 等. 中药复方制剂开发的机遇与挑战: 古代经典名方研究开发的问题分析 [J]. 中国中药杂志, 2019, 44 (19):

4300-4308.

[93] 优化中医药产业发展体制机制 打造新的经济发展增长极［J］. 机构与行政，2023（6）：38-39.

[94] 王军，吴辉，王勇，等. 中医药企业后备人才培养体系研究——以定西市中医药产业为例［J］. 企业改革与管理，2023（11）：91-93.

[95] 杨玉赫，于钦明，李陈雪，等. 中医药文化创意产业的研究现状及对策建议［J］. 卫生软科学，2023，37（5）：16-20.

[96] 章林，顾博丁，任宏丽，等. 融合发展：中医药为中国式现代化作出必然贡献的路径和趋势［J］. 中医药管理杂志，2023，31（8）：1-5.

[97] 董晓娜. 新时代我国中医药产业发展探析［J］. 亚太传统医药，2023，19（3）：4-8.

[98] 中央人民政府网. 中共中央 国务院印发《"健康中国2030"规划纲要》［EB/OL］.（2016-10-25）［2023-07-16］. https：//www.gov.cn/gongbao/content/2016/content_5133024.htm.

[99] 钟赣生，杨柏灿. 中药学［M］. 11版. 北京：中国中医药出版社，2021.

[100] 郑洪新，杨柱. 中医基础理论［M］. 北京：中国中医药出版社，2021.

[101] 陈晶，程海波. 中医学基础［M］. 北京：中国中医药出版社，2021.

[102] 马烈光，章德林. 中医养生学［M］. 北京：中国中医药出版社，2021.

[103] 谢梦洲，朱天民. 中医药膳学［M］. 北京：中国中医药出版社，2021.

[104] 李时珍. 本草纲目（校点本）［M］. 北京：人民卫生出版社，2004.

[105] 姚春鹏. 黄帝内经［M］. 北京：中华书局，2022.

[106] 图解经典编辑部. 图解千金方（中国医学养生方剂大全）［M］. 长春：吉林科学技术出版社，2017.

[107] 中央人民政府网. 国务院关于印发中医药发展战略规划纲要（2016—2030年）的通知［EB/OL］.（2016-03-20）［2023-07-16］. https：//www.gov.cn/gongbao/content/2016/content_5054716.htm.

[108] 中央人民政府网. 国家中医药管理局办公室关于印发《中医药发展战略规划纲要（2016—2030年）实施监测方案》的通知［EB/OL］.（2018-12-31）［2023-07-16］. https：//www.gov.cn/zhengce/zhengceku/2018-12/31/content_5430244.htm.

[109] 中央人民政府网. 中共中央 国务院关于促进中医药传承创新发展的意

见［EB/OL］．（2019-10-26）［2023-07-16］．https：//www.gov.cn/zhengce/2019/10/26/content_5445336.htm.

［110］韩天琪．新农科：新在"农"，也新在"科"［N］．中国科学报，2019-08-13（5）．

［111］吕杰．新农科建设背景下地方农业高校教育改革探索［J］．高等农业教育，2019（2）：3-8.

［112］牟少岩，刘焕奇，李敬锁．"新农科"专业建设的内涵、思路及其对策——基于青岛农业大学实践探索的思考［J］．高等农业教育，2020（1）：7-11.

［113］黄巨臣，焦晨东．地方高校参与乡村振兴的"多重嵌入"路径［J］．湖南师范大学教育科学学报，2022，21（6）：60-67.

［114］绥化学院．绥化学院2019—2020学年本科教学质量报告［EB/OL］．（2020-12-10）［2023-07-16］．http：//www.shxy.edu.cn/info/1044/8125.htm.

［115］汤洁．习近平地方工作时期农业生态文明建设的相关论述研究［J］．沈阳干部学刊，2020，22（3）：8-10.

［116］李滨，戴武俊．智慧农业背景下辽宁省农业转型发展探究［J］．南方农业，2022，16（2）：185-188.

［117］李松林．从分离到融合的学校育人方式变革［J］．教育科学研究，2022，332（11）：1.

［118］雷东阳，旷浩源．面向新农科的高校农学类创新创业型人才培养模式探索与实践——以湖南农业大学种子科学与工程专业为例［J］．教育现代化，2019（12）：5-7.

［119］王小兵，刘畅．实然到应然：地方高校地方性的评价与路径探索——基于湖南省7所高水平地方应用学院相关数据的分析［J］．河北师范大学学报（教育科学版），2021，23（6）：46-56.

［120］胡赤弟．区域高等教育中学科—专业—产业链的构建［J］．教育研究，2009（6）：83-88.

［121］陈志霞．耕作学课程思政设计与实施方法初探［J］．安徽农学通报，2021，27（19）：157-159.

［122］冯莎莎．"育种学"教学中的课程思政［J］．现代园艺，2020，43（19）：192-193.

［123］别敦荣，易梦春，李志义，等．国际高等教育质量保障与评估发展趋势及其启示——基于 11 个国家（地区）高等教育质量保障体系的考察［J］．中国高教研究，2018，（11）：35-43．

［124］吕新，张泽，侯彤瑜，等．"新农科"背景下农学类专业创新人才培养模式研究［J］．教育现代化，2019，（8）：16-18，51．

［125］温铁军，唐正花，刘亚慧．从农业 1.0 到农业 4.0［M］．北京：东方出版社，2021．

［126］岩崎邦彦．农业市场营销［M］．北京：东方出版社，2023．

［127］希尔维·布鲁内尔．第三次农业革命［M］．北京：东方出版社，2023．

彩图

附 图

学生在"寒地黑土智慧农业教育实践基地"开展农艺实践

付兴烨老师主导创办的"寒地黑土智慧农业教育实践基地"

附 图

智能温室立体栽培及滴灌设施

智能温室内参观走廊的
墙壁绿植景观布置

付兴烨老师给学生讲解智能控制
设备的工作原理及使用方法

智能温室内的物理除虫——黄色粘板

智能温室内的物理除虫——诱捕灯

智能温室顶棚的远程自动化控制的遮阳帘

温室内智能控制的通风换气和照明补光设施

水肥一体化无土栽培绿叶蔬菜

师生共同开展智慧农业科技志愿服务

团队成员研究探讨智能土壤农业参数传感器的配置及运行监控

附 图

学生在"寒地黑土智慧农业教育实践基地"开展学习和劳动实践

生态智慧栽培：秸秆栽培赤松茸试验

智能温室秸秆栽培金顶蘑试验（张腾霄正在给菇床浇水）

智能温室秸秆栽培金顶蘑试验（学生正在给栽培基料接种菌种）

附　图

学生与老师在田间合影

师生共同移栽定植培育的蔬菜秧苗

学生郭心洁参加耕作生产实践 　　　　　　学生柳绪龙参加耕作生产实践

张腾霄与参加食用菌栽培技术培训的十一村村民合影

附 图

张腾霄与乡村干部探讨农村产业发展

科技下乡、产业扶贫张腾霄给村民做培训

张腾霄与乡村干部探讨食用菌产业发展

团队教师到象屿金谷生化公司考察

团队教师到铁骑力士集团考察

实习学生给教师宣讲农产品质量检验 　　教师带队实习学生进入象屿生化

药食同源养生菜类的栽培

开展番茄、紫苏等作物品种的选育和栽培技术研究

附 图

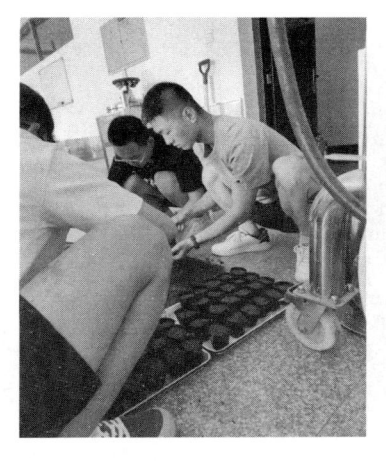

指导学生开展育苗试验　　　　　　　培育水稻秧苗

塑料大棚育苗盘穴播培养出健壮的水稻秧苗

安装铺设滴灌设备实施节水农业　　　田间安装智能农业气象设备

251

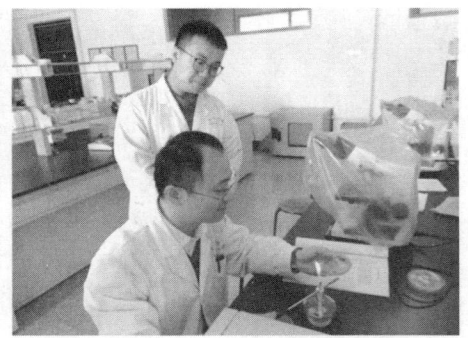

张腾霄教师指导学生开展食用菌菌种选育

学生研制养生保健产品——芳香助眠保健枕芯材料

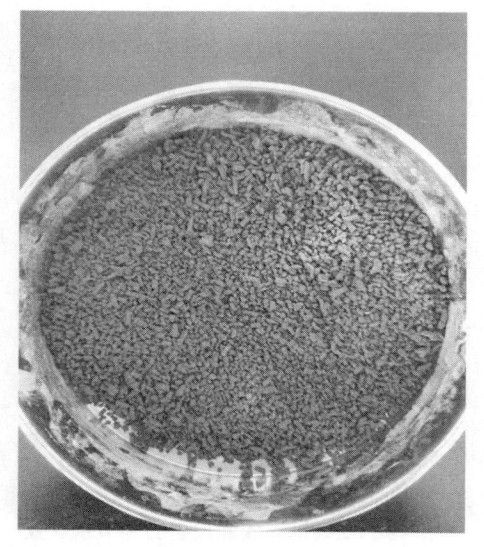

课题组研制的芳香助眠保健枕芯材料

附　图

教师指导学生研制的保健食品

教师指导学生开发的玉米系列产品

253